2024 한국 유망주식
분석보고서 I

저자 비티타임즈 편집부

- **차세대 반도체 관련 주식**
- **2차전지 관련 주식**
- **바이오의약품 관련 주식**

㈜ 비티타임즈

<제목 차례>

제1장 차세대 반도체 관련 주식

제2장 2차전지 관련 주식

제3장 바이오의약품 관련 주식

1. 차세대 반도체 관련 주식

1. 차세대 반도체와 관련된 기본 개념들
가. 반도체의 정의

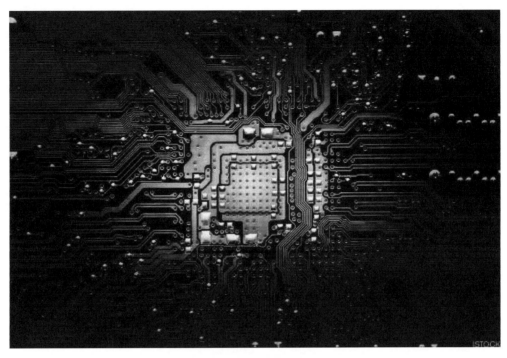

[그림 2] 반도체

우리는 반도체와 차세대 반도체를 살펴보기 이전에 반도체의 정의에 대해 알아볼 필요성이 있다. 반도체는 말 그대로 반+도체로, 도체와 부도체의 중간 성질을 가진 물질이다.

도체는 전기 혹은 열이 잘 흐르는 물질로 철, 전선, 알루미늄, 금 등이 해당된다. 부도체는 전기 혹은 열이 흐르지 않는 물질로 유리, 도자기, 플라스틱 등이 해당된다. 전기공학에서 전기가 흐르는 정도를 나타내는 전기전도도를 이용하여 도체와 부도체를 설명하면, 도체는 전기전도도가 아주 큰 반면, 부도체는 전기전도도가 거의 0에 가깝다고 할 수 있다.

반도체는 이름 그대로 도체와 부도체의 중간 성질을 지니고 있는 물질로, 전기전도도 또한 도체와 부도체의 중간정도이다. 순수 반도체의 경우 부도체와 마찬가지로 전기가 거의 통하지 않지만, 어떤 인공적인 조작을 가하면 도체처럼 전기가 흐른다. 이때, 인공적인 조작은 빛 혹은 열을 가하거나 특정 불순물을 주입하는 것을 포함한다.

반도체를 이해하기 위해서 우리는 기본적으로 원소와 원자의 구조에 대해 살펴보아야 한다. 원자는 물질의 가장 작은 단위로, 어떠한 물질을 계속 분해하다 보면 원자라는 가장 작은 입자가 만들어진다.

원자(Atom)은 양성자(Proton), 중성자(Neutron), 전자(Electron)으로 구성되는데, 원자는 양성자와 중성자로 된 원자핵을 중심으로 전자들이 일정한 궤도를 돌고 있는 모양을 띈다.

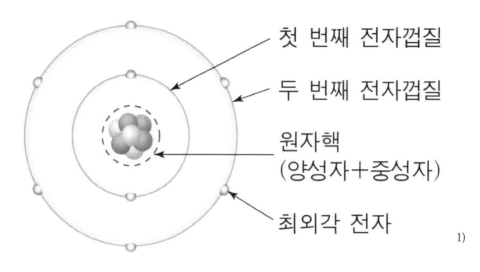

첫 번째 전자껍질

두 번째 전자껍질

원자핵
(양성자＋중성자)

최외각 전자

1)

[그림 3] 원자의 구조

이때, 원자핵 주변을 돌고 있는 전자의 궤도 중 가장 바깥쪽 궤도를 돌고 있는 전자를 '최외각 전자'라고 한다. 최외각 전자는 8개를 채우려는 성질이 있는데 이는 원자와 원자를 결합시키는 원동력이 되어 분자(Molecule)를 만들게 된다. 현재 에너지를 가하여 전자를 떼어낼 수 있는 부분 또한 최외각 전자이다.

최외각 전자는 원자핵의 양성자 개수와 일치하는데, 1개부터 8개까지 존재할 수 있으며 최외각 전자의 개수가 같은 원자들끼리는 유사한 성질을 가지게 된다. 따라서 비슷한 성질을 가지는 물질을 최외각 전자의 개수에 따라 분류해 놓은 표를 '주기율표'라고 하며, 주기율표에 따라 원자들은 Ⅰ족부터 Ⅷ족으로 구분된다. 이때 Ⅷ족은 0족이라고도 한다.

---

1) ZUM 학습백과

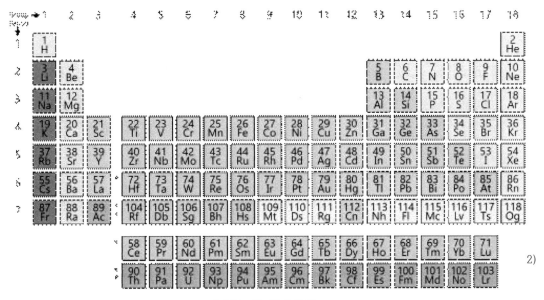

[그림 4] 주기율표

2) 위키백과

주기율표에서는 각 원자마다 원자번호가 주어지는데, 원자번호는 원자핵의 개수와 일치한다. 즉, 원자 번호 1번인 수소의 원자핵은 1개이며, 원자 번호 2번인 헬륨의 원자핵은 2개이다. 만약, 원소가 전기적인 중성이라면, 전자의 개수는 원자핵의 개수와 동일한 것이다. 이처럼 원자번호를 이용하면 쉽게 원자핵의 개수와 전자의 개수를 알아낼 수 있다.

주기율표에서 1~18까지 위에 적혀있는 숫자들을 우리는 족이라고 부르며, 세로로 1~7까지 적혀있는 숫자를 주기라고 부른다. 3~12족의 경우 예외적인 성질을 보이기 때문에 이들을 제외한 1~2족, 13~18족까지를 사용하여 최외각 전자를 포함한 개념들을 살펴보도록 하자.

도대체 주기와 족은 어떠한 내용을 나타내는것일까? 먼저, 주기는 전자껍질의 개수를 나타낸다. 각 전자껍질에 올 수 있는 전자 수는 $2N^2$(N = 전자껍질의 번호)개 이다. 즉, 첫 번째 전자껍질에는 2개의 전자가, 2번째 전자껍질에는 8개가 올 수 있는 것이다.

원자번호 1번인 수소는 전자가 1개이므로 첫 번째 전자껍질에 1개의 전자가 들어가게되고, 헬륨은 원자번호가 2이므로 전자 2개가 첫 번째 전자껍질에 들어가게 된다. 이때, 이미 첫 번째 전자껍질의 한도는 가득 차게 된다. 원자번호 3번인 리튬은 첫 번째 전자껍질에 2개의 전자가, 2번째 전자껍질에 1개의 전자가 들어간다.

이때, 가장 바깥 껍질에 있는 전자의 수가 최외각 전자의 수라고 할 수 있는 것이다. 즉, 다시 말하자면 마지막 전자가 높이는 껍질의 번호가 주기이며, 해다 껍질에 들어있는 전자의 수가 족이라고 할 수 있는 것이다.

 최외각 전자를 배치할 때에는 옥텟규칙(Octet's Rule)을 염두해두어야 한다. 네온(Ne), 아르곤(Ar) 등과 같이 다른 원소와 반응하지 않는 안정한 원소들은 가장 바깥 껍질에 8개(단, 헬륨(He)은 2개)의 전자를 가지는 공통점이있다. 이처럼 원자들은 가장 바깥 껍질에 8개의 전자를 채워 안정한 전자배치를 가지려고 하는 경향이 있는데 이를 옥텟 규칙이라고 한다.

 우리는 왜 이렇게 최외각전자를 중요하게 생각하는 것일까? 내부 껍질에 위치한 전자들은 핵에 대한 인력으로 인해 맘대로 떨어져나올 수 없지만, 최외각의 전자들은 일정 에너지 이상의 에너지가 외부에서 공급되면 쉽게 껍질을 탈출하게 된다.

 이때, 최외각 전자들의 개수에 따라 자유전자가 되기 위해 필요한 에너지의 양이 다른데, 1~3족까지는 아주 적은 양의 에너지만 줘도 쉽게 자유전자가 된다. 따라서 1~3족까지는 도체의 성질을 띄게 된다.

 4~5족은 어느 정도의 에너지를 주면 자유전자가 되기 때문에 반도체의 성질을 띄며 6~8족은 아주 많은 에너지를 주어야 자유전자가 될 수 있기 때문에 부도체의 성질을 띈다. 즉, 최외각 전자의 수가 많으면 많을수록 결속력이 강해 부도체의 성질을 띄는 것이다.

 반도체는 크게 원소 반도체와 화합물 반도체로 나눌 수 있다. 원소 반도체는 주기율표의 4족에 있는 원소 한가지로 구성된 반도체로, 실리콘(Si)과 게르마늄(Ge)이 있다. 특히 실리콘의 경우 집적회로 IC(Integrated Circuits)에 가장 많이 사용되는 반도체이다. 화합물 반도체는 주기율표의 3족, 5족 원소들의 결합으로 이루어지는 반도체를 말한다.

 반도체의 전기전도도는 반도체 물질에 불순물을 주입하는 방법을 통해 조절하는데, 주입하는 불순물의 양에 따라서 반도체 물질의 전기전도도를 조절할 수 있다.

나. 반도체의 분류
1) 제품별 분류
가) 메모리 반도체3)

메모리 반도체는 정보(Data)를 저장하는 용도로 사용되는 반도체로, 메모리 반도체에는 정보를 기록하고 기록해 둔 정보를 읽거나 수정할 수 있는 램(RAM, 휘발성)과 기록된 정보를 읽을 수만 있고 수정할 수는 없는 롬(ROM, 비휘발성)이 있다.

정보 저장방식에 따라 램(RAM)에는 D램과 S램 등이 있으며, 롬(ROM)에는 플래시 메모리 등이 있다.

메모리 반도체는 말 그대로 기억장치이므로, 얼마나 많은 양을 기억하고(대용량) 얼마나 빨리 동작할 수 있는가(고성능)가 중요하다. 또한 최근 모바일 기기의 사용과 그 중요도가 높아지면서 메모리의 초박형과 저전력성 역시 중요해지고 있다.

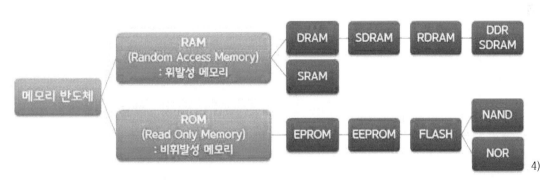

[그림 5] 메모리 반도체의 종류

최근 메모리반도체 가격하락과 미.중 무역갈등 심화로 반도체 산업의 불확실성이 높아지는 가운데, 이를 타개하기 위한 방안으로 3D 메모리와 관련된 기술개발이 활발하게 이루어지고 있으며 이와 관련된 특허출원도 증가하고 있다. 3D 메모리 기술은 반도체 소자를 여러 층 적층함으로써 단위면적당 저장용량을 극대화시키는 반도체 제조공법으로, 대표적인 제품으로 비휘발성 메모리 분야에서의 3D 낸드플래시, 휘발성 메모리 분야에서의 광대역폭 메모리(High Bandwidth Memory)가 있다.

3D 낸드플래시는 기존 2D 반도체 제조에서 각광받던 미세공정기술이 한계에 부딪치자, 이를 극복하기 위해 2차원으로 배열된 반도체 소자를 수직으로 적층한 메모리반도체로, 현재 96층 3D 낸드플래시가 양산되고 있다.

---

3) 높이, 더 높이! 메모리반도체에 부는 고층화 열풍/특허청
4) 삼성 반도체 이야기

이러한 3D 낸드플래시는 대용량.고속 처리가 요구되는 인공지능, 가상현실, 빅데이터 분야에서 널리 사용되고 있어, 시장규모가 급속히 커지고 있는데, 세계시장 규모는 2016년 371억 달러에서 2021년 500억 달러 이상으로 급격히 성장할 것으로 전망된다.

광대역폭 메모리는 DRAM을 여러 층 쌓은 후, 실리콘 관통전극(Through Silicon Via)로 이용하여 상호 연결한 다층 메모리반도체로, 전력소모가 낮고, 데이터 처리용량이 높을 뿐만 아니라, GPU 등 시스템반도체와 연결이 용이하다는 장점으로 차세대 반도체 기술로 주목받고 있다.

(1) 비메모리 반도체[5]

비메모리 반도체는 시스템 반도체라고도 불리며, 논리와 연산, 제어 등 데이터 처리 기능을 수행하는 반도체다. 데이터와 소프트웨어(SW) 등의 정보를 저장·기억하는 D램, 낸드플래시와 같은 메모리반도체와는 달리 디지털화된 전기적 정보를 연산하거나 처리한다.

시스템반도체는 다품종 수요 맞춤형으로 제품군이 다양하다. 정보를 입력받아 기억하고 컴퓨터 명령을 해석·연산해 외부로 출력하는 CPU(중앙처리장치), 스마트폰의 두뇌 역할을 하는 애플리케이션 프로세서(AP), 자율주행차에 들어가는 AP, 이미지센서 등이 시스템반도체에 해당한다.

특정 목적에 맞는 처리기능이 핵심이므로 논리회로 설계 방식에 따라 제품 성능이 좌우된다. 따라서 설계 아이디어와 고급 인력이 핵심이다. 메모리반도체가 대량 데이터의 고속저장이 핵심이기 때문에 공정미세화 등 생산기술이 중요한 것과 대비된다.

시스템 반도체는 특히 AI(인공지능)·IoT(사물인터넷)·자율차 등으로 대표되는 4차 산업혁명에서 핵심 부품으로 향후 지속적 성장이 전망된다.

시스템반도체 산업은 메모리반도체와 달리 설계와 생산이 분업화된 구조가 일반적이다. 삼성전자, SK하이닉스, 미국 인텔, 일본 도시바 등 일부 업체는 종합반도체회사로 설계와 제조, 테스트, 패키징 등 모든 생산과정을 수행한다.

---

5) 알쏭달쏭 반도체 용어... 시스템반도체? 비메모리?/머니투데이

나) Value Chain별 분류[6]
(1) IDM(종합 반도체 업체)

종합 반도체 업체(IDM)은 반도체 설계부터 완제품 생산까지 모든 분야를 자체 운영하는 업체로, 반도체 업체는 칩 설계부터 완제품 생산 및 판매까지 모든 분야를 자체 운영하는 '종합 반도체 업체(IDM)', 반도체 제조과정만 전담하는 '파운드리 업체(Foundry)', 그리고 설계 기술만을 가진 '반도체 설계 업체(Fabless)'로 구분된다.

종합 반도체 업체는 반도체 생산설비만을 갖추고 있는 파운드리 업체와 반도체 설계만을 전문으로 하는 팹리스 업체와는 달리 설계 기술과 생산 설비를 모두 보유한 대규모의 반도체 업체이다.

(2) 팹리스(Fabless)

반도체 설계 업체(Fabless)는 반도체 생산라인을 뜻하는 FAB(Fabrication)과 '~이 없다'라는 의미의 접미사 less의 합성어로, 생산라인이 없는 반도체 회사라는 뜻이다. 생산 라인만 가진 것은 파운드리(Foundry) 업체라고 한다.

반도체 개발에서 설계가 가장 중요하지만 이를 생산하기 위해선 실제 생산라인도 필요하다. 하지만 하나의 생산라인 건설에는 천문학적인 비용이 소요되기 때문에, 설계 전문인 팹리스 업체는 파운드리 업체를 통해 위탁 생산을 한다.

즉, 팹리스 업체는 파운드리 업체에 위탁 비용을 지불하고, 파운드리 업체가 대신 생산한 반도체를 팔아 이익을 얻는 구조이다.

(3) 파운드리(Foundry)

파운드리 업체는 제품 설계를 외부에서 넘겨받아 반도체를 생산하는 위탁 업체이다. 즉 반도체 생산설비를 갖추고 있지만 직접 설계하여 제품을 만드는 것이 아니라, 위탁하는 업체의 제품을 대신 생산해 이익을 얻는 것이다.

---

6) 삼성 반도체 이야기

다. 반도체의 제조공정[7)

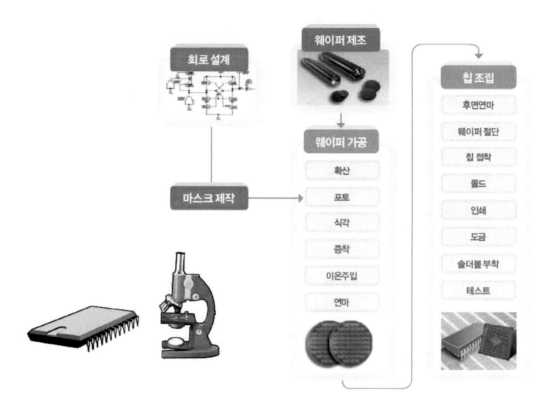

[그림 6] 반도체 제조공정

1) 웨이퍼 제조

 웨이퍼 제조 공정은 모래로부터 실리콘(Si)을 고순도로 정제하여 기둥 모양의 잉곳(Ingot)을 만든 후, 얇게 잘라서 원판 모양으로 만드는 공정으로 세부 공정에 대해 간략하게 살펴보면 다음과 같다.

① 단결정 성장
 고순도로 실리콘용 융액에 SPEED 결정을 접촉, 회전시키면서 단결정 규소봉(INGOT)을 성장 시키는 공정

② 규소봉 절단
 성장된 규소봉을 균일한 두께의 얇은 웨이퍼로 잘라내는 공정으로 웨이퍼의 크기는 규소봉의 직경에 따라 3", 4", 8", 12"로 만들어진다.

---

7) 반도체체조공정, 안전보건공단, 안전보건실무길잡이

③ 웨이퍼 표면 연마

웨이퍼의 한쪽 면을 연마하여 거울면처럼 만들며, 이 연마된 면에 회로 패턴을 넣는 공정

④ 회로 설계

전자회로와 실제 웨이퍼 위에 그려질 회로 패턴을 설계하는 공정

⑤ MASK(RETICLE) 제작

설계된 회로 패턴을 유리판 위에 그려 MASK(RETICLE)를 만드는 공정

2) 전공정

웨이퍼를 가공하여 반도체 회로를 형성하고 집적하는 과정으로, 산화막 형성, 증착, 세정, PR코팅, 노광, 이온주입, 현상, 식각 등의 과정이 있으며, 반도체 소자에 따라 이러한 과정을 수십회 반복한다.

⑥ 산화(OXIDATION)공정

고온(800~1200℃)에서 산소나 수증기를 실리콘 웨이퍼 표면과 화학반응시켜 균일한 실리콘 산화막(SiO2)을 형성시키는 공정

⑦ 감광액 도포

빛에 민감한 물질인 PR을 웨이퍼 표면에 고르게 도포시키는 공정

⑧ 노광(EXPOSURE)

STEPPER를 사용하여 MASK에 그려진 회로 패턴에 빛을 통과시켜 PR막이 형성된 웨이퍼위에 회로 패턴을 사진 찍는 공정

⑨ 현상(DEVELOPMENT)

웨이퍼 표면에서 빛을 받은 부분의 막을 현상시키는 공정(일반 사진 현상과 동일)

⑩ 식각(ETCHING)

회로 패턴을 형성시켜 주기 위해 화학물질이나 반응성 GAS를 사용하여 필요 없는 부분을 선택적으로 제거시키는 공정

⑪ 이온 주입 공정

회로 패턴과 연결된 부분에 불순물을 미세한 GAS 입자 형태로 가속하여 웨이퍼의 내부에 침투시킴으로써 전자소자의 특성을 만들어 주는 공정

⑫ 화학 기상증착 공정

GAS 간의 화학반응으로 형성된 입자들을 웨이퍼 표면에 증착(蒸着)하여 절연 막이나 전도성 막을 형성시키는 공정

⑬ 금속배선

웨이퍼 표면에 형성된 각 회로를 알루미늄선으로 연결시키는 공정

3) 후공정

반도체 후공정은 전공정 과정을 통해 가공된 웨이퍼를 잘라 각각의 칩을 프로브 테스트, 패키징등을 거쳐 완성품으로 만드는 과정을 말한다. 전공정 대비 규모는 작지만, 전공정 과정이 한계에 부딪힘에 따라 후공정의 중요성이 증가하고 있다.

⑭ 웨이퍼 선별

웨이퍼에 형성된 IC칩들의 전기적 동작 여부를 컴퓨터로 검사하여 불량품을 자동선별하는 공정

⑮ 회로 설계

회로 설계 프로그램을 이용하여 전자회로와 실제 웨이퍼 위에 그려질 회로 패턴을 설계하는 공정

⑯ 마스크 제작

설계된 전자회로를 전자빔 등의 설비를 이용하여 각 층별로 나누어 유리판에 옮기는 공정으로, 여기에서 제작된 마스크는 포토공정에서 웨이퍼에 회로를 형성할 때 사용된다.

⑰ 웨이퍼 가공

웨이퍼 표면에 여러 종류의 막을 형성시켜, 이미 만들어진 마스크를 사용하여 특정 부분을 선택적으로 깎아내는 작업을 반복함으로써 전자회로를 구성해 나가는 공정으로, 산화, 감광액 도포, 노광, 현상, 식각, 이온 주입, 증착, 세정 등의 세부공정으로 구성된다.

⑱ 칩 조립

가공된 웨이퍼를 낱개의 칩(Chip)으로 잘라 리드프레임 등에 부착하고, 금속 연결, 몰드(성형), 인쇄, 테스트 등을 통해 제품을 생산하는 공정

[그림 7] 반도체 제조공정 흐름도

라. 차세대 반도체
1) AI 반도체[8]

인터넷, 스마트 폰을 통한 데이터 수가 급격히 증가하고, 이를 수집/분석하기 위한 빅데이터 처리 환경이 발전하고 있다. 또한, 기계학습 알고리즘(딥러닝 등) 기술의 진화로 인하여 인공지능의 정확도가 급격히 향상되고 있으며 자율주행차, IoT 등 타 산업의 적용이 확대되고 있다. 이러한 상황에서, 4차 산업혁명이 불러온 새로운 기술의 발전과 함께 반도체 성능의 고도화를 요구하며 인공지능 반도체가 시스템 반도체의 새로운 기회 요인으로 각광받고 있다.

데이터 입력 순서에 따라 순차적으로 처리하는 기존 반도체(CPU)는 기계학습, 추론과 같은 대규모 데이터를 처리하기에는 연산 속도 및 전력 등의 한계가 존재한다. 특히 CPU가 중앙에서 모든 데이터를 처리·제어하므로 연산량이 많아질수록 CPU와 메모리 사이의 병목현상이 발생하여 대규모 데이터를 처리할 경우 속도 저하 및 막대한 전력 소모를 발생시킨다.

따라서, 이를 해결하기 위해 인공지능 반도체가 대두되고 있다. 인공지능 반도체에 대한 정의는 활용범위에 따라 다양하지만, 가장 간단하게는 인공지능 구현을 위해 요구되는 데이터 연산을 효율적으로 처리하는 반도체라고 할 수 있다. 즉, 인공지능 반도체는 인공지능 기술의 핵심 기술 중 학습·추론 기술을 구현하기 위해 사용되는 데이터 연산처리를 저 전력 및 고속 처리 등 효율성 측면에서 특화한 반도체라고 할 수 있다.

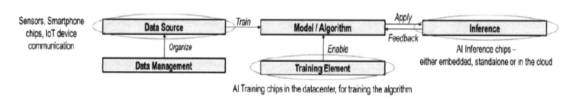

[그림 8] 인공지능 구현을 위한 반도체 활용 범위

인공지능 반도체는 인공지능 시스템의 구현 목적에 따라 크게 학습용과 추론용으로 구분할 수 있으며, 두 가지 과정을 반복 실행하여 최적의 답을 찾도록 성능을 강화하는데 주로 사용된다. 학습용 반도체는 딥 러닝 등 기계 학습의 특정 작업을 수행하기 위해 방대한 데이터를 통해 반복적으로 지식을 배우는 단계에 활용되며, 추론용 반도체는 학습을 거친 최적의 모델을 통해 외부 명령을 받거나 상황을 인식하면 학습한 내용을 토대로 가장 적합한 결과를 도출하는 단계에 사용된다.

---

8) 인공지능(반도체), 나영식, 조재혁, KISTEP 기술동향브리프

기존 인공지능 시스템은 주로 데이터센터에서 학습과 추론을 병행하여 사용되었으나, 스마트 폰 및 IoT 등의 보급 확산, 클라우드 기술 발전과 동시에 디바이스의 추론 기능의 수요가 증가하면서 이를 위한 반도체 기술 중심으로 발전하고 있다.

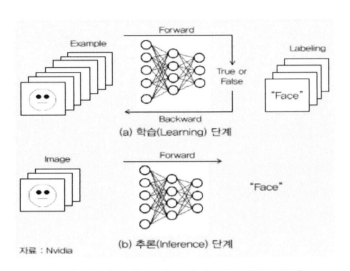

[그림 9] 인공지능 반도체의 주요 활용 목적

현재 인공지능 학습/추론은 대부분 데이터센터에서 실행되며 일반적인 하드웨어로는 CPU가 담당하고 있지만, 인공지능 서비스에 요구되는 대규모 연산 처리 성능을 위해 인공지능 반도체를 서버에 장착하여 활용할 필요가 있다. 데이터센터 전용 반도체는 방대한 데이터를 처리하기 때문에 발열과 전력소모로 인한 효율성 개선이 지속적으로 필요하다.

또한, 데이터센터 서버(클라우드)와 연결을 최소화하고 디바이스 자체에서 인공지능 연산이 수행되는 경우가 점차 확대되면서 소형화·저전력·고성능 중심의 인공지능 반도체 기술 개발이 가속화되고 있다.

[그림 10] 인공지능 반도체의 사용 환경

가) AI 반도체의 기술 범위

인공지능 반도체는 인공지능의 연산 성능 고속화 및 소비전력 효율(Power Efficiency)을 위해 최적화시킨 반도체이며, 아키텍처 구조 및 활용 범위에 따라 크게 GPU, FPGA, ASIC, 뉴로모픽 반도체로 구분할 수 있다.

① GPU(Graphical Processing Unit)
GPU는 동시 계산 요구량이 많은 그래픽 영상 처리를 위해 고안된 병렬처리 기반 반도체로 수천 개의 코어를 탑재하여 대규모 데이터 연산 시 CPU 대비 성능이 우수하다.

② FPGA(Field-Programmable Gate Arrays)
FPGA는 회로 재 프로그래밍을 통해 용도에 맞게 최적화하여 변경이 가능한 반도체로 활용 목적에 따라 높은 유연성을 특징으로 한다.

③ ASIC(Application Specific Integrated Circuits)
ASIC은 특정 용도에 맞도록 제작된 주문형 반도체로 가장 빠른 속도와 높은 에너지 효율이 특징이다.

④ 뉴로모픽 반도체(Neuromorphic Chips)
뉴로모픽 반도체는 기존 반도체 구조가 아닌 인간의 뇌를 모방한 非폰노이만 방식의 인공지능 전용 반도체로 연산처리, 저장, 통신 기능을 융합한 가장 진화한 반도체 기술이다.

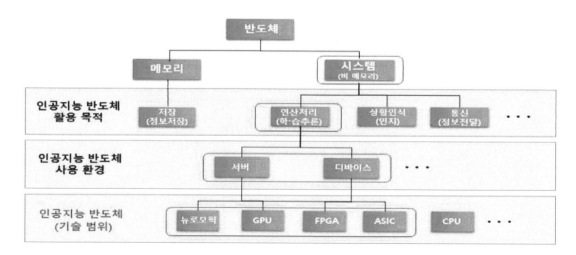

[그림 11] 인공지능 반도체의 기술 범위

2) 전력 반도체[9]

전력반도체(Power Semiconductor)는 전력을 제어하는 반도체라도 한다. 전기 에너지를 활용하기 위해 직류·교류 변환, 전압, 주파수 변화 등의 제어처리를 수행하는 반도체로, 전력을 생산하는 단계부터 사용하는 단계까지 다양한 기능을 수행한다.

특히 가전제품, 스마트폰, 자동차 등 전기로 작동하는 제품의 작동 여부 및 성능을 결정짓는 핵심부품으로도 작용한다.

최근 들어, 전력반도체는 전기자동차, 태양광발전 등 다양한 분야에 적용이 확대되고 있으며, 스마트폰과 태블릿PC 등 모바일 디바이스의 급성장으로 수요가 증가하고 있다. 특히, 4차 산업혁명 시대의 도래로 인해 스마트카, 자율주행차, 로봇, 태양전지, 사물인터넷(IoT), 스마트그리드, 항공우주, 5G 이동통신 등 관련 산업이 성장함에 따라 수요가 급격히 늘어날 것으로 예상된다.

전력반도체 소자는 1960년대부터 실리콘(Si)이 주로 사용되어 왔으며, 실리콘은 가격이 저렴하고, 동작온도 범위가 넓으며 산소와 반응하여 자연적으로 산화막(SiO_2)을 형성하는 장점이 있다.

최근 들어, 전기자동차와 모바일기기, 태양광발전 등 전력반도체 적용의 확대로 시장에서는 보다 운전 효율이 높으면서 소형화된 전력변환 장치를 요구하고 있으나, 실리콘은 스위칭 손실, 스위칭 속도, 내환경성 등의 문제로 인해 시장의 요구에 부응하지 못하고 있다. 따라서 기존 실리콘 반도체 소자의 한계를 뛰어넘는 새로운 반도체 소자의 필요성이 제기되고 있는 가운데, 탄화규소(Silicon Carbide: SiC)와 질화갈륨(Gallium Nitride: GaN) 등 화합물 반도체가 부상하고 있다.

현재 전력반도체 소재의 대세는 '실리콘'이라고 불리는 규소(Si)이다. 규소는 자원이 풍부해 가격이 저렴하고, 전기 전도와 형태 제어가 용이해서 사실상 반도체 소재의 표준으로 자리매김해 왔다. 업계에선 현재 전력반도체 시장의 약 95% 이상이 규소를 기반으로 한 시장인 것으로 보고 있습니다. 규소 기반 전력반도체는 현재 차량과 가전 제품 등에 두루 사용됩니다.

나머지 5%미만의 시장이 차세대 전력반도체 소재 관련 시장이다. SiC와 GaN이 바로 이 차세대 전력반도체의 소재로, SiC는 '탄화규소', GaN은 '질화갈륨'이라고 불린다. '실리콘 카바이드'라고도 불리는 SiC는 실리콘 (Si)과 탄소 (C)로 구성된 화합물 반도체 재료이다. '갈륨나이트라이드'라고도 불리는 GaN은 갈륨과 질소를 합친 화합

---

9) 차세대 전력반도체 기술개발 동향, 전황수, IITP

물이다.

 이 두 화합물이 왜 차세대 소재로 떠오른 이유는 모두 현재 대세인 규소보다 고온·고전압에 견디는 강점이 있기 때문이다. 기존 규소 기반 제품은 150도 이상이 되면 반도체 성질을 잃어버리는 단점이 있었는데, 이 전력반도체의 사용처가 늘어나면서 더욱 고온과 고전압 등 환경에 견뎌야 하는 상황이 됐고, 이에 맞춰 규소가 아닌 신소재가 부각되고 있는 것이다.[10]

---

10) 요즘 뜬다는 '전력반도체' 나만 몰랐어? 개념부터 관련주까지 다 알아봤습니다 [세모금]/헤럴드경제

3) 차량용 반도체[11]

과거 자동차 산업은 기계장치에 가까웠으나 경량화, 친환경, 편의성, 안전 4가지 키워드와 사용자의 요구에 따라 전장화되고 있다. 전장화의 궁극적인 목표는 자율주행이며, 자율주행의 가장 큰 주역은 차량용 반도체라고 할 수 이다.

차량용 반도체는 내외부의 온도, 압력, 속도 등의 각종 정보를 측정하는 센서와 ECU(Electronic Control Unit; 전자제어장치)로 통칭되는 엔진, 트랜스미션 및 전자장치 등을 조정하는 전자제어장치 그리고 각종 장치들을 구동시키는 모터의 구동장치(Actuator) 등에 사용되는 반도체이다.

자동차에는 메모리·비메모리 반도체, 마이크로컨트롤러(MCU), 센서 등 다양한 종류의 반도체가 사용되고 있으며, 하이브리드차는 일반 차량에 비해 10 배 많은 반도체 관련 부품이 필요하다.

차량용 반도체는 자동차 제조때부터 탑재되는 빌트인 형태의 경우, 영하 40°에서 영상 70°의 온도에 견뎌야 하는 까다로운 온도조건과 7~8 년간 제품을 그대로 유지하는 내구성을 갖춰야 하는 등 진입 장벽이 높은 고부가시장이다.

전기차와 자율주행차는 일반 내연기관차에 비해 차량에 탑재되는 전기장치가 많아 필요해 반도체 수도 늘어난다. 일반적으로 내연기관차 한 대에 200개 정도의 반도체가 필요하지만, 전기차에는 1000개 정도가 사용된다. 자율주행차는 더 많은 센서가 필요해 약 2000개의 반도체가 들어간다.

차량용 반도체 시장이 반도체 업계 미래 성장동력으로 꼽히는 것도 이 때문이다. 차량용 반도체 수요는 폭발적으로 늘어나는데, 공급량은 이를 따라가지 못하는 상황이 계속되고 있다.

차량용 반도체는 신규 시장 진입이 어려워 쉽게 공급량을 늘릴 수 없다. 차량용 반도체 오류는 교통사고로 이어질 수도 있는 탓에 높은 수준의 안정성이 요구된다. 때문에 투자 비용이 많이 든다. 또 차량용 반도체는 다품종 소량생산 업종으로 수익성이 낮은 편이다. 업체별, 차량별로 각기 다른 반도체를 공급해야 하기 때문에 규모의 경제를 실현하기 어렵다. 이러한 이유로 전 세계 메모리 반도체 시장에서 1,2위 자리를 차지하고 있는 삼성전자와 SK하이닉스가 차량용 반도체 시장에서 두각을 나타내지 못하도 있었던 것이다.

---

11) 차량용 반도체 기술 및 국내 발전 전략, KEIT PD Issue Report

자율주행차에 활용되는 반도체

전면/측면/후면 뷰 카메라
이미지 센서
다이내믹 비전 센서

전면부 감지 운전자 모니터링
신경망 프로세싱 유닛(NPU)
이미지 센서
다이내믹 비전 센서

인포테인먼트
프로세서/디스플레이 구동칩(DDI)
터치 집적회로 /
보안 집적회로 메모리

eMirror
이미지 센서
디스플레이 구동칩(DDI)
전력관리 집적회로(PMIC)

첨단 운전자 보조시스템 (ADAS)
프로세서
신경망 프로세싱 유닛(NPU)
보안 집적회로 메모리

출처:삼성전자

[그림 12] 자율주행차에 활용되는 반도체

독일 인피니온, 네덜란드 NXP, 일본 르네사스 등 업체가 차량용 반도체 시장 점유율을 차지해왔다. 산업통상자원부에 따르면 전 세계 차량용 반도체 시장에서 국내 업체들의 점유율은 3.3%에 불과했다. 하지만 최근 삼성전자와 SK하이닉스도 미래 먹거리로 차량용 반도체에 주목하고 있다. 주력인 D램과 낸드플래시의 가격이 하락세를 이어가고 있는 상황에서 신사업을 찾아 미래 수익성을 높이겠다는 것이다.

삼성전자 메모리(DS)사업부 부사장은 최근 전장 시스템 수준이 올라가면서 차량 1대에 필요한 메모리가 늘었고 사양도 높아지고 있다면서 2030년 이후 차량용 메모리가 서버·모바일과 함께 3대 응용처로 확대될 것이라고 말했다.

SK하이닉스 D램 마케팅 담당 부사장도 차량용이 컴퓨터와 스마트폰을 잇는 미래 성장 동력이 될 것이다라며 향후 10년 뒤엔 자동차용 메모리 수요량이 현시점 대비 5배 이상 성장할 전망이라고 말했다.[12]

---

12) 삼성전자·SK하이닉스, 차량용 반도체 주목하는 이유/비즈워치

2. 차세대 반도체 시장전망
가. 국외 시장 현황

시장조사기관 옴디아에 따르면 글로벌 반도체 시장은 2021년부터 2026년까지 연평균 5.8% 성장할 것으로 예측된다. 금액 기준으로는 2021년 5923억 7500만달러(약 729조 원)에서 올해 6252억2 900만달러(약 780조 원)로 확대된다. 2026년에는 7853억 5700만달러(약 967조 원) 규모로 성장할 것으로 전망했다.

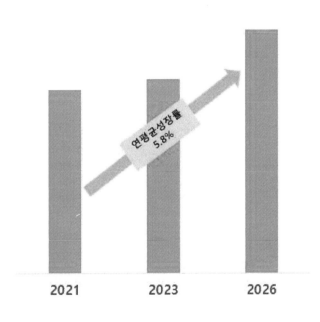

[그림 13] 글로벌 반도체 시장 전망

성장률이 가장 높은 분야는 메모리 반도체다. 메모리 반도체 시장은 2021~2026년까지 연평균 6.9% 증가할 것으로 관측된다. 같은 기간 시스템 반도체의 연평균 성장률이 5.9%인 것보다 1%포인트 높다.

대표 메모리 반도체인 D램과 낸드플래시는 2021년에 비해 2026년 각 5.3%, 9.4% 증가할 것으로 보인다. 특히 낸드플래시는 모든 반도체 제품군 중 가장 성장률이 높다.

옴디아는 2026년에는 D램 시장 규모를 1217억8100만달러(약 150조원), 낸드플래시 1071억9900만달러(약 132조원)로 책정했다.

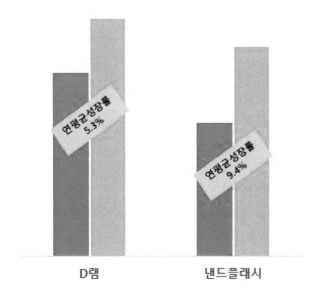

[그림 14] 글로벌 메모리 반도체의 대표 제품군의 시장 전망

D램과 낸드플래시뿐만 아니라 5세대(5G) 이동통신과 인공지능(AI), 고성능컴퓨터 (HPC) 등 메모리반도체 제품군에 대한 수요는 지속적으로 확장할 가능성이 높다.

장기적인 성장세는 낙관적이지만 단기적인 상황은 좋지 않다. 최근 반도체 및 메모리 반도체 시장은 공급 과잉 현상을 겪고 있다. 인플레이션, 금리 인상 등 거시경제에 위기가 닥치자 전반적인 수요가 줄어들며 값어치가 하락했다.

특히 메모리 반도체의 하락이 심상치 않다. 시장조사기관 트렌드포스는 2023년 1분기 D램 평균판매가격(ASP)이 전기대비 13~18% 떨어질 것이라고 봤다. 1분기 낸드플래시 ASP 역시 전기대비 10~15% 하락할 것으로 내다봤다.

주요 반도체 고객사의 반도체 재고가 소진되는 상황부터 가격이 반등할 것으로 관측한다. 2023년 2분기부터 고객사의 반도체 재고가 정산 수준에 근접할 것으로 예측되며, 3분기부터는 재고 건전화에 접어들 것으로 2분기부터 D램·낸드플래시 가격 하락폭도 둔화할 것으로 전망된다.[13]

---

13) 반도체 시장, 2026년에는 960조원 규모… 올해 전망은?/디지털데일리

나. 국내 시장 현황

 2022년 반도체 수출은 전년 1,003억 달러 대비 1.7% 증가한 1,309억 달러로 역대 0최대 반도체 수출실적을 기록할 전망이다. 반도체 수출은 상반기 공급망 훼손 우려로 인한 재고축적, 파운드리 경쟁력 제고 등에 따른 시스템반도체 수출 호조 등으로 역대 세 번째로 1,200억 달러를 돌파 하였다.

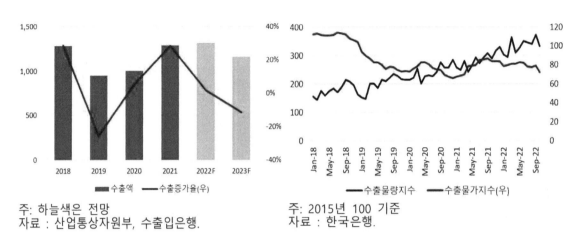

주: 하늘색은 전망
자료 : 산업통상자원부, 수출입은행.

[그림 15] 반도체 수출 현황 및 전망 (단위: 억 달러)

주: 2015년 100 기준
자료 : 한국은행.

[그림 16] 반도체 수출물량 및 물가지수

 반도체 수출은 메모리반도체 비중이 압도적으로 높았으나 2022년에는 시스템반도체 수출 비중이 38%로 증가하였다. 시스템반도체 수출은 파운드리 업황 호조 및 경쟁력 향상, 미중갈등 등에 따른 한국 파운드리 이용 증가 등으로 2022년에 연 460억 달러 이상으로 증가하였다.

 2023년 반도체 수출은 전년 대비 11.5% 감소한 1,159억 달러 내외로 전망된다. 2023년 반도체 수출은 예상보다 가파르게 악화되는 메모리반도체 수요와 가격, 반도체 기업과 수요기업의 높은 반도체 재고 등으로 인해 수출이 큰 폭으로 하락할 전망이다.

1) 메모리반도체

2023년 메모리반도체 시장은 가파른 수요감소, 가격하락, 높은 재고수준 등으로 2022년 대비 17% 역성장할것으로 전망된다. 2023년 상반기는 수요기업의 완제품 및 반도체 재고소진 등으로 메모리반도체 수요가 둔화되나, 2023년 중반부터 반도체 구매가 회복되면서 수요 개선을 기대할수 있다.

IT기기 수요의 예상보다 빠른 감소로 반도체 기업의 재고 뿐만 아니라 수요기업의 반도체와 완제품 재고가 증가하여 2023년 상반기에 재고조정이 진행될 전망이다.

2022년 3분기 샤오미의 완제품 재고는 전년동기 대비 28% 증가하였고, D램은 2022년 4분기초 스마트폰 기업의 D램 재고는 6~8주, PC 조사의 D램 재고는 10~14주, 미국 초대형 데이터센터 운영기업의 D램 재고는 11~13주 물량으로 추정된다.

하반기에 반도체 수요 회복을 기대하나 경제성장률 둔화 등으로 큰 폭의 수요 회복은 기대하기 어려울 것으로 예상된다.

주요 반도체 기업은 공급과잉 해소를 위해 CAPEX 하향 조정, 웨이퍼 투입량 축소, Tech Migration 속도 조정, 저부가 제품 감산 등을 발표하였다. 메모리반도체 기업의 2022년말 재고는 10~12주 수준으로 지난 Downcycle이 시작된 2018년말 삼성전자와 SK하이닉스의 재고수준인 4~6주 대비 높은 수준으로 전망된다.

2023년 D램 CAPEX는 전년 대비 26% 감소한 245억 달러, 낸드플래시 CAPEX는 2022년 대비 24% 감소한 289억 달러 전망된다.

단위: 억 달러

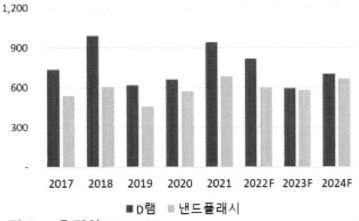

자료 : 옴디아(2022.12)

[그림 17] 메모리반도체 시장규모 전망

단위: 억 달러

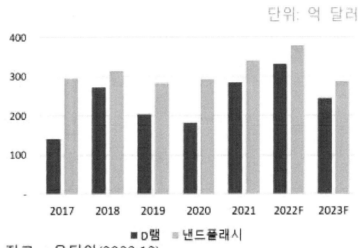

자료 : 옴디아(2022.12)

[그림 18] 메모리반도체 CAPEX

D램 가격은 2023년 4분기까지 하락, 낸드플래시 가격은 2023년 3분기 반등이 예상된다. 2023년 상반기는 2022년 연말 성수기의 부진한 IT기기 수요 등으로 상당한 규모의 IT 완제품과 반도체 재고가 축적되면서 메모리반도체 가격은 큰 폭으로 하락할 것으로 전망된다.

메모리반도체 재고는 고객사의 반도체 재고 소진 우선 정책, 반도체 기업의 생산량 축소 노력 등으로 2023년 1분기가 정점이 될 전망이다

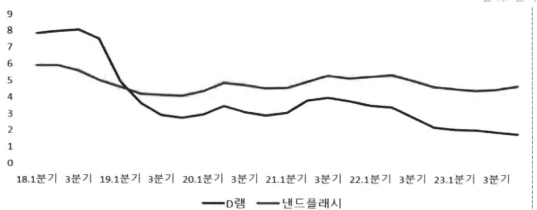

메모리반도체 가격 전망

단위: 달러

―● D램 ―● 낸드플래시

주: D램은 DDR4 8Gb 1Gx8 2133Mbps(PC용), 낸드플래시는 128Gb 16Gx8 MLC(메모리카드/USB용)
기준.
자료 : 옴디아(2022.12)

[그림 19] 메모리반도체 가격 전망

2) 시스템반도체

시스템반도체 시장은 5G, IoT, AI, 자동차 등의 수요 증가로 2022년 대비 4% 성장할 것으로 전망된다. 시스템반도체 시장은 2020~2022년에 전년 대비 두 자릿수 증가한 영향 등으로 2023년 성장률은 둔화되나 성장세 지속될 전망이다.

시장규모가 큰 품목은 로직 IC(Integrated Circuit), 마이크로컴포넌트, 아날로그 IC 순이며 로직 IC 시장규모는 메모리반도체 시장규모 수준이다. 로직 IC는 스마트폰의 두뇌를 담당하는 AP(Application Processor), 디스플레이 구동칩(Display Driver IC, DDI) 등을 포함하며 2023년 시장규모는 전년 대비 4% 성장한 1,838억 달러 내외로 전망된다.

마이크로컴포넌트는 가전 등 전자제품의 두뇌를 담당하는 마이크로컨트롤러(MCU) 등을 포함하며 2023년 시장규모는 전년 대비 4.9% 성장한 1,060억 달러 내외로 전망되며, 아날로그 IC는 아날로그 신호(빛·소리 등)를 디지털 신호로, 디지털 신호를 아날로그 신로호 변환해주며 전력관리반도체(Power Management IC, PMIC) 등을 포함하며 2023년 시장규모는 전년 대비 3% 성장한 940억 달러 내외로 전망된다.

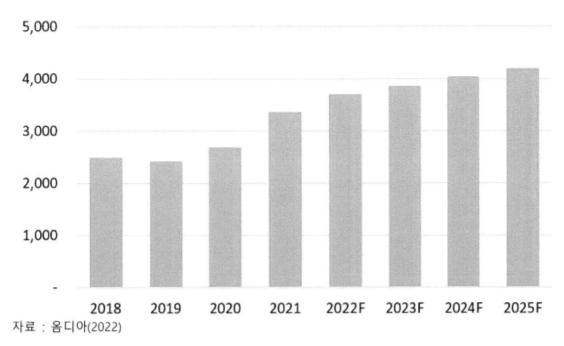

자료 : 옴디아(2022)

[그림 20] 시스템반도체 시장규모 전망 (단위: 억 달러)

시스템반도체는 반도체 설계(팹리스)와 위탁생산(파운드리)가 분리된 구조이며 팹리스 기업은 수요둔화, 재고 증가 등으로 2023년 상반기까지 재고 조정 예상된다. 퀄컴과 엔비디아의 2022년 3분기 재고자산은 전년동기 대비 각각 96%, 104% 증가 하였다.

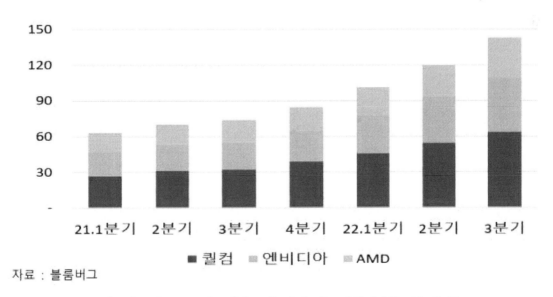

자료 : 블룸버그

[그림 21] 주요 시스템반도체 기업 재고자산 (단위: 억 달러)

2021년 한국의 시스템반도체 시장점유율은 3%로 메모리반도체 대비 한국의 시스템반도체 경쟁력은 낮은 상황이다. 시스템반도체 세부 분야별 한국의 점유율은 로직 IC 5.7%, 아날로그 IC 1.3%, 마이크로컴포넌트 0.4% 순이다.

로직 IC의 점유율은 2015년 7.0%에서 2021년 5.7%로 하락했다. 이는 대표 품목인 디스플레이 구동칩(DDI)과 AP가 디스플레이 출하량 감소와 국내기업의 AP를 탑재한 스마트폰 출하량 감소 등에 영향 받은 것으로 보인다. 아날로그 IC의 점유율은 2015년 0.9%에서 2021년 1.3%로 소폭 상승하였으며, 마이크로컴포넌트의 점유율은 2015년 0.9%에서 2021년 0.4%로 하락했다.

가) 디스플레이 구동칩(Display Driver IC, DDI)

2022년 디스플레이 구동칩(DDI) 시장은 디스플레이 수요 감소 등으로 전년 대비 10% 역성장한 124억 달러 전망된다. DDI 시장은 지난 2년간 코로나19 특수로 TV 등의 수요가 증가하면서 2020년에 47%, 2021년에 75%로 성장했으나 2022년에 패널 수요 감소로 공급과잉으로 전환되었다.

LCD DDI 시장은 전년 대비 16% 축소된 반면, OLED DDI 시장은 전년 규모 유지로 DDI 시장의 40% 창출 전망된다. 팹리스는 수요 둔화로 2022년 2분기부터 웨이퍼 투입량을 낮추었으나 상반기에 투입된 웨이퍼가 하반기에 나오면서 DDI 재고자산 정점은 2022년 3분기가 될 것으로 보인다.

2023년 디스플레이 구동칩 시장은 전년 대비 13% 역성장한 108.5억 달러로 2년 연속 역성장할 것으로 전망된다. DDI 수요는 OLED와 차량용 패널 수요 증가 등으로 전년 대비 3% 증가하나 DDI 가격은 공급과잉으로 하락세가 지속될 전망이다. 모바일용 DDI 생산능력은 전년 대비 9% 증가하나 수요는 4% 증가에 불과하여 2023년말까지 공급과잉이 지속되면서 소형 패널 OLED용 DDI 가격은 2022년 평균 5.3달러에서 2023년 평균 4.4달러로 16% 하락될 전망이다.

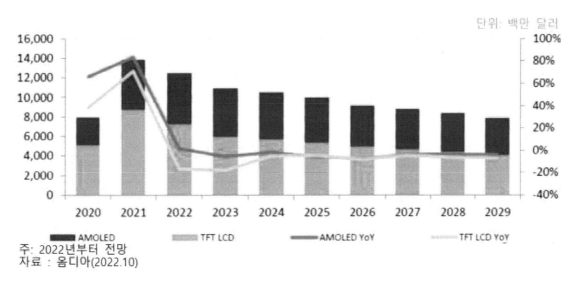

주: 2022년부터 전망
자료 : 옴디아(2022.10)

[그림 22] 디스플레이 구동칩 시장 전망

국내 주요 DDI 기업의 매출액은 OLED 패널 시장의 성장 등으로 2023년에도 성장하나 DDI 가격 하락 등으로 2023년 매출증가율은 둔화할 전망이다. 2023년 글로벌 디스플레이 시장은 전년 대비 1.7% 성장하나 OLED 시장은 전년 대비 8.7% 성장할 전망이며 한국이 OLED 패널 시장을 선도할 것이다.

국내 디스플레이 기업은 국내 DDI 기업 의존도가 높으나 주요 DDI기업의 재고 증가, R&D 투자 확대 등으로 수익성은 하락할 전망이다. LX세미콘의 2022년 3분기 재고자산은 4,483억원으로 전년 동기 대비 141% 증가하며 역대 최대치를 기록하였다.

나) 모바일 Application Processor(AP)

2022년 AP 시장은 스마트폰 출하량 감소 등에도 불구하고 5G폰 시장 확대 등으로 2021년 대비 11% 성장한 211억 달러로 추정된다. 이는 4G에서 5G로의 전환 등으로 AP의 평균 판매가격 상승이 큰 요인으로 보인다.

2023년 AP 시장은 저가 스마트폰 시장 확대, 경쟁심화 등으로 전년 대비 2% 역성장 한 207억 달러로 전망된다. 스마트폰 AP 시장은 퀄컴과 미디어텍이 선도하며 미디어텍은 중저가 시장 중심으로 사업을 영위, 애플은 자체 개발한 AP를 탑재하였다.

2021년 스마트폰 AP 시장점유율은 미디어텍 35%, 퀄컴 31%, 애플 16%, 삼성전자 8%, Unisoc 10%, 하이실리콘(화웨이의 자회사) 2% 순이다. 중국 스마트폰 기업이 미국의 화웨이 제재 이후 해외기업 의존도를 축소하고 자사 스마트폰에 최적화된 AP 개발을 추진하면서 2023년 경쟁은 더욱 심화될 것으로 보인다.

삼성전자의 스마트폰 AP 시장점유율은 2020년 11%에서 2021년 8%로 하락했으며 삼성 전자 시장점유율 확대는 쉽지 않을 전망이다. 삼성전자의 플래그십 스마트폰 갤럭시 S22는 자사와 퀄컴의 칩을 탑재했으나 자사 AP 성능 논란 등으로 갤럭시S23은 전량 퀄컴 제품 탑재할 전망이다.

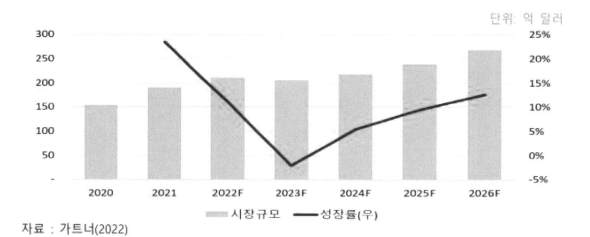

자료 : 가트너(2022)

[그림 23] AP 시장규모 전망

다) 이미지센서

2022년 이미지센서 시장은 스마트폰 수요 둔화, 휴대폰의 평균 카메라 탑재량 감소 등으로 전년 대비 7% 감소한 186억 달러로 13년만에 처음으로 역성장할 것으로 전망된다. 2021년 이미지센서의 수요처별 매출 비중은 모바일 63%, 보안과 컴퓨팅 각 9%, 자동차 8% 순이다.

스마트폰 출하량은 2021년 대비 약 10% 감소 전망, 스마트폰의 평균 카메라 수는 2021년 4.1개에서 2022년 2분기 3.9개로 감소하였다.

2023년 이미지센서 시장은 전년 대비 4% 성장한 193억 달러 전망되며, 스마트폰의 평균 카메라 수는 평균 카메라 탑재량이 상대적으로 적은 저가폰 출하량 증가 등으로 2023년에도 감소하나 고부가 이미지 센서 수요는 증가할 전망이다.

삼성전자는 중가폰 갤럭시A 시리즈에 4개의 카메라를 탑재했으나 2023년에 출시될 신모델에는 심도 카메라를 없애고 나머지 카메라 사양 강화 및 AI 알고리즘 사용을 추진하고 있다.

단위: 십억 달러

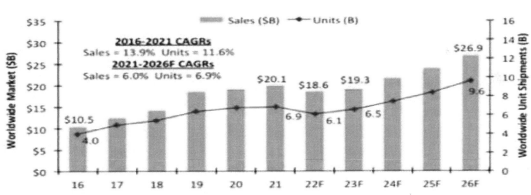

주 : CMOS(Complementary Metal-oxide Semiconductor) 기준
자료 : IC Insights(2022.8)

[그림 24] 이미지센서시장 전망

국내 기업으로 삼성전자, SK하이닉스 등이 동 사업을 영위하며 이미지센서 시장의 성장, 국내 기업의 경쟁력 제고 등으로 2023년에 국내 기업의 성장이 기대된다. 삼성전자의 이미지센서 매출은 비메모리반도체 매출의 약 20%로 추정되며 고부가 제품 개발과 수요처 다변화(자동차 등)에 집중할 전망이다.

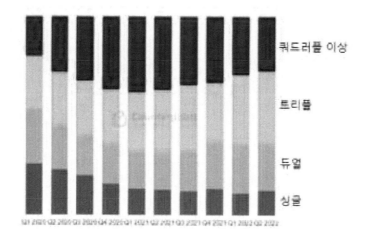

자료 : 카운터포인트(2022.9)

[그림 25] 스마트폰 카메라 탑재 수량 비중

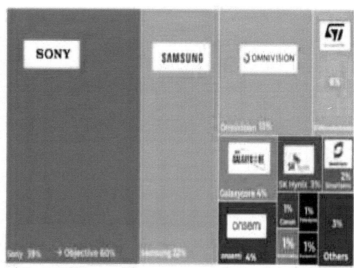

자료 : Yole(2022.9)

[그림 26] 2021년 이미지센서 시장점유율

3. 추천 기업

가. 삼성전자

[그림 27] 삼성전자 로고

1) 기업 소개

1969년에 설립된 삼성전자는 한국 및 CE, IM부문 해외 9개 지역총괄과 DS부문 해외 5개 지역총괄, Harman 등 237개의 종속기업으로 구성된 글로벌 전자기업이다. 주요 사업 부문에는 TV, 냉장고 등을 생산하는 CE부문과 스마트폰, 네트워크시스템, 컴퓨터 등을 생산하는 IM부문이 있으며 부품사업(DS부문)에서는 D램, 낸드 플래쉬, 모바일AP 등의 제품을 생산하는 반도체 사업과 TFT-LCD 및 OLED 디스플레이 패널을 생산하는 DP사업으로 구성되어 있다.

삼성전자는 업계 최초로 EUV 공정을 적용한 D램 모듈을 고객사들에 공급하고 있다. 또한 반도체 회로를 보다 세밀하게 구현할 수 있는 EUV 노광 기술을 적용해 D램의 성능과 수율을 향상시키는 등, 14나노 이하 D램 미세 공정 경쟁에서 확고한 우위를 확보해 나가고 있다.

이외에도 CE부문에서 '비스포크'가 큰 인기를 얻었고 최근에 '비스포크 제트 봇 AI' 출시 이후 국내 로봇청소기 시장에서 가파른 성장세를 이어가고 있다. 라이다 센서, 3D 센서, AI 사물인식 솔루션 등 최첨단 AI 기술을 대거 탑재하여 삼성전자 로봇청소기 중 최상위를 차지하고 있다.

2021년 현대제철과 반도체 제조공정에서 발생하는 폐수슬러지(침전물)를 제철 과정 부 원료로 재사용할 수 있는 신기술을 공동 개발하기도 했다. 이 기술개발로 폐수슬러지를 다양한 분야에서 재활용 할 수 있게 되었다. 최근에는 2021년도 반도체 웨이퍼 생산량 및 시장 점유율에서 세계 1위를 차지하는 성과를 거두었다.

삼성전자는 스마트폰 전용의 인공지능 반도체를 상용화하였으며, 뉴로모픽 반도체 선행 연구를 추진 중이다. 갤럭시S9 스마트폰에 탑재되는 ASIC 기술인 엑시노스 9810은 빠른 이미지 처리를 위해 뉴럴 프로세싱 엔진을 탑재했다.

또한, 삼성은 AI와 5세대(5G) 이동통신, 전장부품, 바이오 등 4개 신산업을 선정하여 2020년까지 25조원의 투자 계획을 발표하였으며, 이를 위해 실리콘밸리, 토론토 등 6곳에 글로벌 AI 연구 센터를 구축하여 기술 경쟁력 강화를 추진하고 있다. 그리고 삼성종합기술원 산하 두뇌컴퓨팅 연구실을 중심으로 뉴로모픽 반도체 개발을 추진하고 있으며, 최근 서울대학교·KAIST·UNIST과 함께 뉴로모픽 반도체 산학협력을 모색하고 있다.

삼성은 애플과 화웨이에 비해 인공지능 AP의 상용화가 늦었지만, 스마트폰 일체형 AI 반도체 상용화에 이어 뉴로모픽 AI 반도체 선행 연구를 추진하여 갤럭시 S10에 엑시노스 9820 프로세서를 개발한 이후, 최근에는 갤럭시 S21에 엑시노스 2100을 개발하여 탑재하였다.

ARM의 설계와 5㎚ 공정이 적용된 엑시노스는 이전보다 그래픽 성능은 40% 향상, 전력 소모는 20% 줄였으며, 1초에 26조번 연산이 가능하도록 AI 성능도 강화되었다. 이외에도 삼성전자는 대만의 TSMC에 이어 세계에서 2번째로 고성능·저전력을 구현하기 위한 5nm EUV 공정기술을 확보하여 시장을 확대하고 있다.

삼성전자는 2019년 4월에 메모리 반도체에서의 '글로벌 1위 DNA'를 바탕으로 AI센터를 신설하여 133조 원의 투자와 전문 인력 1만5000명의 고용을 통해 2030년까지 비메모리(시스템) 반도체 분야에서도 1위를 달성하는 '반도체비전 2030'을 발표했다.

2) 주식 정보

상장일	1975.06.11	
시가총액	400조 5,724억	
시가총액순위	코스피 1위	
외국인 지분율	53.05%	
액면가	100원	
거래량	4,680,123주	
최고 주가 (52주)	73,600	최저 주가 (52주)	51,000

(2023. 08. 14 기준)

[표 1] 삼성전자 증권정보

가) 분기별 Financial Summary
(1) Key Ratio (단위: 억 원, 배, %)

	2020/12	2021/12	2022/12	2023/12(E)
EPS	3,841	5,777	8,057	1,504
PER	21.09	13.55	6.86	44.87
BPS	39,406	43,611	50,817	51,541
PBR	2.06	1.80	1.09	1.31
EV/EBITDA	6.63	4.89	3.23	7.11

[표 2] 삼성전자 Key Ratio

(2) 재무상태 요약 (단위: 억 원)

	2020/12	2021/12	2022/12	2023/12(E)
유동자산	737,985	735,534	590,626	-
자산총계	3,782,357	4,266,212	4,484,245	4,522,263
유동부채	444,129	530,673	460,860	-
부채총계	1,022,877	1,217,212	936,749	918,797
자본금	8,975	8,975	8,975	8,979
자본총계	2,759,480	3,048,999	3,547,496	3,603,466

[표 3] 삼성전자 재무상태 요약

(3) 손익 계산서 요약 (단위: 억 원)

	2020/12	2021/12	2022/12	2023/12(E)
당기순이익	264,078	399,074	556,541	108,649
매출액	2,368,070	2,796,048	3,022,314	2,605,312
영업이익	359,939	516,339	433,766	84,689
영업이익률	15.20	18.47	14.35	3.25
순이익률	11.15	14.27	18.41	4.17

[표 4] 삼성전자 손익 계산서 요약

(4) 현금 흐름표 요약 (단위: 억 원)

	2020/12	2021/12	2022/12	2023/12(E)
영업활동	652,870	651,054	621,813	515,992
투자활동	-536,286	-330,478	-316,028	-87,230
재무활동	-83,278	-239,910	-193,900	-87,230
CAPEX	375,920	471,221	494,304	519,440

[표 5] 삼성전자 현금 흐름표 요약

(5) 기타지표 (단위: 억 원, %)

	2020/12	2021/12	2022/12	2023/12(E)
ROE	9.98	13.92	17.07	2.94
ROA	7.23	9.92	12.72	2.41
자본유보율	30,693	33,144	38,144	-
부채비율	37.07	39.92	26.41	25.50

[표 6] 삼성전자 기타지표

나. SK텔레콤

[그림 28] SK텔레콤 로고

1) 기업 소개

1984년 KMTS라는 사명으로 설립된 SK텔레콤은 SK그룹의 계열사로, 세계 최초로 CDMA(2G) 서비스를 시작한 ICT 복합기업이다. 당사는 통신, 미디어, 보안, 커머스, 모빌리티 등 다양한 분야에서 사업을 영위하고 있으며, 특히 국내를 대표하는 통신기업으로서 2013년 LTE-A 상용화, 2019년 5G 상용화 등 수많은 '세계 최초'의 수식어를 보유하며 이동통신 산업의 발전을 선도하고 있다.

SK텔레콤은 미디어분야에서도 특화된 경쟁력을 보유하고 있다. 2018년에는 AI를 기반으로하는 음악 플랫폼 '플로(FLO)'를 론칭했고, 2019년에는 한국형 통합 OTT 서비스인 '웨이브(wavve)'를 출시하였다. 특히 '웨이브(wavve)'의 경우, '검은태양'과 '유포리아', '원더우먼' 등 오리지널 및 독점 콘텐츠를 지속적으로 공개하며 유료가입자의 유입이 꾸준히 증가하고 있다.

또한 2022년 SK텔레콤은 대화형 언어 모델 'A.(에이닷)'을 출시해 인공지능 서비스를 강화하고 있다. 에이닷은 학습형 AI로 대화를 통해 쌓인 데이터를 축적해 성장해나가는 서비스이다. 현재 OTT 영상 추천, 노래 추천, 요금제 확인 등의 기능을 제공하고 있으며, 앞으로 개인의 취향을 반영한 'MY TV', 영어학습 등으로 영역을 확장할 예정이다.

SK 텔레콤은 글로벌 기업과의 협업을 통해 데이터센터 및 엣지 디바이스 전용 인공지능 반도체 공동연구를 추진하고 있다. 2018년 8월 16일 SK텔레콤은 미국의 자일링스와 협업해 국내 대규모 데이터센터로는 처음으로 자사 데이터센터 인공지능 반도체로 자일링스 FPGA를 채택하였으며, 인공지능 가속 솔루션을 개발해 AI 서비스 '누구'에 적용했다.

2020년에 데이터센터용 AI 반도체 '사피온(SAPEON) X220'을 출시하며 AI 반도체 시장에 뛰어들었는데 사피온 X200은 기존 GPU 대비 딥러닝 연산 속도가 1.5배 빠르고 데이터센터에 적용 시 데이터 처리 용량이 1.5배 증가하며, 가격도 절반 수준에 불과한 것이 장점이다.

2) 주식 정보

상장일	1989.11.07		
시가총액	10조 3,070억		
시가총액순위	코스피 35위		
외국인 지분율	84.48%		
액면가	100원		
거래량	308,354주		
최고 주가 (52주)	53,700	최저 주가 (52주)	43,300

(2023. 08. 16 기준)

[표 7] SK텔레콤 증권정보

가) 분기별 Financial Summary
(1) Key Ratio (단위: 억 원, 배, %)

	2020/12	2021/12	2022/12	2023/12(E)
EPS	3,726	6,841	4,169	4,991
PER	12.77	8.46	11.37	9.46
BPS	66,577	53,218	51,911	54,026
PBR	0.71	1.09	0.91	0.87
EV/EBITDA	5.32	4.01	3.68	3.39

[표 8] SK텔레콤 Key Ratio

(2) 재무상태 요약 (단위: 억 원)

	2020/12	2021/12	2022/12	2023/12(E)
유동자산	50,471	46,814	54,984	-
자산총계	479,070	309,113	313,083	314,225
유동부채	50,764	54,264	62,361	-
부채총계	235,107	185,761	191,531	187,597
자본금	446	305	305	293
자본총계	243,962	123,351	121,552	126,628

[표 9] SK텔레콤 재무상태 요약

(3) 손익 계산서 요약 (단위: 억 원)

	2020/12	2021/12	2022/12	2023/12(E)
당기순이익	15,005	24,190	9,478	11,447
매출액	160,877	167,486	173,050	175,822
영업이익	12,486	13,872	16,121	17,381
영업이익률	7.76	8.28	9.32	9.88
순이익률	9.33	14.44	5.48	6.51

[표 10] SK텔레콤 손익 계산서 요약

(4) 현금 흐름표 요약 (단위: 억 원)

	2020/12	2021/12	2022/12	2023/12(E)
영업활동	58,219	50,313	51,593	49,886
투자활동	-42,504	-34,862	-28,078	-32,834
재무활동	-14,576	-20,536	-13,499	-10,598
CAPEX	35,578	29,159	29,083	26,072

[표 11] SK텔레콤 현금 흐름표 요약

(5) 기타지표 (단위: 억 원, %)

	2020/12	2021/12	2022/12	2023/12(E)
ROE	6.44	13.63	7.97	9.46
ROA	3.22	6.14	3.05	3.65
자본유보율	58,016	79,390	79,476	-
부채비율	96.37	150.59	157.57	148.15

[표 12] SK텔레콤 기타지표

다. SK하이닉스

[그림 29] SK하이닉스 로고

1) 기업 소개

SK하이닉스는 메모리 반도체를 주력으로 설계·생산하는 종합반도체(IDM) 기업이다. 주된 매출처는 PC, 서버, 모바일 등 기존의 컴퓨팅 시스템에 탑재되는 DRAM이나 NAND 제품이다. AI 반도체와 직접 관련된 매출은 미미한 수준이나, 최근 인공지능 연산 부하가 급증하면서 SK하이닉스 같은 메모리 회사들에 대한 관심도가 급증했다. 이는 인공지능 연산에 최적화된 차세대 메모리에 대한 수요가 증가하고 있기 때문이 며 차세대 메모리를 필요로 하는 이유는 현재 컴퓨터 시스템이 가진 구조적인 한계 때문이다.

2021년 DRAM과 NAND 매출 합산 기준으로 글로벌 2위에 위치하고 있으며, 글로 벌 DRAM 생산량의 약 25%를, NAND 생산량의 약 17%를 차지하고 있다.

AI 반도체 관련된 SK하이닉스의 제품 중 대표적인 것은 'HBM(High Bandwidth Memory)'입니다. HBM은 이름 그대로 대역폭이 기존 메모리에 비해 훨씬 큰 것이 특징이다. HBM은 메모리 다이를 적층한 후, TSV(Through Silicon Via) 방식으로 구멍을 수직으로 뚫어 다이를 연결시켜 만든다. 수직으로 다이를 쌓기 때문에 메모리 집적도가 증가하고, 수많은 미세 전극을 통해 다이끼리 연결되기 때문에 대역폭에서 기존의 메모리보다 뛰어나다.

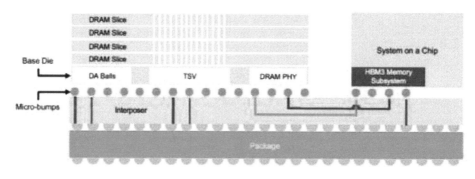

출처: SK증권

[그림 30] HBM 구조

AI연산 시 많은 데이터를 처리하기 위해 메모리와 AI가속기 코어 간의 통신량이 많아지면서 AI가속기에 HBM을 탑재해 연산 속도를 늘리려는 수요가 많아지고 있으며, 실제로 SK하이닉스의 최신 HBM인 HBM3 제품은 엔비디아의 최신 AI가속기인 H100에 탑재될 만큼 그 기술력을 인정받았다.

SK하이닉스가 AI 반도체 산업을 공략하는 전략은 '협업'을 통한 '차세대 메모리 활용'이다. SK하이닉스는 2022년 초 연산 기능을 갖춘 메모리 'PIM' 제품을 선보였고, 향후 SK텔레콤의 'SAPEON'과 협업해 AI반도체를 개발하겠다고 발표했다.

시스템 반도체 설계 역량을 보유한 SK하이닉스이지만, 엔비디아나 인텔, AMD처럼 설계를 전문으로 하는 팹리스와 직접 설계 경쟁에 나서는 것은 비효율적이기 때문이다. 따라서 SK하이닉스는 함께 AI반도체를 개발할 파트너로 같은 SK그룹에 속하는 SK텔레콤(현재 SK사피온은 SK텔레콤에서 독립)과 협업하고 있다.

2) 주식 정보

상장일	1996.12.26
시가총액	84조 6,667억
시가총액순위	코스피 3위
외국인 지분율	52.51%
액면가	5000원
거래량	2,123,622주
최고 주가 (52주)	129,000
최저 주가 (52주)	73,100

(2023. 08. 16 기준)

[표 13] SK하이닉스 증권정보

가) 분기별 Financial Summary

(1) Key Ratio (단위: 억 원, 배, %)

	2020/12	2021/12	2022/12	2023/12(E)
EPS	6,532	13,190	3,063	-10,753
PER	18.14	9.93	24.49	N/A
BPS	75,860	90,394	92,004	79,733
PBR	1.56	1.45	0.82	1.44
EV/EBITDA	6.37	4.59	3.48	21.48

[표 14] SK하이닉스 Key Ratio

(2) 재무상태 요약 (단위: 억 원)

	2020/12	2021/12	2022/12	2023/12(E)
유동자산	133,102	168,339	175,111	-
자산총계	711,739	963,465	1,038,715	1,015,093
유동부채	74,883	119,471	147,903	-
부채총계	192,648	341,555	405,810	466,260
자본금	36,577	36,577	36,577	36,579
자본총계	519,091	621,911	632,905	548,834

[표 15] SK하이닉스 재무상태 요약

(3) 손익 계산서 요약 (단위: 억 원)

	2020/12	2021/12	2022/12	2023/12(E)
당기순이익	47,589	96,162	22,417	-78,715
매출액	319,004	429,978	446,216	2,853,332
영업이익	50,126	124,103	68,094	-87,212
영업이익률	15.71	28.86	15.26	-30.56
순이익률	14.92	22.36	5.02	-27.59

[표 16] SK하이닉스 손익 계산서 요약

(4) 현금 흐름표 요약 (단위: 억 원)

	2020/12	2021/12	2022/12	2023/12(E)
영업활동	123,146	197,976	147,805	71,775
투자활동	-118,404	-223,923	-178,837	-90,201
재무활동	2,521	44,923	28,218	63,828
CAPEX	100,687	124,866	190,103	82,255

[표 17] SK하이닉스 현금 흐름표 요약

(5) 기타지표 (단위: 억 원, %)

	2020/12	2021/12	2022/12	2023/12(E)
ROE	9.53	16.84	3.55	-13.25
ROA	6.98	11.48	2.24	-7.66
자본유보율	1,398	1,644	1,668	-
부채비율	37.11	54.92	64.12	84.95

[표 18] SK하이닉스 기타지표

라. 현대자동차

[그림 31] 현대자동차 로고

1) 기업 소개

현대자동차는 2018년 7월 독일 인피니언에 100% 의존해 온 전기차용 전력반도체를 독자적으로 개발하기로 결정했으며 현대자동차는 SiC 기반 전력반도체 양산 준비를 위해 협력업체와 파운드리 계약을 맺었다. 판매가 급격히 증가하고 있는 전기자동차의 차세대 시장 주도권 확보를 위해서는 자체적인 전력반도체 기술 확보가 시급하기 때문에 도요타 모델을 참고하여 자체 개발하는 것이다.

2023년 3월 현대자동차가 미국 반도체 스타트업 노미스파워(NoMIS Power)와 손잡고 고전압 전력 장치용 차세대 전력 반도체 개발에 나섰다. 전기차 성능과 품질 개선으로 이어질 전망이다.

노미스 파워는 미국 뉴욕 알바니에 본사를 둔 반도체 스타트업이다. 지난 2020년 뉴욕주립대 폴리테크닉 대학교(SUNY Polytechnic Institute·SUNY Poly)에서 분사했다. 현대차는 차세대 전력반도체소자를 토대로 개선된 전력 밀도와 효율성을 갖춘 전기차를 개발하겠다는 계획이다. 무엇보다 전기차 핵심 구동장치인 모터 개선에 집중한다. 노미스파워는 재료, 장치 설계, 제조, 패키징 등 전력반도체소자 관련 분야에 대한 연구개발(R&D)을 통해 현대차의 계획 실현을 도울 방침이다.[14]

---

14) 현대차, 美 노미스파워와 손잡고 고전압 전력 반도체 장치 설계·개발/더구루

2) 주식 정보

상장일	1974.06.28		
시가총액	38조 9,006억		
시가총액순위	코스피 9위		
외국인 지분율	33.01%		
액면가	5000원		
거래량	254,896주		
최고 주가 (52주)	211,500	최저 주가 (52주)	150,500

(2023. 08. 17 기준)

[표 19] 현대자동차 증권정보

가) 분기별 Financial Summary
(1) Key Ratio (단위: 억 원, 배, %)

	2020/12	2021/12	2022/12	2023/12(E)
EPS	5,144	17,846	26,592	43,012
PER	37.33	11.71	5.68	4.32
BPS	266,968	289,609	315,142	351,276
PBR	0.72	0.72	0.48	0.53
EV/EBITDA	16.57	11.37	7.96	6.39

[표 20] 현대자동차 Key Ratio

(2) 재무상태 요약 (단위: 억 원)

	2020/12	2021/12	2022/12	2023/12(E)
유동자산	246,121	233,304	238,193	-
자산총계	2,093,442	2,339,464	2,557,425	2,696,270
유동부채	177,094	200,437	214,435	-
부채총계	1,330,032	1,513,306	1,648,459	1,684,630
자본금	14,890	14,890	14,890	14,847
자본총계	763,410	826,158	908,965	1,011,639

[표 21] 현대자동차 재무상태 요약

(3) 손익 계산서 요약 (단위: 억 원)

	2020/12	2021/12	2022/12	2023/12(E)
당기순이익	19,246	56,931	79,836	125,254
매출액	1,039,976	1,176,106	1,425,275	1,598,305
영업이익	23,947	66,789	98,198	145,970
영업이익률	2.30	5.68	6.89	9.13
순이익률	1.85	4.84	5.60	7.84

[표 22] 현대자동차 손익 계산서 요약

(4) 현금 흐름표 요약 (단위: 억 원)

	2020/12	2021/12	2022/12	2023/12(E)
영업활동	-4,098	-11,764	106,273	144,040
투자활동	-93,376	-51,826	-12,035	-79,537
재무활동	113,525	87,923	-13,245	-14,686
CAPEX	46,878	43,043	40,150	54,170

[표 23] 현대자동차 현금 흐름표 요약

(5) 기타지표 (단위: 억 원, %)

	2020/12	2021/12	2022/12	2023/12(E)
ROE	2.04	6.84	9.36	13.54
ROA	0.95	2.57	3.26	4.77
자본유보율	4,909	5,187	5,654	-
부채비율	174.22	183.17	181.36	166.52

[표 24] 현대자동차 기타지표

마. LG전자

[그림 32] LG전자 로고

1) 기업 소개

LG전자는 헤드랩프기업인 ZKW를 인수하면서 사실상, 타이어와 샤시를 제외한 모든 전장부품 생산능력을 갖추는 등 빠르게 투자가 이루어지고 있지만, 실질적으로 국내 전장분야 반도체매출의 대부분은 '만도'와 '현대모비스'가 액츄레이터 분야에서 차지하고 있는 것으로 나타났다.

LG전자는 자사의 배터리 경쟁력과 실리콘웍스를 기반으로 EV 및 ESS용 전력용 반도체와 배터리관리시스템(BMS)분야 그리고 센서, 조명 반도체에 집중하고 있다.

또한 LG전자는 2013년부터 자동차부품(VC)사업본부를 신설해 AVN 등 자동차용 인포테인먼트 제품과 전기차 구동부품, 자율주행부품 등을 생산하고 있다. 다양한 분야에서 약진이 눈에 띄는데, 특히 텔레매틱스와 AVN 분야는 글로벌 최고 수준의 경쟁력을 보유했다고 평가 받는다.

LG전자는 2021년 5일 독일 시험·인증 전문기관 TUV 라인란드로부터 'ISO 26262' 인증을 받아 마이크로컨트롤러(MCU), 전력관리반도체(PMIC), 전자제어장치(ECU) 등 차량용 반도체 개발 프로세스를 구축했다고 밝혔다.

ISO 26262는 ISO(국제표준화기구)가 차량에 탑재되는 전기·전자 장치의 시스템 오류로 인한 사고를 방지하기 위해 제정한 자동차 기능안전 국제표준규격이다. LG전자는 ISO 26262의 자동차 기능안전성 등급 중에서 최고 수준인 ASIL(자동차안전무결성수준) D등급을 받았다.

LG전자는 그간 자동차 인포테인먼트와 ADAS(첨단운전자지원시스템) 카메라용 반도체를 완성차 업체에 공급해 왔다. 또 LG전자는 냉장고, TV 등 가전제품용 MCU를 자체적으로 개발해 온 경험이 있다. 이는 차량용 반도체 시장 진출에 앞서 고객사 확보와 제품 개발에 발판이 될 것으로 보인다.[15]

---

15) 車 반도체 개발 나선 LG전자...전장사업 시너지 모색/지디넷코리아

2) 주식 정보

상장일	2002.04.22		
시가총액	16조 1,684억		
시가총액순위	코스피 20위		
외국인 지분율	29.08%		
액면가	5,000원		
거래량	160,118주		
최고 주가 (52주)	132,400	최저 주가 (52주)	77,200

(2023. 08. 18 기준)

[표 25] LG전자 증권정보

가) 분기별 Financial Summary
(1) Key Ratio (단위: 억 원, 배, %)

	2020/12	2021/12	2022/12	2023/12(E)
EPS	10,885	5,705	6,616	9,079
PER	12.40	24.19	13.07	11.00
BPS	85,732	95,691	105,473	114,980
PBR	1.57	1.44	0.82	0.87
EV/EBITDA	4.36	4.18	3.14	3.10

[표 26] LG전자 Key Ratio

(2) 재무상태 요약 (단위: 억 원)

	2020/12	2021/12	2022/12	2023/12(E)
유동자산	96,697	106,132	91,196	-
자산총계	482,042	534,815	554,561	582,413
유동부채	121,013	136,578	120,605	-
부채총계	306,621	333,834	326,641	337,094
자본금	9,042	9,042	9,042	9,040
자본총계	175,421	200,980	224,920	245,320

[표 27] LG전자 재무상태 요약

(3) 손익 계산서 요약 (단위: 억 원)

	2020/12	2021/12	2022/12	2023/12(E)
당기순이익	20,638	14,150	18,631	207,039
매출액	580,579	739,080	834,673	841,539
영업이익	39,051	40,580	35,510	39,339
영업이익률	6.73	5.49	4.25	4.67
순이익률	3.55	1.92	2.23	2.45

[표 28] LG전자 손익 계산서 요약

(4) 현금 흐름표 요약 (단위: 억 원)

	2020/12	2021/12	2022/12	2023/12(E)
영업활동	46,286	26,774	31,078	54,730
투자활동	-23,145	-24,655	-32,275	-40,004
재무활동	-9,939	-2,823	4,483	-1,317
CAPEX	22,819	26,481	31,168	32,514

[표 29] LG전자 현금 흐름표 요약

(5) 기타지표 (단위: 억 원, %)

	2020/12	2021/12	2022/12	2023/12(E)
ROE	13.23	6.32	6.61	8.27
ROA	4.44	2.78	3.43	3.63
자본유보율	1,833	1,933	2,088	-
부채비율	174.79	1,661.10	145.23	137.41

[표 30] LG전자 기타지표

바. HL만도

HL Mando

[그림 33] HL만도 로고

1) 기업 소개

만도는 자율주행 시스템인 첨단운전자시스템(ADAS) 부문에서 선두업체로 꼽힌다. 일찌감치 글로벌 자동화 산업의 변화에 따라 전동화 전략에 힘을 주고 있다. 제네럴모터스(GM) 전기차 전용 플랫폼 BEV3를 수주했고 첨단운전자시스템(ADAS) 신규 수주로 현대차, 기아의 북미 물량을 확보했다. 올해엔 테슬라 등 북미 전기차 업체의 지속적인 성장으로 인한 실적 향상이 예상된다. 폭스바겐 서스펜션 신규 수주도 기대된다.

미래 모빌리티 전환도 추진하고 있다. 만도는 ADAS 제품 개발과 전기차 샤시 솔루션 개발 등을 바탕으로 2024년 8조7000억원의 매출을 올릴 계획이다. 전장제품 매출 비중은 2021년 61%에서 2024년 68%, 친환경차 매출 비중은 2021년 20%에서 2024년 36%로 확대한다는 목표를 갖고 있다.

자율주행전문기업인 HL클레무브에 총 870억원을 투자한다. 북미와 중국에선 공장을 건설·증설하고 국내에서는 송도 ADAS 생산라인과 전장 제품 설비 증설에 나선다. HL클레무브는 2021년 12월 만도모빌리티솔루션즈와 만도헬라일렉트로닉스의 합병으로 출범했다. 2000건 이상 자율주행 기술 특허를 확보하고 있다. 매출을 올해 1조2000억원에서 2026년 2조4000억원, 2030년 4조원으로 늘려나갈 계획이다.[16]

운전자용 편의시스템(ACC)를 제조하는 업체로는 (주)만도, 현대모비스(주), 이래오토모티브시스템(주), 에스엘(주), ㈜피엘케이테크놀로, 이미지넥스트, 엠씨넥스, 캠시스, 아이에스테크놀로지(주)가 있다.

하지만, 주요핵심 반도체 기술은 인텔(모빌아이), 보쉬, 컨티넨탈, 덴소에 의지하고 있으며, 카메라 ISP 분야에서는 이미지넥스트, 엠씨넥스 등 대량생산 납품이 이루어지고 있지만, 인식기능이 점차 요구되고 있다.

---

16) 만도 조성현號, 올해 전동화 전략 '박차'/대한경제

2) 주식 정보

상장일	2014.10.06		
시가총액	1조 9,722억		
시가총액순위	코스피 141위		
외국인 지분율	25.24%		
액면가	1,000원		
거래량	70,146주		
최고 주가 (52주)	55,800	최저 주가 (52주)	40,200

(2023. 08. 21 기준)

[표 31] HL만도 증권정보

가) 분기별 Financial Summary
(1) Key Ratio (단위: 억 원, 배, %)

	2020/12	2021/12	2022/12	2023/12(E)
EPS	123	3,559	2,093	4,725
PER	476.93	17.81	19.25	8.95
BPS	349.70	416.72	459.98	495.93
PBR	1.68	1.52	0.88	0.85
EV/EBITDA	9.91	7.66	5.78	4.95

[표 32] HL만도 Key Ratio

(2) 재무상태 요약 (단위: 억 원)

	2020/12	2021/12	2022/12	2023/12(E)
유동자산	10,746	9,921	8,087	-
자산총계	49,383	57,044	58,458	63,379
유동부채	10,968	9,941	7,379	-
부채총계	32,288	36,601	35,721	38,508
자본금	470	470	470	470
자본총계	17,096	20,443	22,737	24,871

[표 33] HL만도 재무상태 요약

(3) 손익 계산서 요약 (단위: 억 원)

	2020/12	2021/12	2022/12	2023/12(E)
당기순이익	139	1,786	1,183	2,381
매출액	55,635	61,474	75,162	84,960
영업이익	887	2,323	2,481	3,407
영업이익률	1.59	3.78	3.30	4.01
순이익률	0.25	2.91	1.57	2.80

[표 34] HL만도 손익 계산서 요약

(4) 현금 흐름표 요약 (단위: 억 원)

	2020/12	2021/12	2022/12	2023/12(E)
영업활동	4,300	4,127	-133	5,529
투자활동	-1,444	-3,766	-1,374	-4,013
재무활동	714	2,290	-2,448	88
CAPEX	1,776	2,073	3,123	3,541

[표 35] HL만도 현금 흐름표 요약

(5) 기타지표 (단위: 억 원, %)

	2020/12	2021/12	2022/12	2023/12(E)
ROE	0.37	9.31	4.78	9.90
ROA	0.29	3.36	2.05	3.91
자본유보율	2,820	3,234	3,590	-
부채비율	189	179	157	155

[표 36] HL만도 기타지표

사. 광전자

[그림 34] 광전자 로고

1) 기업 소개

광전자는 1984년 코리아테크노로 설립되어, 1996년 현재 사명으로 상호를 변경했다. 광전자는 일본 반도체 기업 고덴시의 계열사로, 발광다이오드, 트랜지스터, 리튬/태양광전지 등의 전력장치와 포토센서 등의 광센서 제품을 생산하고 있다.

당사는 뛰어난 기술력을 인정받아, 2021년 당초절전 LED 융합 기술 개발 기관으로 선정됐다. 연구는 2022년 말까지 36억원의 지원 받아 지속될 예정이며, 10M 이상 근거리 안전감지가 가능한 소형모빌리티기기용 근적외선 마이크로 LED집적모듈시스템 기술 개발에 집중하고 있다.

광전자는 2017년 11월 전기연구원·광운대·아이언디바이스 등과 산·학·연 컨소시엄을 구성하여 산업통상자원부 소재부품 미래성장동력사업에 참여하여 SiC MOSFET 소자 개발에 착수했다.

광전자는 SiC 소자를 개발하고 있고 6인치 팹을 기반으로 전기차 및 신재생 에너지용 트랜치 SiC상용화를 추진하고 있다.

2) 주식 정보

상장일	1994.11.30	
시가총액	1,396억	
시가총액순위	코스피 744위	
외국인 지분율	22.45%	
액면가	500원	
거래량	110,976주	
최고 주가 (52주)	3,920	최저 주가 (52주)	1,965

(2023. 08. 21 기준)

[표 37] 광전자 증권정보

가) 분기별 Financial Summary
(1) Key Ratio (단위: 억 원, 배, %)

	2020/12	2021/12	2022/12
EPS	-274	191	239
PER	N/A	17.10	9.15
BPS	3,966	4,165	4,514
PBR	0.59	0.78	0.48
EV/EBITDA	45.22	8.58	4.37

[표 38] 광전자 Key Ratio

(2) 재무상태 요약 (단위: 억 원)

	2020/12	2021/12	2022/12
유동자산	1,112	1,184	1,243
자산총계	2,434	2,390	2,479
유동부채	169	209	195
부채총계	421	283	202
자본금	290	290	290
자본총계	2,013	2,107	2,276

[표 39] 광전자 재무상태 요약

(3) 손익 계산서 요약 (단위: 억 원)

	2020/12	2021/12	2022/12
당기순이익	-163	105	131
매출액	1,502	1,738	1,522
영업이익	-78	69	58
영업이익률	-5.22	3.98	3.84
순이익률	-10.88	6.02	8.63

[표 40] 광전자 손익 계산서 요약

(4) 현금 흐름표 요약 (단위: 억 원)

	2020/12	2021/12	2022/12
영업활동	52	-13	175
투자활동	68	-44	-140
재무활동	-51	-8	-28
CAPEX	33	49	40

[표 41] 광전자 현금 흐름표 요약

(5) 기타지표 (단위: 억 원, %)

	2020/12	2021/12	2022/12
ROE	-7.56	5.39	6.33
ROA	-6.49	4.34	5.40
자본유보율	616.60	656.56	705.17
부채비율	20.92	13.41	8.89

[표 42] 광전자 기타지표

아. 텔레칩스

Telechips

1) 기업 소개

텔레칩스는 차량용 인포테인먼트(IVI)를 지원하는 애플리케이션 프로세서(AP)를 전문으로 개발하는 반도체 팹리스 기업이다. IVI란 차 안에서 즐길 수 있는 엔터테인먼트와 정보 시스템을 말한다. 주요 제품은 멀티미디어칩, 모바일 TV 수신칩, 커넥티비티(Connectivity) 모듈 등이다.

텔레칩스는 반도체를 설계하는 회사로 제품의 생산은 삼성전자의 파운드리에 맡기고 있다. 판매는 반도체 제조 공정을 감안해 2~3개월 전에 주문을 받아 삼성전자의 파운드리에서 생산을 진행한 후 직접 판매하는 방식이다.

텔레칩스는 국산화율이 0%였던 IVI 반도체 시장에 진출해 2007년 4월 국내 완성차 업체의 IVI 제품에 오디오 프로세서를 공급했다. 이후 지속적으로 적용 모델을 확대하며 성장성을 확보하고 있다.

텔레칩스는 코로나19가 유행했던 2020년, 자동차 시장의 위축으로 인해 85억원의 영업손실을 기록했다. 이에 텔레칩스는 자동차와 컨슈머 부분으로 운영하던 사업 구조에서 자동차 중심으로 사업 역량을 집중했다.

시장조사업체 IHS에 따르면 차량용 AVN(오디오·비디오·네비게이션), 디지털 클러스터, D-Audio 등 시장 규모는 2019년부터 2025년까지 연평균성장률(CAGR) 5.6%로 지속 성장할 것으로 전망된다

*자료=금융감독원 전자공시시스템
*단위=억원

[그림 36] 텔레칩스 실적 추이

 텔레칩스는 2022년 연결기준 연간 매출 1504억원, 영업이익 92억원으로 역대 최대 실적을 기록했다. 각각 전년 대비 10.3%, 13.7% 늘어난 규모다. 같은 기간 당기순이익은 459억원으로 552.8% 급증했다. 텔레칩스는 국내 및 해외 고객사의 자동차 인포테인먼트향 AP 제품의 매출 증가와 함께 칩스앤미디어 보유 지분의 매각 효과가 반영됐다고 설명했다.

 유진투자증권에 따르면 텔레칩스의 실적은 지능형 자동차 부분의 매출이 전년 대비 15.8% 증가하며 성장을 견인했다. "국내외 고객사의 자동차 인포테인먼트 수요가 증가하면서 AVN 관련 DMP(Digital Media Processor) 매출이 19.6% 증가했다며 작년 대비 영업이익률도 5.9%에서 6.1%로 늘어나는 등 소폭 증가했다"고 설명했다.

 텔레칩스는 2022년 4월 칩스앤미디어의 지분 26.5%(583억원)를 한국투자파트너스에 매각한다고 밝혔다. 지분매각 차익은 511억원으로, 해당 부분이 일시적인 영업외수익으로 반영되며 순이익이 크게 늘었다. 같은해 5월 LX세미콘이 제3자 배정 유상증자를 통해 텔레칩스의 지분 10.93%(277억원)에 취득하며 2대주주에 올라섰다.

 텔레칩스는 확보한 자금으로 신규 연구개발(R&D)에 투자중이다. 현재 텔레칩스는 AI(인공지능) 기반 차세대 지능형 반도체, 통신 칩 등을 개발하며 사업 포트폴리오를 확장하고 있다. 텔레칩스의 2022년 3분기 누적 기준 전체 매출에서 연구개발비용이 차지하는 비중은 46.1%다. 전년 동기(39.0%)보다 7.1%P 늘었다.

또 지난 1월 대구시와 투자협약을 맺고 수성 알파시티내 부지 1039㎡에 337억 원을 투자해 대구연구소를 건립할 계획이다. 연구소 준공은 2025년 8월 예정이며, 준공 이전까지는 대구테크노파트 내에 임시연구소를 설치해 올해 3월부터 운영한다.[17]

---

17) 토종 팹리스 기업 텔레칩스, 차량용 반도체 타고 '훨훨'/블로터

2) 주식 정보

상장일	2004.12.10	
시가총액	2,874억	
시가총액순위	코스닥 294위	
외국인 지분율	7.06%	
액면가	500원	
거래량	178,160주	
최고 주가 (52주)	25,000	최저 주가 (52주)
		10,550

(2023. 08 21 기준)

[표 43] 텔레칩스 증권정보

가) 분기별 Financial Summary
(1) Key Ratio (단위: 억 원, 배, %)

	2020/12	2021/12	2022/12	2023/12(E)
EPS	-697	521	3,349	1,739
PER	-18.65	33.42	3.30	10.85
BPS	7,358	8,453	12,418	13,022
PBR	1.77	2.06	0.89	1.45
EV/EBITDA	364.05	12.92	7.87	8.38

[표 44] 텔레칩스 Key Ratio

(2) 재무상태 요약 (단위: 억 원)

	2020/12	2021/12	2022/12	2023/12(E)
유동자산	852	883	1,183	-
자산총계	1,660	2,073	3,102	3,341
유동부채	310	418	1,019	-
부채총계	736	1,010	1,405	1,412
자본금	68	68	69	69
자본총계	924	1,063	1,697	1,929

[표 45] 텔레칩스 재무상태 요약

(3) 손익 계산서 요약 (단위: 억 원)

	2020/12	2021/12	2022/12	2023/12(E)
당기순이익	-97	70	459	254
매출액	1,007	1,364	1,504	1,864
영업이익	-85	81	92	168
영업이익률	-8.41	5.92	6.10	9.03
순이익률	-9.35	5.16	30.52	13.65

[표 46] 텔레칩스 손익 계산서 요약

(4) 현금 흐름표 요약 (단위: 억 원)

	2020/12	2021/12	2022/12	2023/12(E)
영업활동	-154	1,270	-73	503
투자활동	-237	-258	-634	-320
재무활동	337	275	630	-35
CAPEX	65	178	520	109

[표 47] 텔레칩스 현금 흐름표 요약

(5) 기타지표 (단위: 억 원, %)

	2020/12	2021/12	2022/12	2023/12(E)
ROE	-9.63	7.08	33.27	13.94
ROA	-5.85	3.77	17.74	7.90
자본유보율	1,361	1,565	2,373	-
부채비율	79.60	95.02	82.81	73.17

[표 48] 텔레칩스 기타지표

자. 아이에이

[그림 37] 아이에이 로고

1) 기업 소개

1993년 설립된 아이에이는 멀티미디어 칩 전문업체로 시작했다. DMB(디지털미디어 방송) 칩 등을 생산했었다. 2010년 김동진 대표이사 회장 취임 이후 차량용 전력반도체 사업으로 방향키를 돌렸다. 김 회장은 현대차와 현대모비스 대표이사 부회장을 지냈다. 현재 김 회장은 이용준 부사장, 레이먼 김 부사장과 공동 대표를 맡고 있다.

아이에이는 트리노테크놀로지, 오토소프트 등 계열사도 보유 중이다. 2016년에는 차량용 반도체·모듈과 관련해 우수한 기술력을 인정받아 처음 이노비즈(기술혁신형 중소기업)인증을 획득했다. 2019년에는 산업부 국책과제를 통해 SiC(실리콘 카바이드) 전력반도체 국산화에도 성공했다. 회사는 이를 양산하기 위한 기술 개발 및 자체 생산 환경 구축을 준비 중이다.

SiC 전력반도체는 고온과 고전압의 극한 환경에서 98% 이상의 전력 변환 효율을 유지하는 등 내구성이 특징이다. 또 안전성과 범용성을 두루 갖춰 기존 실리콘 전력반도체 시장을 대체하는 차세대 제품으로 수요가 급증하고 있다. 아이에이는 2022년 1월 산업통상자원부 '소재부품장비 으뜸기업'으로 선정되기도 했다.

이 회사는 절연게이트 양극형 트랜지스터(IGBT) 기반 전력반도체 분야에도 힘을 쏟고 있다. IGBT는 차세대 전력반도체로 불리는 제품이다. 기존 트랜지스터는 가격이 저렴한 대신 회로 구성이 복잡하고 동작 속도가 느리다. 금속 산화막 반도체 전계효과 트랜지스터(MOSFET)는 저전력이고 속도가 빠른 대신 가격이 비싸다. 이 두 가지 트랜지스터의 장점을 결합한 것이 IGBT다. 가전·산업용 전력제품부터 최근 고사양화 되고 있는 전기차 전력제어까지 범용성을 자랑한다. 아이에이는 IGBT 전력반도체 부문에서 세계 10위를 기록 중이다.

아이에이의 2021년 매출은 전년 584억원 대비 39% 증가한 812억원을 기록했다. 영업이익도 67억원으로 52% 증가했다. 회사는 매출 대비 4% 이상을 연구개발(R&D)에 매년 투자 중이다. 또 전체 인력의 약 15%를 R&D 인력으로 구성하고 있다.

아이에이는 차량용 반도체는 향후 300조원 이상의 거대 시장으로 성장할 것이라며 계열사와 함께 반도체 설계부터 생산까지 가능한 시스템을 구축함으로써 시너지를 극대화하고 글로벌 경쟁력 확보에 나서겠다고 강조했다.[18]

---

18) [르포] 국내 중소기업 유일 차량 전력반도체 생산기업 '아이에이' 가보니/아주경제

2) 주식 정보

상장일	2000.04.27		
시가총액	1,539억		
시가총액순위	코스닥 517위		
외국인 지분율	1.63%		
액면가	100원		
거래량	111,158주		
최고 주가 (52주)	814	최저 주가 (52주)	501

(2023. 08 21 기준)

[표 49] 아이에이 증권정보

가) 분기별 Financial Summary
(1) Key Ratio (단위: 억 원, 배, %)

	2020/12	2021/12	2022/12
EPS	50	8	-9
PER	18.61	125.24	N/A
BPS	322	346	334
PBR	2.91	3.02	1.82
EV/EBITDA	42.47	31.90	-164.53

[표 50] 아이에이 Key Ratio

(2) 재무상태 요약 (단위: 억 원)

	2020/12	2021/12	2022/12
유동자산	234	387	264
자산총계	1,430	1,643	1,656
유동부채	245	182	173
부채총계	447	480	533
자본금	286	295	295
자본총계	983	1,163	1,123

[표 51] 아이에이 재무상태 요약

(3) 손익 계산서 요약 (단위: 억 원)

	2020/12	2021/12	2022/12
당기순이익	131	92	-11
매출액	584	812	742
영업이익	44	67	-25
영업이익률	7.45	8.25	-3.42
순이익률	22.40	11.32	-1.42

[표 52] 아이에이 손익 계산서 요약

(4) 현금 흐름표 요약 (단위: 억 원)

	2020/12	2021/12	2022/12
영업활동	96	73	-64
투자활동	-19	-3	-29
재무활동	-24	83	20
CAPEX	2	4	52

[표 53] 아이에이 현금 흐름표 요약

(5) 기타지표 (단위: 억 원, %)

	2020/12	2021/12	2022/12
ROE	17.35	2.52	-2.66
ROA	10.38	5.98	-0.54
자본유보율	201.06	218.99	194.22
부채비율	45.45	41.28	47.47

[표 54] 아이에이 기타지표

2. 2차전지 관련 주식

1. 2차 전지와 관련된 기본 개념들

가. 전지의 개요

전지라는 단어가 익숙하지 않은 사람들에게 전지는 배터리라고도 불리고 있다. 배터리는 화학전지라고도 불리며, 화학전지는 위에서 살펴보았듯이 화학 반응을 통해 전기를 얻는다. 화학전지는 크게 1차전지, 2차전지, 연료 전지로 나눌 수 있다.

그렇다면 전지에서는 어떤 화학반응을 통해 전기를 발생시키는 것일까? 먼저, 전류가 형성되는 과정을 살펴보면, 반응성이 다른 금속 두 개를 각자 전해질에 잠그고, 이 두 금속을 도선으로 연결하면 전류가 발생하는데, 이때 반응성이 큰 금속은 이온화가 되면서 전해액에 녹게되고, 이때 발생되는 전자가 이동하면서 전류가 형성된다.

이때, 반응성이 큰 금속으로 이루어진 금속에서는 산화반응이 일어나며 이 전극을 (-)극이라고 한다. 반대로, 상대적으로 반응성이 낮은 금속에서는 환원 반응이 일어나며 이 전극을 (+)극이라고 한다. 전자는 (-)극에서 도선을 통해 (+)극으로 이동하며, 전류는 반대로 (+)극에서 도선을 통해 (-)극으로 이동한다.

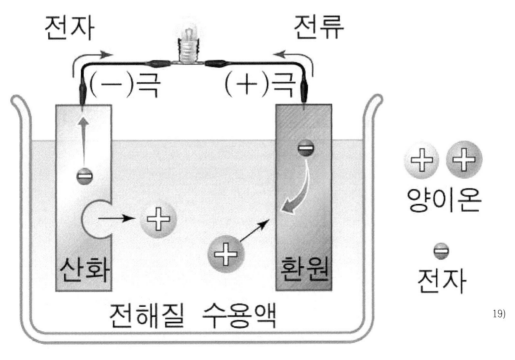

[그림 39] 전지의 화학반응

이렇게, 전극과 전해액으로 구성되는 완전한 전지를 "셀(Cell)"이라고 하며, 셀의 전

---

19) 출처 : Zum 학습백과

압 크기는 사용된 전해액, 금속과 같은 화학재료에 따라 대부분 1.2V, 1.5V, 2.0V, 3.7V의 전압을 가지며, 6V, 9V, 12V 등의 배터리에는 셀 여러개가 직렬로 연결되어 있는 형태를 띈다.

전지의 용량은 암페시어(Ah: A/H) 혹은 밀리암페시어(mAh)로 나타낸다. 이때, 1Ah는 1,000mAh와 같다. Ah는 전류와 전류가 흐르는 시간을 곱하여 계산하므로, Ah = I(전류) X T(전류가 흐르는 시간)으로 나타낼 수 있고, 다시 바꿔서 말하면 T(전류가 흐르는 시간) = Ah/I(전류)로 바꿀 수 있다. 예를들어 만약 4Ah의 용량을 가진 배터리를 사용하는 경우 1A의 전류를 1시간동안 사용할 수 있으며, 4A의 전류는 1시간동안 흘릴 수 있는 것이다.

또한, 전지중에는 메모리효과를 가지고 있는 경우가 있는데, 이는 충전이 가능한 경우 방전(0%)되지 않은 상태에서 충전을 하면, 전기가 남아있어도 충전기가 방전(0%) 상태로 기억하기 때문에 최초의 배터리 용량보다 적은 용량을 배터리 용량으로 기억하는 것으로, 메모리 효과가 있는 배터리는 완전 방전한 후 재충전 하는 것이 좋다.

나. 전지의 분류

1) 재료에 의한 분류

① 탄소아연 전지

주 재료로 아연과 탄소를 사용하는 전지로, 음극은 아연, 양극은 탄소로 이루어져 있으며, 전해액은 염화 암모늄 혹은 염화 아연을 사용한다. 탄소아연 전지는 저렴하지만 용량이 작은 특징을 가지고 있다.

② 망간 전지

주 재료로 아연과 망간을 사용하는 전지로, 음극은 아연, 양극은 망간으로 이루어져 있으며, 전해액은 염화 아연 혹은 염화 아연을 사용한다. 망간 전지는 탄소아연 전지와 마찬가지로 저렴하지만 용량이 작은 특징을 가지고 있다.

③ 알칼라인 전지

주 재료로 망간 전지와 마찬가지고 아연과 망간을 사용하며, 음극은 아연, 양극은 망간으로 이루어져 있으나, 전해액을 약산성에서 이온전도도가 높은 강알칼리성(수산화 칼륨 수용액)을 사용한다.

④ 납 축전지

차량용 배터리로 주로 사용되는 전지로, 2V의 납축전지 6개를 직렬연결하면 12V로 사용할 수 있으며, 완전 방전되는 경우 수명이 대폭 떨어지는 특징을 가지고 있다.

⑤ 니켈카드뮴 전지

주 재료로 니켈과 카드뮴을 사용하는 전지로, 저항이 작아 큰 전류를 필요로 하는 곳에 주로 사용된다. 니켈카드뮴 전지는 600mAh와 1,000mAh로 주로 구성된다.

⑥ 니켈수소 전지

주 재료로 니켈과 수소흡장금을 사용하는 전지로, 니켈 카드뮴 전지의 단점을 보완한 전지이다. 그 결과로, 니켈 카드뮴 전지보다 무게, 용량, 메모리 효과 등이 더욱 우수하며 1,000mAh와 1,600mAh로 주로 구성된다.

⑦ 리튬이온 전지

주 재료로 리튬산화 물질과 탄소를 사용하는 전지로, 음극은 탄소, 양극은 리튬산화 물질로 이루어져 있으며, 전해액은 휘발유보다 잘 타는 유기성 물질을 사용한다. 리튬이온 전지는 대부분의 휴대기기에 들어가는 전지로, 가장 우수한 성능을 보인다. 리튬이온 전지는 자기방전, 메모리 효과가 거의 없으며, 용량, 기전압, 온도특성이 아주 우수하다는 장점을 가지고 있지만 전해액이 유기성 물질이기 때문에 폭발할 수 있다는 위험성이 있다.

⑧ 리튬이온폴리머 전지

리튬이온폴리머 전지는 앞서 살펴본 리튬이온전지의 폭발 위험성을 줄이기 위해 전해질을 고체상태의 전해질인 폴리머로 변경한 것으로, 액체 전해질을 사용한 리튬이온 전지에 비해 이온전도율, 온도 특성, 수명이 떨어진다는 단점이 있으나, 안전하고 작으며 원하는 형태로 만들 수 있다는 장점이 있다. 특히 리튬이온폴리머 전지는 휘어지거나 얇은 형태로 만들어 핸드폰, 노트북 등의 휴대기기에 사용할 수 있기 때문에 차세대 전지로 주목을 받고 있다.

2) 특성에 의한 분류

화학전지는 특성에 따라 크게 1차전지, 2차전지, 연료전지로 구분할 수 있다. 또한, 각각 1차전지와 2차전지는 또 앞서 살펴본 다양한 재료를 가진 전지들로 나눌 수 있다.

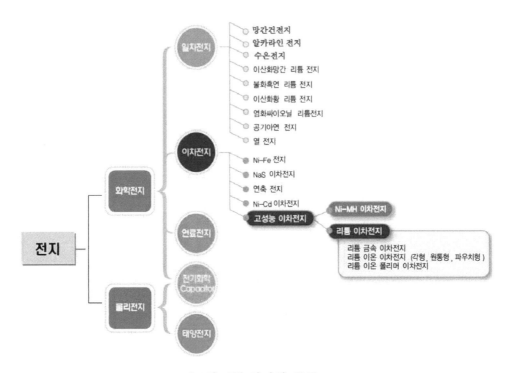

[그림 40] 전지의 분류

가) 1차 전지

우선, 일차 전지는 위에서 언급한 것과 같이 방전기능만 작동하여 충전하여 사용할 수 없는 전지이다. 1차전지의 특징으로는 기전력이 크고 일정한 전압이 오랫동안 유지되며, 자기 방전이 적다. 즉, 가만히 둬도 용량이 줄지 않으며 가볍고 저렴하지만 배터리 용량이 작다. 그리고 내부저항이 작다.

일차전지는 다시 말하면, 반복 사용이 불가능한 전지를 의미하며 대표적인 예시로는 망간 건전지, 알카라인 전지, 수은전지, 리튬계 전지 등이 있다.

(1) 건전지 배터리(망간전지 혹은 망간 건전지)

이산화망간을 양극으로, 아연을 음극으로 사용하며, 전해질은 염화암모늄 또는 염화아연 등의 중성염 수용약으로 구성된 전지를 의미하며 소모 전류가 적으면서 오랜 시간동안 사용 가능한 탁상 시계, 리모콘 등은 망간 건전지가 적절하다.

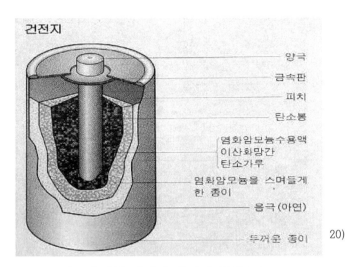

[그림 41] 건전지 배터리 구성요소

아연판에서는 산화반응이 일어나며 이산화망간에서는 환원반응이 일어나며, 해당 반응에 대한 식은 다음과 같다.

산화전극: $$Zn(s) \longrightarrow Zn^{2+}(aq) + 2e^-$$
환원전극: $$2NH_4^+(aq) + 2MnO_2(s) + 2e^- \longrightarrow Mn_2O_3(s) + 2NH_3(aq) + H_2O(l)$$

전체: $$Zn(s) + 2NH_4^+(aq) + 2MnO_2(s) \longrightarrow Zn^{2+}(aq) + 2NH_3(aq) + H_2O(l) + Mn_2O_3(s)$$

[그림 42] 건전지 배터리에서 일어나는 반응식

위의 그림에서 보면 "피치"라는 부분이 있는데, 이는 위의 반응식에서 완전히 제거되지 않는 가스를 저장할 공기실과 발생하는 물로 인해 전해질이 흘러내리지 않도록 타르, 원유와 같은 끈적끈적한 검은 물질로 막아놓은 것이다.

(2) 알카라인 전지

망간 건전지의 전해액을 KOH 수용액으로 교체하여 그 힘을 강화시킨 전지로써 소모전류가 큰 카메라나 장난감, 카세트 등에 소모되는 전지이다. 망간전지에 비해서 순간 방전률이나 에너지 용량이 커서 건전지 시장의 80%가 알카라인 전지가 점유하고 있다.

망간 건전지와 마찬가지로 아연판에서 산화반응이 일어나며, 이산화망간에서는 환원

---

20) 화학교재연구회 옮김, 레이먼드 창의 기본일반화학 제6판, 사이플러스(2010)

반응이 일어난다. 해당 반응에 대한 식은 다음과 같다.

$$(-)극(아연판) : Zn + 2OH^- \rightarrow Zn(OH)_2 + 2e^- \ (산화)$$
$$(+)극(C막대) : 2MnO_2 + H_2O + 2e^- \rightarrow Mn_2O_3 + 2OH^- \ (환원)$$
$$\overline{}$$
$$전체 반응 : Zn + 2MnO_2 + H_2O \rightarrow Zn(OH)_2 + Mn_2O_3$$

[그림 43] 알카라인 전지에서 일어나는 반응식

앞서 살펴본 망간건전지와 알카라인 건전지는 전해액에서만 차이가 있으나 이로 인해 다양한 차이가 발생한다. 망간 건전지와 알카라인 건전지를 비교하면 다음과 같다.

	망간건전지	알카라인 건진지
공칭전압	1.5V	1.5V
전기 화학 시스템	아연-이산화망간	아연-이산화망간
양극활물질	이산화망간(MnO_2)	이산화망간(MnO_2)
전해액	염화아연($ZnCl_2$)수용액 염화암모늄(NH_4Cl)수용액	수산화칼륨(KOH)수용액
음극활물질	아연(Zn)	아연(Zn)
전지용기	아연관	철제관
사용온도범위	-5℃~55℃	-18℃~55℃
충전	불가능	불가능
특성	가격이 저렴 연속방전 보다 간헐방전 조건에서 수명이 길다	중부하에 적하
용도	리모콘,인터폰,라디오,카세트,완구, 강력라이트,벽시계	리모콘,액정TV,인터폰,헤드폰,스테레오라디오,카세트,CDP,MP3,완구,전자게임기,디지털카메라,강력라이트,전기면도기,도어락

[표 55] 건전지 배터리 비교

21)

---

21) 출처: 네이버

(3) 수은전지

수은전지는 음극은 아연-수은 아말감, 양극은 화수은(HgO)판으로 구성되어 있으며, 전해질은 HgO와 수산화칼륨(KOH) 혹은 NaOH의 혼합물을 사용하는 전지이다. 일반적으로 1.35V의 전압을 보이며, 수명이 5% 남을 때 까지도 안정적인 전압을 유지하는 모습을 보인다. 그러나 이러한 수은 전지는 Hg 생성하므로 환경오염 문제 발생하게 한다는 문제점도 지니고 있다.

음극과 양극에서 일어나는 반응식은 다음과 같다.

산화전극: $Zn(Hg) + 2OH^-(aq) \longrightarrow ZnO(s) + H_2O(l) + 2e^-$
환원전극: $HgO(s) + H_2O(l) + 2e^- \longrightarrow Hg(l) + 2OH^-(aq)$
전체: $Zn(Hg) + HgO(s) \longrightarrow ZnO(s) + Hg(l)$

[그림 44] 수은전지에서 일어나는 반응식

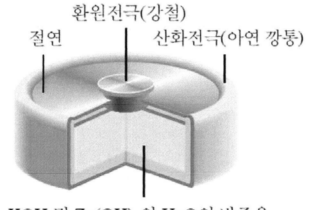

환원전극(강철)
절연   산화전극(아연 깡통)

KOH 및 $Zn(OH)_2$와 HgO의 반죽을
포함하는 전해질 용액

[그림 45] 수은 전지 구성도

나) 2차 전지

2차 전지는 충전과 방전을 500회 이상 연속적으로 반복 사용이 가능한 반영구적 화학전지를 일컫는다. 즉, 2차 전지는 전기에너지를 화학에너지로 변환하여 저장해 두는 장치라고도 할 수 있는 것이다. 이차전지에는 납축전지, 니켈-카드뮴전지, 니켈 수소전지, 리튬계 이차전지로 분류할 수 있으며, 리튬 이차전지는 다시 리튬 금속이차전지, 리튬이온 이차전지, 리튬이온 폴리머 이차전지로 구분되어진다.

2차 전지는 한 개의 전극에서 충전과 방전이 모두 일어남에 따라서 산화전극(Anode, -극)과 환원전극(Cathode, +극)의 구별은 방전반응을 기준으로 한다. 2차전지 산업에서 방전반응 기준으로 산화전극(Anode, -극)은 음극으로 번역되며, 환원전극(cathode, +극)은 양극으로 번역된다.

(1) 납축 전지

납축 전지는 밀도가 1.25 g/mL 정도인 황산 용액에 음극에 Pb판을, 양극에 산화납(PbO2)을 입힌 금속판을 넣어 만든 전지로써, 1개당 기전력 약 2.1V. 여러 개를 직렬로 연경하여 12V, 24V로 만들어 사용된다. 또한 납축전지는 이차전지로서 충전과 방전을 500회 이상 연속적으로 반복 사용이 가능한 반영구적 화학 전지이다.

납축 전지는 방전된 경우 양극과 음극에서 모두 불용성 물질인 PbSO4이 생성되며, 황산 용액의 농도가 묽어 진다는 특징을 보인다. 납축전지의 방전여부는 황산의 밀도를 측정하여 확인 가능하며 겨울철에 온도가 내려가면 전해질의 점도가 상승하고, 이온의 이동이 느려져서 정상작동 되지 않는다. 이에 해당하는 대표적인 예가 겨울철 자동차 시동이 잘 걸리지 않는 현상이 발생하는 원인이다. 이에 대한 반응식은 다음과 같다.

$$\text{산화전극:} \quad Pb(s) + SO_4^{2-}(aq) \longrightarrow PbSO_4(s) + 2e^-$$
$$\text{환원전극:} \quad PbO_2(s) + 4H^+(aq) + SO_4^{2-}(aq) + 2e^- \longrightarrow PbSO_4(s) + 2H_2O(l)$$
$$\text{전체:} \quad Pb(s) + PbO_2(s) + 4H^+(aq) + 2SO_4^{2-}(aq) \longrightarrow 2PbSO_4(s) + 2H_2O(l)$$

[그림 46] 납축 전지에서 일어나는 반응식(방전)

충천은 축전지의 전압이 1.8V 이하로 떨어지기 전에 외부에서 직류전원을 인가하면 역반응이 진행되어 기전력 회복, 황산의 농도가 진해지면서 발생한다.

$$PbSO_4(s) + 2e^- \longrightarrow Pb(s) + SO_4^{2-}(aq)$$
$$PbSO_4(s) + 2H_2O(l) \longrightarrow PbO_2(s) + 4H^+(aq) + SO_4^{2-}(aq) + 2e^-$$

전체: $2PbSO_4(s) + 2H_2O(l) \longrightarrow Pb(s) + PbO_2(s) + 4H^+(aq) + 2SO_4^{2-}(aq)$

[그림 47] 납축 전지에서 일어나는 반응식(충전)

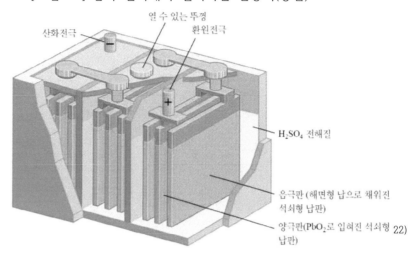

[그림 48] 납축전지의 내부 단면

(2) 니켈카드뮴전지

니켈카드뮴전지의 양극은 니켈 수산화물을, 음극은 카드뮴을 사용하고 전해액은 수산화칼륨 수용전액을 사용한다. 니켈카드뮴전지는 최근까지 가장 널리 사용되던 충전식 전지로써 전동공구, 완구, 저가의 전자제품 등에서 이용되고 있다. 니켈카드뮴 전지의 경우 음극에서 사용하는 카드뮴이 공해물질이고, 완전히 방전한 후 충전 하여야 하는 단점이 있어 시장에서의 점유율을 점차 축소되고 있다.

(3) 니켈수소 전지

니켈수소전지의 양극은 니켈 수산화물이며, 음극은 수소저장 합금을 사용하고 있다. 전해질은 알카리 수용액을 사용한다. 니켈수소 전지의 전압은 1.2V이고, 전기용량은 니켈카드뮴전지보다 약 1.7배 크다. 또한 500회 이상의 충방전이 가능하고, 작은 내부저항과 함께 전압변동이 적어 대전류 방전을 특징으로 한다. 대전류 방전특징으로 휴대형 전자제품에 주로 사용되어 오고 있으며 그 밖에도 디지털 카메라, 노트북 PC, 캠코더 등에서 사용된다. 최근에는 리튬이온(Li-ion) 전지가 안정화되면서 니켈수소전지는 특수제품을 제외한 곳에서는 사용되지 않고 있는 추세이다.

---

22) 화학교재연구회 옮김, 레이먼드 창의 기본일반화학 제6판, 사이플러스(2010).

(4) 리튬이온 전지

리튬이온 전지는 작고 가벼우면서도 에너지 밀도, 출력특성, 장시간 사용 등 성능 면에서 가장 우수한 특성을 가지고 있으며 현재 가장 많이 사용되는 2차 전지의 형태 이다. 리튬이온 전지는 양극으로 리튬코발트산화물 또는 리튬망간산화물을 사용하며 음극에는 탄소(카본)를 사용하며, 전해질은 액체전해질을 사용한다.

리튬이온 전지의 양 극에서 일어나는 반응식은 다음과 같다.

$$\text{산화전극(산화 반응):} \quad Li(s) \longrightarrow Li^+ + e^-$$
$$\text{환원전극(환원 반응):} \quad Li^+ + CoO_2 + e^- \longrightarrow LiCoO_2(s)$$
$$\text{전체:} \quad Li(s) + CoO_2 \longrightarrow LiCoO_2(s)$$

[그림 49] 리튬이온 전지에서 일어나는 반응식

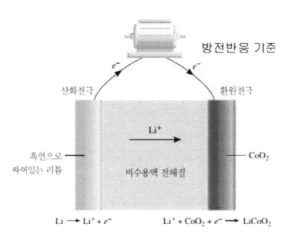

[그림 50] 리튬이온 전지

리튬이온 전지는 대부분의 휴대전화, 캠코더, 디지털 카메라, 노트북 PC, MD 등에 사용되고 있으며, 초박형이나 가공성을 요구하지 않는 분야에서 많이 사용되는데, 평 균 3.7V의 높은 작동전압으로 각종 휴대전화의 소형화시켰으며, 통상 500회 이상의 충전과 방전이 반복 가능하다. 리튬이온 전지는 폭발 위험이 있기 때문에 보호회로가 장착된 PACK 형태로 판매되고 있는데, 위험성만 제거되면 가볍고 높은 전압을 갖고 있어 향후 가장 많이 사용될 것으로 전망되어지고 있으며 현재도 대부분의 2차 전지 의 이용률을 차지하고 있다.

리튬이온전지는 높은 에너지 밀도, 높은 전압, 친환경성, 비메모리 효과로 인한 높은 수명을 보유해 납축전지 및 니켈카드뮴전지를 대체하는 대표적인 2차전지로 성장했 다.

특징	주요 내용
높은 에너지 밀도	• 기존 납축전지 대비 4~5배의 에너지 밀도
높은 전압	• 기존 전지 대비 3배 고전압
친환경성	• 환경규제물질(Cd, Hg, Pb) 미포함 • 재활용 가능
비메모리 효과 및 높은 수명	• 충·방전 반복으로 인한 방전용량 감소 없음

[표 56] 리튬이온전지의 장점

리튬(Li)의 원자 질량은 금속 중 가장 가벼운 알칼리 금속으로, 배터리의 무게를 줄여 소형화가 가능하다. 에너지 밀도는 같은 무게의 배터리 내 얼마만큼의 에너지를 저장할 수 있는지를 결정하는 요인으로 배터리의 크기 및 용량을 좌우하는 요소이다. 리튬은 높은 에너지 밀도로 인해 용적이 큰 장점이 있어 높은 충·방전 효율, 고에너지 밀도 및 출력 밀도를 요구하는 산업에 이상적인 전극 재료다. 리튬이온전지는 기존 배터리 소재인 카드뮴(Cd), 수은(Hg)과 납(Pb) 등의 환경규제물질을 미포함하며, 폐전지로부터 재활용이 가능해 친환경적이다. 또한, 메모리 효과가 없어 충·방전을 반복해도 용량이 쉽게 줄어들지 않는 장점을 가진다.

리튬이온전지는 크기에 따라, 소형과 중대형으로 분류된다. 소형 배터리는 주로 스마트폰, 태블릿, 노트북 등의 전자기기에 사용되었던 주류 배터리였으나, 최근에는 전기차 및 ESS에 적용 가능한 중대형 배터리 시장이 급성장 중이다. 또한, 초소형 및 대용량 배터리 적용이 가능한 신규 산업 등 다양한 산업으로 확장할 수 있어, 제품 안전성 향상, 가격 경쟁력 확보, 팩 설계 기술 등의 소재 관련 원천기술 확보가 필요하다.[23]

---

23) 리튬이온배터리, 한국IR협의회, 2020.08.06

특징	주요 내용
기술집약적 산업	• 소재 가격 및 기능 관련 원천기술 확보에 따른 수익성 차이가 큼 • 기술 차별화 전략 및 연구 투자가 활발
성장기의 전방 산업	• 소형 배터리 시장에서 전기차, 중대형 시장으로 급속한 성장 중 • 드론, 로봇, 스마트홈 등 미래산업 핵심 기술로 적용 가능
높은 시장진입장벽	• 소재기술을 보유한 일본 업체들, 흑연, 코발트 등 원재료의 가격 경쟁력이 있는 중국 업체로 인해 경쟁 강도가 높음
첨단 융·복합 산업	• 양극 및 음극 소재, 분리막, 전해질 등의 고성능 소재 개발을 위해 화학, 재료, 전기 공학 등 다방면 기술이해도가 필요
수요처별 테마 산업	• 휴대용 전자기기 (소형), 전기차 (중형 및 고출력 제품)

[표 57] 리튬이온배터리 산업의 특징

(5) 리튬이온 폴리머 전지

리튬이온 폴리머전지의 전극물질은 리튬이온 전지와 같이 음극으로 탄소(카본)를 사용하고, 양극으로 리튬코발트산화물 또는 리튬망간산화물을 사용하지만, 전해질은 고분자 전해질을 사용 한다. 이는 전지의 형상을 원형과 각형을 비롯한 다양한 모양으로 유연하게 만들 수 있는 장점을 지니며 초박형 ,경량화가 가능할 뿐만 아니라 전해질로 폴리머를 사용함으로써 안전성이 뛰어나고 리튬이온전지에 필수적인 보호회로가 불필요하므로 저가격화를 실현할 수 있는 등 많은 장점을 지니고 있다. 하지만 리튬이온 전지에 비해 체적에너지밀도가 떨어지고, 제조공정이 비교적 복잡하여 가격이 높다는 한계점을 보인다.

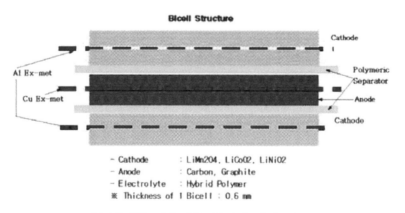

[그림 51] 리튬이온 폴리머 전지 구조

특성	Ni-Cd	Ni-MH	LIB	LIPB	LPB
양극	NiOOH	NiOOH	$LiMO_2$	$LiMO_2$	유기메켑탄, 칼코겐 화합물, 전도성 고분자 등
음극	Cd	MH	Carbon	Carbon	Li-metal
전해질	KOH/H_2O	KOH/H_2O	LiX/유기용매	LiX/고분자 전해질	LiX/고분자 전해질
작동전압(V)	1.2	1.2	3.6	3.6	2.0~3.6
수명(회)	1000	1000	1200	1000	>200
자기방전율 (%/월)		20~25	<10	<<10	<<10
환경오염 물질함유	Yes	Yes	No	No	No
중량 당 에너지밀도 (Wh/Kg)		65	120	100	>200
체적당 에너지밀도 (Wh/I)	160	240	280	220	-
주요생산업체	Sanyo, Toshiba	Matsushita, Sanyo, Toshiba	Sony, Sanyo, Matushita	Valence, Ultralife	

[표 58] 주요 이차 전지의 특성 및 구성재료

다) 연료전지[24]

연료전지는 수소를 연료로 공급하여 대기 중 산소와 전기화학반응에 의해 직접 변환 발전하는 장치를 의미한다. 별도의 연소과정이 없기 때문에 발전효율이 상대적으로 높고 이산화탄소 등 온실가스 배출이 없어 친환경적이며 전기를 생산함과 동시에 열 도 생산하기 때문에 난방과 전기를 동시에 생산할 수 있는 장점이 있다.

또한, 주요 수요처인 도심지에 소규모로 설치가 가능한 분산형 전원이라는 점도 큰 장점으로 꼽을 수 있다. 소형 연료전지는 주로 자동차나 이동용 전원으로 이용되고 있으며, 대형 연료전지는 건물의 분산형 전지나 발전용 전지로 사용할 수 있다.

기본적으로 연료전지는 연료극, 전해질층, 공기극이 접합되어 있는 셀(Cell)과 다수의 셀을 적층한 스택(Stack)으로 이루어진 전기 생산기기와 전기적, 기계적 주변기기 (Balance of Plant, BOP)로 이루어져 있다. BOP는 시스템제어, 전력변환기 등 전기 적 주변기기(Electrical BOP)와 연료 및 공기 공급, 열회수 및 열교환기, 수처리 시스 템 등 내구성 향상과 운전 최적화를 위한 기계적 주변기기(Mechanical BOP)로 분류 된다.

연료전지에서 생산되는 전류는 반응 면적에 비례하며 전압은 셀 적층 개수에 따라 자유롭게 조절이 가능하기에 다양한 분야에 사용될 수 있으며, 구체적인 용도에 따라 휴대형(Portable), 고정형(Stationary), 수송형(Transport)으로 구분할 수가 있다.

구분	휴대형(Portable)	고정형(Stationary)	수송형(Transport)
정의	이동이 용이한 연료전지로 보조 전력 공급 장치 (Auxiliary Power Units, APU) 포함	전기와 열을 공급하는 연료 전지로써 이동은 불가능	추진력과 주행거리 개선에 필요한 기능을 제공
출력범위	5W to 20kW	0.5kW to 400kW	1kW to 100kW
적용기술	PEMFC, DMFC	MFCF, PAFC, PEMFC, SOFC	PEMFC, DMFC
적용사례	• 이동 수단 외(레저용 차량 및 보트 등)의 보조 전원(Auxiliary Power Unit, APU) • 휴대용 전자기기 (휴대폰, 노트북 등) • 군사용	• 대형/분산발전용 • 가정/건물용 • 백업전원 (Uninterruptible power supplies, UPS)	• 개인 상용차 • 대중교통 (버스, 트램 등) • 물류운반 (지게차, 트럭 등) • 선박용

[표 59] 연료전지 응용 분야별 특징

---

24) 연료전지 시장의 현재와 미래, 삼정 KPMG, 2019.08

연료전지의 발전원리는 다음과 같다.

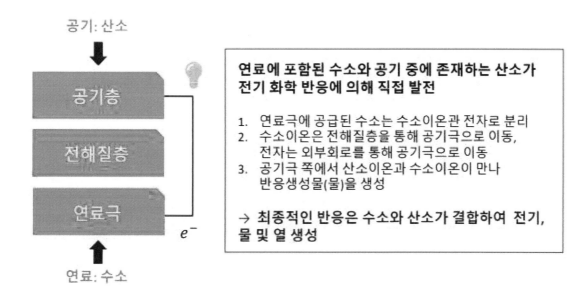

[그림 52] 연료전지 발전원리(단위전지)

연료전지에 사용되는 전해질의 종류에 따라 5가지(알칼리 연료전지(AFC), 인산형 연료전지(PAFC), 용융탄산염 연료전지(MCFC), 고체 산화물 연료전지(SOFC), 고분자 전해질 연료전지(PEMFC), 직접 메탄올 연료전지(DMFC))로 구분되는 것이 가장 일반적이다.

(1) 고분자전해질 연료전지(Polymer Electrolyte Membrane Fuel Cell)

PEMFC(Polymer Electrolyte Membrane Fuel Cell)에서 고분자전해질막은 Dupont사에 의해 제작된 퍼플루오로 술폰산(PFSA, Perfluorocarbon Sulfonic Acid) 수지가 주로 사용되고 있다. 시장점유율은 약 70%이다. 막은 산화 반응으로 발생하는 화학적 열화로 인하여 내구성이 감소하게 된다. 하지만 퍼플루오로 술폰산 수지는 불소원자의 주변을 탄소원자가 감싸고 있어 화학적으로 안정된 구조를 갖는다. 이 막은 술포닉플루오라이드 비닐에테르 단량체와 테트라플루오로에틸렌과의 공중합[25])에 의해 만들어진 수지를 필름형태로 압출 가공한 후 가수분해[26])시켜 제조한다.

PEMFC의 고분자 전해질막은 액체 상태의 물이 존재하는 환경에서 높은 이온 전도성을 유지할 수 있다. 하지만 건조현상이 발생하게 되는 고온에서는 이온 전도성을

---

25) 2개 이상의 단위 분자를 포개어 합친 것
26) 원래 하나였던 큰 분자가 물과 반응하여 몇 개의 이온이나 분자로 분해되는 현상

유지할 수 없어 연료 전지의 성능이 감소한다. 이로 인해 PEMFC는 상온에서 80℃까지의 온도에서 동작이 가능하다는 점과, 높은 전류밀도를 갖고, 소형화 및 경량화가 가능하여 차량용 등의 이동 전원으로 적합하다고 평가받는다.

PEMFC의 주요 부품과 역할은 다음과 같다.[27]

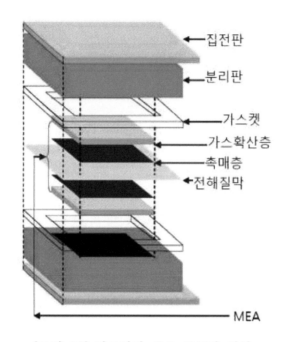

[그림 53] 연료전지 주요 부품과 역할

① MEA(Membrane-Electrode Assembly)
음극과 양극을 전해질막에 부착한 것으로 산소와 수소의 전기화학 반응이 일어나는 연료전지의 핵심 부품이다. 전해질막, 촉매층, 가스확산층으로 이루어져있다. 접착 과정에서 기체 확산층의 구조를 유지하고 전극과 전해질의 접촉을 좋게 하는 것이 중요 과제로 작용한다.

② 전해질막(Electrolytic membrane)
이온을 전달하고 반응기체(산소, 수소)를 분리하여 접촉을 막는 역할을 한다. 높은 이온 전도성이 필요하고 이온 외의 전자 등의 통과는 막아야 하며 화학적으로 안정성이 우수한 소재가 필요하다는 과제가 있다.

③ 촉매층(Catalyst layer)
수소의 산화반응, 산소의 환원반응을 촉진하는 역할을 한다. 음극과 양극에서 수소와 산소의 반응속도가 다른 문제를 해결하기 위한 방안으로 촉매량을 조절한다. 또한, 일산화탄소 등에 의해 손상이 가지 않는 소재 개발이 필요하다. 가격이 비싼 백금 촉매

27) 연료전지 개요와 현황, 한국수출입은행, 2021.08.06

를 사용할 경우 백금 사용량은 줄이면서 효과는 늘리기 위해 나노사이즈의 백금 입자를 뿌리는 기술로 비용이 절감된다.

④ 가스확산층(Gas diffusion layer)

반응기체를 촉매층에 전달하고 물을 제거하는 역할을 한다. 높은 기체 확산성, 배수성, 강성을 요구하며 두께를 얇게하는 노력 등으로 가격을 낮추는 중이다.

⑤ 가스켓(Gasket)

MEA 주변을 감싸 가스가 새지 않도록 막는 역할을 하며 주로 고무 폴리머로 만들어진다. 내열성과 탄성이 좋고 압축변형에 저항성이 높은 소재가 필요하다는 과제가 있다.

⑥ 분리판(Separator/Bipolar plate)

연료전지스택에서 단위셀을 분리하는 역할을 한다. 전기전도체 역할을 하기도 하고 생성된 물을 외부로 배출하는 역할도 한다. 분리판은 연료전지 무게의 약 60%를 차지한다. 높은 전기전도도, 열전도율, 기계적 강도를 가져야 하고 부식에 강하고 가벼운 소재가 필요하다는 과제가 있다.

⑦ 집전판(Current Collector Plate)

연료전지에서 만들어낸 전류를 흘려주는 역할을 한다. 형상에 따라 저항값이 달라지기 때문에 최적화 디자인 필요하다는 과제가 있다.

(2) 알칼리형 연료전지(AFC, Alkaline Fuel Cell)

AFC는 PEMFC와 다르게 액체 형태의 전해질이 사용된다. 1960년대 우주선에 전력과 물을 공급하기 위해 우주용으로 개발된 연료전지로, 현재 주로 사용되는 것은 이온 전도성이 우수한 수산화칼륨이다. 알칼리 전해질은 산성전해질에 비해 큰 기전력과 전류밀도를 얻을 수 있다. 이렇게 비교적 단순하게 고출력을 얻을 수 있다는 장점 때문에 순산소와 순수소를 이용한 우주용, 잠수함 등의 특수용에 많이 적용되고 있다. 또한, 알칼리 분위기에서는 저가의 전이 금속들이 귀금속인 백금과 비슷한 활성을 보여, 원가에 큰 비중을 차지하는 전극 촉매인 백금의 사용량을 절감하는 효과를 낳을 수 있다. 하지만 전해질이 공기 중의 이산화탄소와 반응하게 되면 결정형 탄산염을 형성하고 그것이 +극에 석출되어 연료전지의 가동성을 방해한다는 단점을 갖고 있다.

(3) 인산형 연료전지(PAFC, Phosphoric Acid Fuel Cell)

인산은 저렴하고 풍부하게 존재하며, 이산화탄소에 의한 성능 저하가 없다. 따라서 이산화탄소를 포함한 연료나 공기를 산화제로 이용하는 지상에서 사용하기 적합하다는 특징이 있다. 하지만 AFC의 전해액과 달리 다른 물질을 부식시키는 성질이 강하다는 단점이 있고, 저온에서는 점도가 높고 이온 전도성이 낮기 때문에 인산의 녹는 점인 42.35 ℃를 넘겨야 하기에 고온(170℃~230℃)에서 이용해야 효율이 좋다는 제약사항이 있다.

(4) 고체산화물형 연료전지(SOFC, Solid Oxide Fuel Cell)

다음과 같은 조건을 충족하는 세라믹(고체산화물)이 SOFC의 전해질로 사용된다. 1)산소를 함유하고, 산소이온전도를 발생할 것, 2)실용적인 온도범위 내에서 양호한 이온전도도가 얻어질 것, 3)전자전도성이 없을 것이 그 조건이다. 전해질이 고체이기에 전해질의 분산이 없고 전압에 대한 설계와 운전제어가 비교적 용이하다는 것이 장점이지만, 세라믹 재료가 부서지기 쉬운 재질이기에 이를 고려해 기기가 설계되어야 한다.

(5) 용융탄산염형 연료전지(MCFC, Molten Carbonate Fuel Cell)

MCFC는 탄산리튬과 탄산칼륨의 혼합인 액체 전해질을 이용한다. 이들 탄산염의 녹는점은 각각 단독으로 700~900℃로 높지만, 혼합시 400~500℃로 내려간다. 전지반응에는 600~700℃가 필요한데, 고온에서 작동하기 위해서 개선해야 할 필요가 있다. 가동정지나 출력억제 등 운전면에서도 유연성이 저하된다. 하지만 탄화수소계 연료에서 개질반응에 의해 연료를 공급할 경우에는 변성반응도 불필요하며 개질반응 뿐 아니라 반응열로 전지배열을 그대로 이용할 수 있어 효율적이다.

분류	고체고분자형(PEFC)	알칼리형(AFC)	인산형(PAFC)	고체산화물형(SOFC)	용융탄산염(MCFC)
전해질	고분자이온교환막 $-CF_2$, $-SO_2H$ (고체)	수산화칼륨수용액 KOH (액체)	인산 H_2PO_4 (액체)	안정화 지르코니아 Zr_2O (고체)	탄산염 Li_2CO_3, K_2CO_3 (액체)
이동이온	H^+ (양이온이동형)	OH^- (음이온이동형)	H^+ (양이온이동형)	O^{2-} (음이온이동형)	CO_3^{2-} (음이온이동형)
작동온도	약 80℃ (촉매필요)	상온~200℃ (촉매필요)	약 200℃ (촉매필요)	약 1000℃ (촉매불필요)	약 650℃ (촉매 불필요)
반응가스	H_2 (CO 10ppm 이하)	순H_2만	H_2 (CO 1% 이하)	H_2, CO	H_2, CO
배열이동	급탕만	-	증기에 의한 흡수식 냉동기 이용가능	복합 사이클화 가능	복합 사이클화 가능
특징	· 가동 비교적 빠름 · 고출력밀도 · 유지비용이 용이 · CO피독 받기 쉬움 · 물관리를 요함	· 전해질이 CO_2로 열화되지 않기 때문에 지상에서는 거의 이용되지 않음 · 고효율로 저비용 · 부식성이 약하고 재료 선택 폭이 넓음	· 개발이 가장 진전되어 실적이 많다 · 전해질의 소실이 있음	· 고출력밀도 · 내부개질이 가능 · 유리보수 용이 · 기동정지에 장시간을 요함 · 장기성능과 승강온도 사이클에 대한 불안이 있음	· 내부개질이 가능 · CO_2 농축 응용가능 · 전해질의 소실 있음 · CO_2 리사이클 필요 · 가동정지에 장시간이 필요 · 니켈 단락(短絡의 우려가 있음
수요처	· 대형발전용 · 선박용	· 가정용 열병합발전 · 자동차 동력원	· 우주발사체 전원용	· 미래 석탄가스화발전 및 복합발전전기사업용 등의 대규모 발전 · 중소사업소 설비 · 이동체용전원	· 일반적인 건축자재 · 상업 및 산업 열병합발전용

자료: 수소연료전지핸드북, 현대차증권

[그림 54] 전해질에 따른 연료전지의 분류와 특징

일차전지, 이차전지 등과 같은 기존의 전지는 에너지 저장 장치로서, 저장한 화학물질을 소모하면서 전기를 공급하는 원리지만, 연료전지는 화학물질의 저장이 아닌 수소와 산소를 외부에서 공급받아 전기를 발생시키는 발전 장치이다.

현재 연료전지는 화석연료를 직접 개질하여 사용하거나 개질한 수소를 이용하는 형태이지만, 향후에는 태양광, 풍력 등과 같은 신재생에너지와의 하이브리드(Hybrid) 또는 Power-to-Gas 컨셉으로 물 분해를 통하여 생산되는 수소를 이용하는 방식으로 개발될 전망이다.

다. 2차 전지 핵심부품[28]

1) 양극재

리튬이차전지는 크게 충전 및 방전 전압이 높은 양극(Cathode), 충전 및 방전 전압이 낮은 음극(Anode), 리튬이온의 이동 전달 매개체인 전해질(Electrolyte) 그리고 전기적 단락 방지를 위한 분리막(Separator), 4가지 구성 요소로 구성된다.

양극은 리튬이 들어가는 공간으로, 리튬은 원소 상태에서 반응이 불안정하기 때문에 산소와 결합한 리튬 산화물의 형태로 양극에 사용되고, 리튬 산화물과 전극 반응에 관여하는 것이 양극활물질이다.

양극재는 집전체인 알루미늄박에 활물질, 도전재, 바인더를 섞은 합제를 코팅한 후, 건조, 압착 공정을 거쳐 제작된다. 도전재는 리튬산화물의 전도성을 높이기 위해 첨가되며, 바인더는 활물질과 도전재가 알루미늄박에 정착 하도록 도와주는 접착제 역할을 한다. 양극활물질은 리튬이차전지의 용량과 전압을 결정하는 역할을 수행하는데, 리튬을 많이 포함하면 용량이 커지고, 음극과 양극의 전위차가 크면 전압이 커진다.

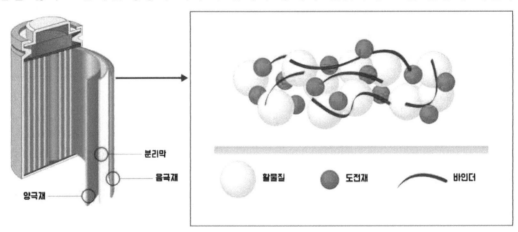

[그림 55] 리튬 이차전지 구성

리튬이차전지의 양극은 알루미늄 기재 표면에 사용 용도에 맞는 활물질, 전도성을 높이기 위한 도전재(Conductive Additive), 활물질과 도전체가 잘 정착할 수 있는 용도의 바인더가 배합된 합제를 입힌 구조로 제조되며, 양극활물질은 금속염의 구성 성분에 따라 LCO(리튬과 코발트 산화물), NCM(니켈, 코발트, 망간으로 이루어진 소재), NCA(니켈, 코발트, 알루미늄으로 이루어진 소재), LMO(리튬망간산화물), LFP(리튬인산철) 등으로 구분한다.

---

28) 중소기업 전략기술로드맵 2021-2023 이차전지, 중소기업벤처부

양극재 분야 산업은 양극재 원료 및 전구체, 도전재, 바인더, 집전체 등과 같은 후방산업과 및 전방산업인 리튬이온 이차전지 산업의 영향을 크게 받는 산업이다. 특히 양극 소재는 코발트 등 핵심 원료의 부족으로 인한 높은 가격으로 전지의 가격을 좌우하며 성능에 영향을 끼치는 소재다.

가) 용도별 분류

양극재는 전지의 출력을 결정하는 소재로서, 배터리로서 적합한 성능을 내는 양극활물질은 크게 NCM(Nickel Cobalt Manganese), NCA(Nickel Cobalt Aluminum), LCO(Lithium Cobalt Aluminium), LMO(Lithium Manganese Oxide), LFP(Lithium Iron Phosphate)로 분류된다. 니켈(Ni)은 고용량 특성, 망간(Mn)과 코발트(Co)는 안전성, 알루미늄(Al)은 출력 특성 향상을 위하여 사용된다.

양극소재	세부 내용
NCM	• 현재 보편적으로 가장 많이 사용되는 소재임 • 전기자전거, 전기차 등에 사용됨
NCA	• NCM, LMO 등 타 소재에 비해 출력과 에너지 밀도가 높음 • 고출력을 요구하는 전동공구용, 의료장비용도로 사용됨 • Tesla 전기차에 적용중
LCO	• 높은 에너지밀도 및 긴 수명을 가진 것이 특징임 • 리튬 이차전지 상업화 초기에 가장 널리 사용되었으며 주로 소형 전자기기에 사용됨 • 스마트폰, 노트북, 전동공구 등에 사용됨
LMO	• 망간을 사용하여 가격이 저렴한 편임 • 3차원 터널구조로 구조적 안전성이 우수한 소재이나, 고온특성이 떨어지는 단점이 존재 • 전동공구, 의료장비 등에 사용됨
LFP	• 코발트 대신 철을 사용하므로 저렴하고 안전성이 높음 • 순도 및 전기전도도 등 성능측면에서 개선이 필요함 • 전기차 등에 사용됨

[표 60] 주요 양극재별 특성/용도

양극재를 공급망 관점에서 분류를 하면, 양극재를 생산하기 위한 핵심 원료 물질 및 전구체, 이를 이용하여 합성된 양극활물질, 양극활물질을 이용하여 전극을 제조하기 위한 부자재 및 제조된 전극으로 분류할 수 있다.

양극소재	세부 내용
원료물질 및 전구체	• LiOH, Li_2CO_3, Co_3O_4, NCM 전구체, MnO_2, Mn_3O_4 등
양극 활물질	• 층상계, 스피넬계, 올리빈계 양극재
부자재	• 도전재, 바인더, 알루미늄 집전체 등
전극	• 층상계, 스피넬계, 올리빈계 전극

[표 61] 양극 공급망 관점의 범위

리튬이온전지 양극활물질은 LCO(리튬코발트산화물), NCM(니켈코발트망간), NCA(니켈코발트알루미늄), LMO(니켈망간산화물), LFP(리튬인산철산화물)로 나눌 수 있다. 소형 IT용도는 충전 및 활용이 유리한 LCO가 사용되고, 중대형 전지인 경우 순간 출력과 수명이 우수한 NCA와 NCM이 주로 사용된다.

구분	LCO	NCM	NCA	LMO	LFP
분자식	$LiCoO_2$ (리튬/코발트)	$Li(Ni,Co,Mn)O_2$ (리튬/니켈/코발트/망간)	$Li(Ni,Co,Al)O_2$ (리튬/니켈/코발트/알루미늄)	$LiMn_2O_4$ (리튬/망간)	$LiFePO_4$ (리튬/철/인)
구조	(층상구조)	(층상구조)	(층상구조)	(스피넬구조)	(올리빈구조)
전지용량 (mAh/g)	145	120~240	160~240	100	150
작동전압 (V)	3.7	3.6 ~	3.6 ~	4.0	3.2
안전성	높음	다소 높음	낮음	높음	매우 높음
수명	높음	중간	높음	낮음	높음
난이도	쉬움	다소 어려움	어려움	다소 어려움	어려움
용도	소형	소형, 중대형	중형	중대형	중대형

[표 62] 양극활물질의 종류 및 특성

① LCO

높은 에너지 출력을 보유한 층상형 결정구조 형태의 대표적인 양극소재로서 구성하는 코발트(Co)는 중국에 매장되어 원자재 수급이 어렵기에 폐전지로부터 코발트 소재를 추출하는 소재 재활용 연구가 진행 중이다.

② NCM/NCA

삼원계로 명명되어지며, 망간(Mn) 혹은 알루미늄(Al)을 니켈 및 코발트 소재에 추가하여 제조된다. 주로 자동차 및 ESS 용도로 사용되어지고, 해당 합성법은 고도의 기술력이 요구되며 순간적으로 강한 에너지를 분출하는 니켈의 특성을 해결하기 위한 안정성 확보와 코발트 사용량을 줄여 원가 경쟁력을 높이는 연구가 진행 중에 있다.

③ LMO
LCO 대비 가격이 저렴하나, 열화학적으로 불안정한 소재다

④ LFP
구조적 안정성이 우수한 올리빈(Olivine) 구조의 물질로 긴 수명을 보유하고 있다.

2) 음극재

리튬이온전지는 크게 충전 및 방전 전압이 높은 양극(Cathode), 충전 및 방전 전압이 낮은 음극(Anode), 리튬이온의 이동 전달 매개체인 전해질(Electrolyte) 그리고 전기적 단락 방지를 위한 분리막(Separator), 4가지 구성 요소로 구성되며, 음극은 양극에서 나온 리튬이온을 저장 방출함으로써 전기를 발생시키는 역할을 수행한다.

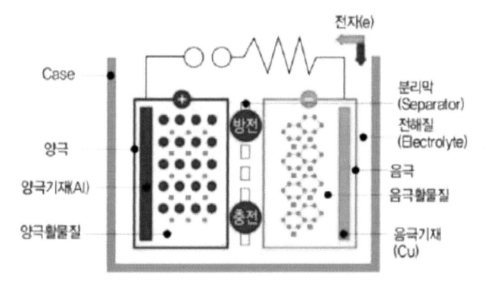

[그림 61] 리튬 이온배터리 구조

방전시 양극과 음극을 도선으로 이어 주면 전해액을 통해 리튬이온이 다시 양극으로 이동하게 되고, 리튬이온과 분리된 전자(e-)가 도선을 따라 이동하면서 전기가 발생한다. 음극재는 집전체 위에 활물질, 도전재, 바인더로 구성된다. 흑연은 구조적 안정성, 낮은 전자 화학 반응성, 우수한 리튬이온저장 능력, 저렴한 가격 등의 이유로 음극 활물질로 주로 사용된다.

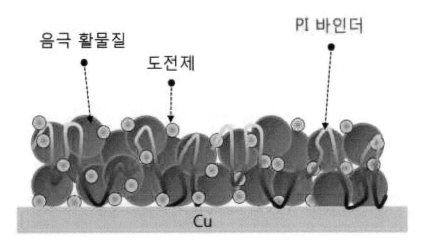

[그림 62] 리튬이차전지의 음극 구조

리튬이차전지의 음극활물질로 사용되기 위한 조건은 아래 표와 같고, 해당 조건에 가장 부합하는 물질인 탄소질 물질(graphite, Coke, meso carbon 등)이 음극 활물질로 사용된다.

음극활물질 사용 조건
• 리튬금속의 표준전극 전위에 근접한 전위를 가져야 함
• 리튬금속의 표준전극 전위에 근접한 전위를 가져야 함
• 부피당, 무게당 에너지 도가 높아야 함
• 뛰어난 사이클 안정성(높은 쿨롱 효율)을 보여야 함
• 고속 충.방전(rate capability)에 견딜 수 있어야 함
• 안정성을 보장해야 함

[표 63] 음극활물질 사용 조건

MCMB(graphitized Meso Garbon Micro Beads)는 음극활물질로 가장 널리 사용되고 있는데, MCMB는 콜타르로부터 열처리된 물질이며 입자 형태가 구형이어서 미세한 성형이 가능한 제품이다. 또한, 표면적이 작아서 충/방전 시에 부반응이 발생할 수 있는 확률이 적은 장점을 갖고 있어서, 전지용 음극활물질로 가장 안정된 특성을 나타내는 것으로 평가받고 있다.

리튬이온 2차 전지의 용량 확대를 위해서는 음극활물질 성능 향상이 필요하다. 탄소질 물질은 안정성과 가역성(리튬이온을 주고받는 능력)은 뛰어나나 용량 측면에서 한계가 존재한다. 리튬 이차전지는 지금보다 최소 두 배 이상의 용량을 가져야 하며, 이를 위해선 새로운 음극활물질이 필요한 상황이다.

최근 Si 이용하여 용량을 4배 이상 증가 시킬 수 있는 물질이 개발중에 있으나, 충/

방전 cycle 후 음극 활물질의 부피가 증가하는 문제로 실제 전지 제작에는 적용되지 못하고 있다. Nano-Technology가 적용된 탄소 재료들이 등장하고 있으나, 고가의 가격 때문에 현재로서는 상용화까지는 어려운 상황이다.

가) 용도별 분류

현재는 음극재로 주로 탄소계 활물질을 채택하고 있으나, 차세대 음극재는 금속 합금계와 금속산화물계 소재로서, 금속산화물계는 안정성과 출력이 우수하다는 장점이 존재한다. 금속합금계에서 금속 성분은 Si, Ge, Pb, Sn, Al 등을 주로 사용하며, 금속 산화물계는 Ti 금속이 주로 사용된다. 티타늄산화물은 고출력, 급속충전이 가능하여 스포츠카용 전기차 소재로 일부 사용되고 있다. 금속 합금계 중에서 실리콘합금 소재는 고용량 특성을 보유하고 있어, 스마트폰 등 모바일기기 적용을 위해 개발이 진행중이다. 최근 스마트폰 대형화와 고기능화에 따라 고용량에 대한 요구가 커지고 있어 고용량 음극재의 개발과 채택이 가속화될 것으로 전망된다.

성분	용량(mAH/g)	밀도(Wh/cc)	안정성	세부내용
인조흑연	360	1.99	낮음	• 일본업체가 장악하고 있으며, 고가로 대부분 천연흑연과 혼합하여 사용함
천연흑연	365	2.02	낮음	• 모바일기기용에 주로 적용
저온탄소계	235	1.07	좋음	• HEV용 리튬이온전지에 적용 증가세
금속복합계	500 <	2.13 <	낮음	• 에너지밀도가 흑연계 대비 2~3배 수준 • 가역용량 감소 때문에 전지수명 단축
산화물계	160	0.53	매우 좋음	• 출력용량과 안정성 우수 • 에너지밀도가 흑연계의 절반 수준

[표 64] 음극재 성분에 따른 특성

나) 기술별 분류

리튬이온전지 음극활물질은 천연 흑연, 인조 흑연, 금속계, 저 결정탄소(소프트 카본, 하드카본) 등으로 구분된다. 인조 흑연은 고열을 가해서 흑연의 고 결정 구조를 만들기 때문에 천연 흑연보다 조직이 안정적이고, 수명이 2~3배 우수하다. 전기차용으로는 성능 향상이 유리한 인조 흑연이 사용 확대되고 있다.

구분	천연 흑연	인조 흑연	저결정탄소	실리콘 기반
구조 형상				
원료	천연 흑연	Pitch/Cokes	Pitch/Cokes, 열경화수지	SiOx, Si 탄소 복합계
전지용량 (mAh/g)	350~370	270~350	200~300	800~1,600
초기 충/방전 효율(ICE)	90~93%	92~95%	80~90%	73~87%
출력	하	중	상	중
수명	상	상	중	하
가격($/kg)	7~12	4~10	8~12	40~150
장점	고용량	고수명	고출력	고용량

[표 65] 음극활물질의 종류 및 특성

① 금속계

금속을 음극으로 사용하면 이론적 용량이 질량 기준 10배, 부피 기준 3배 이상 늘어나 배터리 효율을 획기적으로 높일 수 있으며, 리튬 메탈은 가장 높은 셀 전압을 보유하는 장점이 있다. 하지만 금속 음극재가 리튬 반응성이 좋다보니 충/방전을 반복하는 과정에서 음극 표면이 적체돼 나뭇가지 모양의 덴트라이트가 생성되는 점이 극복해야 할 과제다.

② 저결정 탄소

결정구조가 불안정하여 수명이 짧으나, 리튬이온 출입 속도가 빨라 고속 방전에 용이한 소재다.

3) 전해질

전해질은 양극과 음극 사이를 오가며 전기화학 반응이 원활하도록 리튬이온(Li+)의 이동이 일어나는 매체다. 액체전해질은 유기용매, 리튬염 및 첨가제의 종류에 따라 특성이 결정되며, 특히 저온 및 고온특성 향상, 고출력 향상, 장수명 특성 향상 등 셀의 성능향상을 위한 다양한 유·무기계 기능성 첨가들이 개발되고 있다. 액체전해질과 고체전해질의 중간 단계 성격으로 겔 폴리머 전해질이 개발되었고, 파우치형 폴리머 전지에 일부 사용되고 있다. 고체전해질은 높은 이온전도도를 갖는 무기계 전해질 소재 개발을 진행하고 있으며, 아직은 상업적으로 활용하기에는 다양한 각도에서 적용성을 개선할 시간이 필요하다. 겔 폴리머 전해질의 이온전도도는 액체전해질 만큼은 아니지만 비교적 양호하고 저온특성과 고온 안전성도 우수하지만, 기계적 강도가 낮고 액체전해질 대비 낮은 함유량으로 성능이 저하되는 단점이 있다.

4개 핵심 소재인 양극, 음극, 분리막, 액체전해질로 구성되는 이차전지에서 액체전해질은 이차전지용 셀의 어셈블리(음극/분리막/양극) 후 최종단계에서 주액된다. 전해액은 리튬염, 유기용매, 첨가제로 구성되어 있다. 리튬염은 리튬이온이 지나갈 수 있는 이동 통로를 제공하고, 유기용매는 염을 용해시키기 위해 사용되는 유기 액체이며, 첨가제는 다양한 기능을 위해 소량으로 다종 첨가되는 기능성 액체다.

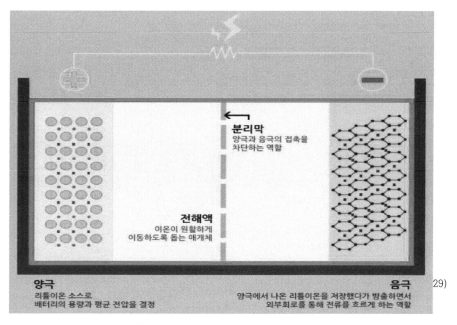

[그림 67] 리튬이온전지의 4대 핵심소재 구성

---

29) 출처: 삼성SDI

가) 용도별 분류

전해질 관련 용도별 기술개발이 축적될 경우 기존의 모바일 IT 분야와 더불어 전기자동차 산업 및 신재생에너지 효율화 산업이 가속화되어 전 산업 분야에서 추가적 부가가치 창출이 가능하다.

용도	세부 내용
모바일 IT용	에너지밀도 향상을 위한 양극재의 고전압(>4.5V)에 적합한 고전압 안전성 전해질 개발
전기자동차용	전해질의 온도 민감성을 개선시킬 수 있고 발화를 억제할 수 있는 전해질 개발
에너지저장시스템용	고출력, 대형화가 될수록 안전성 및 장수명 특성이 보장된 저가격형 전해질 개발

[표 66] 용도별 분류

나) 기술별 분류

전해질은 크게 세 가지로 분류되고 각 전해질 별 구성요소 및 특성이 다르다.

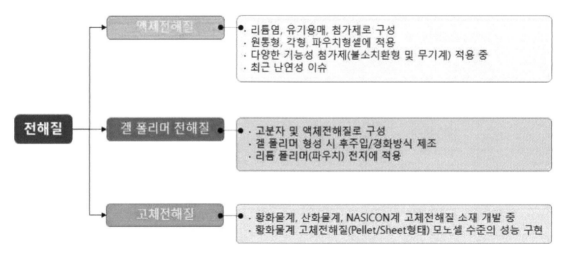

[그림 68] 전해질의 분류 및 구성요소

① 액체전해질

현재 상용화된 리튬이온전지(원통형, 각형, 파우치형셀)에 적용되고 있는 전해질로 유기용매와 리튬염 그리고 기능성 첨가제로 구성된다. 리튬이온전지의 용도 및 규격에 따라 다양한 유무기 첨가제 설계 및 적용이 진행되고 있다. 최근 배터리의 안전성 문제에 따른 난연성 기능 첨가제에 대한 이슈가 부가되었다.

② 겔 폴리머 전해질

분리막 양면에 고분자를 코팅 후 액체전해질을 후주입하거나 전해액내 경화형 고분자를 혼합하여 열경화를 통해 겔을 형성하는 전해질이다. 성능구현을 위해 액체전해질을 반드시 사용해야 하나, 기존 액체전해질에 비해서는 안전성 면에서 일부 향상. 리튬 폴리머(파우치) 전지에 주로 적용하고 있으며, 기계적 강도가 취약하여 분리막을 대체할 수 있는 기술은 아니다.

③ 고체전해질

황화물 또는 산화물계 고체전해질 파우더를 가압 또는 열처리를 통해 Pellet/Sheet 형태로 제조하여 적용하는 분리막을 대체할 수 있는 전해질이다. 현재는 액체전해질 대비 낮은 이온전도도를 극복하기 위한 소재 연구에 집중하고 있으며, 황화물 고체전해질을 적용한 모노셀 수준의 구현 가능성만 확인하는 수준이다.

라. 2차 전지 기술적인 원리

1) 2차 리튬이온 전지

리튬 이온 2차 전지는 에너지 밀도가 높고, 작동 전압이 높을 뿐 아니라 우수한 보존 및 수명 특성을 보이는등의 많은 장점을 지니고 있다. 따라서 리튬 이온 2차 전지는 3C로 불리우는 개인용 컴퓨터(Personal Computer), 캠코더(Camcorder), 휴대용 전화기(Cellular phone)외에도 휴대용 CD player나 PDA와 같은 개인용 무선 전자제품에도 폭넓게 적용되고 있다.[30]

리튬 이차전지는 양극(Cathode), 음극(Anode), 분리막(Separator), 전해질(Electrolyte) 등으로 구성되어있다. 이때, 양극은 리튬 이온의 공급원이며 충전시 산화반응이 일어나면서 리튬 이온을 방출하며, 방전시 환원반응이 일어나면서 리튬 이온을 흡수한다.

음극은 양극과 반대로 충전시 리튬 이온과 전자(Electron)를 흡수하며, 방전시 리튬 이온과 전자를 방출한다. 분리막은 전지의 양극과 음극을 분리하여 내부단락(닿는 것)을 방지함과 동시에, 충·방전이 일어날 수 있도록 리튬 이온을 통과시키는 기능을 하는 다공성 고분자 필름이며, 전해질은 양극과 음극에서 산화 또는 환원된 이온이 이동할 수 있는 통로를 제공한다.

가) Pole과 전자수수[31]

전지의 pole은 고전위전극과 저전위전극을 각각 (+)와 (-)로 나타내며, 양극 및 음극으로 나타낸다. 전지사용(방전) 시, 정극은 전위가 낮아지는 쪽으로 반응이 진행되어지면서 전자를 띈다. 리튬이온전지의 경우 리튬이온의 sink 역할을 하고, 음극은 양극과 반대의 형태로 발생한다. 즉, 전자를 잃고 전위가 높아진다. 본 방전과정 중 시스템의 전체 에너지는 감소하며, 감소된 에너지는 외부도선으로 전달되어 사용할 수 있는 직류형태의 전기 에너지가 되는 것이다. 다시 말해, 본 방전 과정은 여기상태(excited state)에서 기저상태(ground state)로 진행하는 화학반응의 에너지를 전기에너지로 전환하는 과정이다. 충전과정에서는 방전의 역과정이 일어나게 된다.

나) 전압특성

리튬이온전지의 경우 전지전압은 양극재료와 음극재료에 intercalation된 lithium의 electrochemical potential(- G/nF)의 차이로 표현할 수 있으며, 고전지전압을

---

30) 김민수, "첨단 정보화사회의 필수품, 배터리의 모든 것", 2002.04.17
31) 이후 설명 김준학, <이차전지의 기술, 시장 동향 및 특허동향>보고서 참조

구현하기 위한 양극 및 음극 재료의 선정이 필요하다. 상용 리튬이온전지는 리튬에 대하여 4v급인 니켈, 코발트 또는 망간의 산화물을 기본으로 하는 양극재료를 사용하며, 리튬에 대하여 0~1v급인 lithium intercalated carbon (LIC)을 형성할 수 있는 탄소를 음극재료로 사용하여, 평균전위차가 3.6 V로서 높은 전지 전압을 나타낸다.

다) 수명 특성

2차전지는 충방전에 따른 가역성 (rever sibility)이 우수하여야 하며, 재료의 dimension change가 없어야한다. 리튬이온전지는 충방전에 따른 재료의 dimension 변화가 적은 intercalation재료를 사용하는 전지로서, 납(Pb)이나 카드뮴(Cd) 등을 사용하는 전지에 비하여 수명특성이 현저히 개선된 전지이다.[32]

2) 2차 리튬이온전지 생산공정

리튬 이차전지 생산공정은 극판공정, 조립공정, 화성공정으로 구분할 수 있다.

① 극판공정
극판공정은 양극활물질과 음극활물질에 유기용매 등을 섞어 Slurry 상태로 만든 후, 양극활물질은 알루미늄박(Al Foil), 음극활물질은 구리박(Cu Foil) 위에 코팅하여 양극재와 음극재를 생산한다.

② 조립공정
조립공정은 크기에 맞게 Slitting(절단)된 양극재와 음극재 사이에 분리막을 삽입하고 와인딩하여 Jelly Roll를 만든 후 전해질을 주입하는 공정이다.

③ 화성공정
화성공정은 양극재와 음극재에 전해질이 잘 스며들도록 Aging 및 충·방전을 통해 전류가 자발적으로 흐를 수 있도록 전지를 활성화시킨다.

---

32) 이상 김준학, <이차전지의 기술, 시장 동향 및 특허동향>보고서 참조

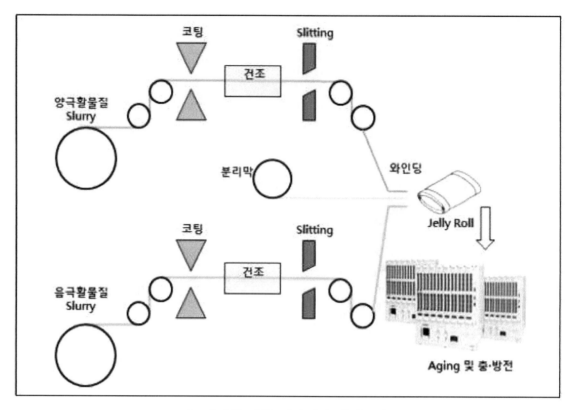

[그림 69] 리튬 이차전지 생산공정

3) 2차 리튬이온 전지 구성요소
가) 2차 전지 구분

리튬 이차전지는 형태에 따라 원통형과 각형 및 폴리머로 구분된다. 원통형은 주로 전동공구 등 고출력이 요구되는 기기에 적용되며, 각형과 폴리머는 휴대폰, 전기자동차 등에 주로 사용된다. 이번 장에서는 원통형 리튬 이온 전지와 각형 리튬 이온 전지의 구성도에 대해서 살펴보고자 한다.

리튬 이온 전지의 내부는 다음과 같이 미세한 공극(pore)을 가진 polyethylene 필름의 분리막이 시트(sheet) 형태의 양극과 음극 사이에 놓여있는 것을 나선형으로 감은 구조로 되어있다. 양극 쪽은 리튬 코발트 산화 금속의 활물질을 리튬 공급원으로서 이용하며, 전류 집전체인 알루미늄 호일로 구성하고 있다.

음극은 활물질로서 흑연화 탄소와 전류 집전체인 구리 호일로 구성되어 있으며, 전해액은 LiPF6가 용해된 유기 용매이다. 또한 리튬 이온 2차 전지는 가혹한 조건하에서 내부압을 방출하기 위한 안전변(safety vent)이 있을 뿐만 PTC(Positive Temperature Coefficient) 소자가 있어 외부 단락에 의한 급격한 전류를 정상적인 방전 전류로 낮추어주는 역할을 하고 있다.

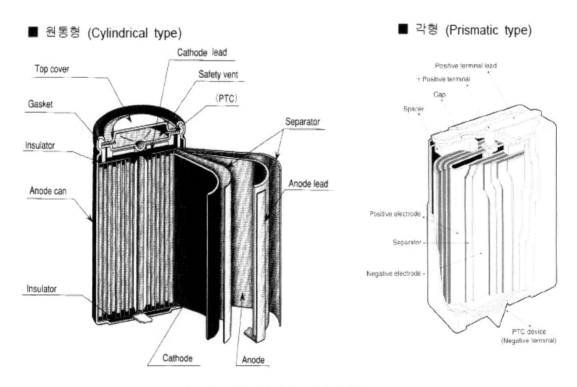

[그림 70] 리튬이온 이차전지의 구조

33)

나) 2차 전지 구성 요소

2차 전지의 구성 요소는 이러하다. 크게 4가지로 나누어 생각해 볼 수 있으며 이를 양극재료, 음극재료, 전해약, 격리막으로 살펴볼 수 있다.

양극 재료는 충전시에 리튬이 undoping 되고, 방전시에는 doping 될 수 있는 화합물을 말하며 LiCoO2(코발트산리튬) LiNiO2(니켈산리튬) LiMn2O4(스피넬형 리튬망간산화물)등이 있다. 양극은 배터리의 용량과 전압을 결정하는데 얇은 알루미늄기재가 있고 활물질, 도전제, 바인더가 있고 이를 활물질, 도전제, 바인더를 합쳐서 합제라고 부른다.

이 중에 가장 많은 비율을 차지하는 리튬산화물로 구성된 활물질이 있는데, 여기에 소량의 도전제를 넣어 리튬산화물의 전도성을 높여주는 것이다. 바인더는 이들이 잘 붙을 수 있게 '풀'과 같은 역할하며, 이렇게 섞인 합제를 얇은 알루미늄기재 양쪽에 바르면 양극이 만들어 지는 것이다.

특히 양극은 리튬이온 배터리에서 용량과 전압을 결정하는 역할을 하고 있는데, 양극에 있는 리튬이 전해질에 녹아 들어가면서 이 순간 리튬은 리튬이온으로 변하한다. 이 과정에서 나온 전자들은 도선을 통해 음극으로 이동하게 되고 이 움직임이 배터리의 충전 원리인 것이다. 얼마나 많은 리튬이 리튬이온으로 변신할 수 있는지는 활물질의 종류마다 차이가 존재하며, 리튬산화물의 종류에 따라서 전압도 결정되기도 한다.

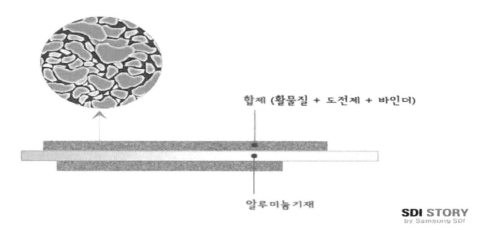

[그림 71] 양극 구성도

34)

---

33) 출처: Google

- 103 -

음극 또한 양극처럼 활물질 형태로 이루어져 있는데, 음극 활물질은 양극으로부터 나온 리튬이온을 흡수, 방출하면서 외부회로를 통해 전자를 흐르게 하여 전기를 발생시키는 역할을 한다.

음극재료에는 대부분 탄소재료가 사용되고 있으며 대표적으로 흑연계(Graphite series),탄소흑연(코크스계)(Graphitizable carbon), 난흑연화성탄소계 (Nongraphitizable carbon)가 이용된다. 특징으로, 음극 활물질로 사용되기 위해서는 안정성, 낮은 전자 화학적 반응성, 가격 등 많은 조건들이 있는데, 앞서 언급한 것과 같이 그 중에서도 제일 중요한 조건은 바로 리튬 이온을 많이 저장할 수 있는 능력이다.

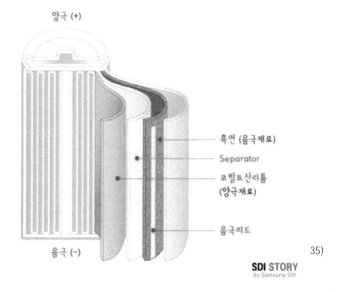

[그림 72] 음극 구성도

전해액의 경우 리튬 이온의 이동통로로써 전지내부의 양극과 음극 극판 사이에서 리튬이온이 이동할 수 있도록 매개체 역할을 한다. 전해액은 염, 용매, 첨가제로 구성되며 이 중 염이 리튬이온이 지나갈 수 있는 이동 통로 역할을 하는 것이다. 이에 대한 특징으로 전해액은 이온들만을 이동시키며 전자는 통과하지 못한다는 성질을 지닌다. 따라서 전해액 따라서 전해애은 리튬이온이 쉽게 이동할 수 있도록 점도가 낮아야 하며, 전지 구성성분과는 반을을 하면 안되며, 전해액의 사용 온도 범위가 넓어야 한다는 특징 등을 갖고 있다.

---

34) 자료: 삼성 SDI
35) 자료: 삼성 SDI

전해액은 유기용매를 주체하는 비수전해액을 이용하고, 용매에는 리튬염을 용해에 이온 도전성을 부여한 다음 리튬과의 화학 반응을 막기 위해 비프로톤성 극성을 가진 것이 사용된다.

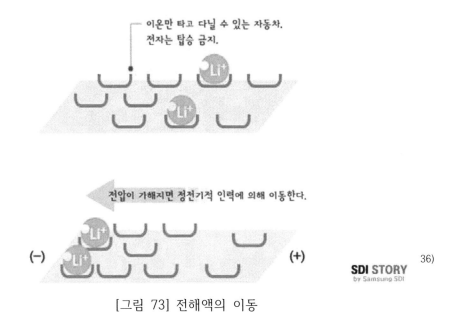

[그림 73] 전해액의 이동

격리막의 경우 양극과 음극 사이의 전자적 물리적 접촉을 방지 하면서 이온을 통과 시키는 Spacer로서의 역할을 하고 있는 막을 말한다. 이는 양극과 음극을 물리적으로 분리하여, 전자가 직접 흐르지 않도록 하고, 내부의 미세한 구멍을 통해 이온이 이동할 수 있게 만들어, 전하의 흐름이 가능하게 해준다. 또한 분리막은 양극과 음극이 직접 접촉하는 것을 잘 막아줘야하며, 이온 전도시 저항을 최소화하기 위해 전해액과의 친화력도 높아야한다. 이온의 흐름을 원활히 하기 위해서는 다공성도 높고 얇을수록 좋으며, 안정성을 위해서는 일정 수준의 기계적 강도와 화학적 안정성, 전기화학적 안정성도 유지해야 한다는 특징이 있다.

---

36) 자료: 삼성 SDI

구분	주요 구성 요소
양극 (Positive Electrode)	활물질, 도전제, 결합제, 기재
음극 (Negative Electrode)	활물질, 결합제, 기재
격리막 (Separator)	미세 다공성 폴리에틸렌 수지막
전해액 (Organic Electrolyte)	리튬염 + 유기용매 (LiPF6,LiBF4,LiClO4등) + (EC, PC, DMC, DEC등)
안전장치 (Safety Devices)	Safety Vent, PTC, CID, 보호회로

[표 67] 리튬이온 이차전지의 구성요소

마. 2차 전지 기술의 장·단점
1) 장점[37]

가) 무게와 용량
리튬계열 배터리의 가장 큰 장점은 가벼움과 용량이다. 현재 상용화되고 있는 2차 전지 중 가장 높은 에너지 밀도를 갖고 있으며, 최고의 무게 대비 용량을 갖고 있다.

가벼운 리튬 금속을 사용하기 때문에 다소 무거울 수 있는 니켈계열 배터리에 비해 무게를 크게 줄일 수 있다는 장점이 있다. 게다가 높은 에너지 밀도 덕분에 배터리의 소형화가 가능하게 되었고, 휴대용 기기들의 크기를 줄이는데 큰 일조를 하였다.

나) 기전력
리튬-이온 배터리의 기전력은 3.6v로 크다. 이 전지 하나로 휴대 전화를 작동시킬 수 있는데, 니켈계열 배터리의 기전력이 1.2v이어서 이 전지를 세 개를 직렬로 연결해야 같은 전력을 얻을 수 있다는 점을 고려하면, 리튬이온 배터리의 효율성을 알 수 있다.

다) 고용량
리튬-이온 배터리의 고용량은 고전압에서 나오는데, 소비전력은 전압과 전류량의 곱으로 이루어지며, 용량 또한 같은 1,000m A배터리라도 실제 사용할 수 있는 용량은 니켈-수소배터리와 비교할 때 두 배 이상 사용이 가능하다.

또한 고전압이 필요한 경우 기존의 니켈계열 배터리는 3개의 셀을 직렬 연결해야 하지만, 리튬계열 배터리의 경우 단 하나의 셀로 연결이 가능하다는 큰 장점을 지닌다. 이뿐만 아니라 리튬 이온의 움직임만으로 전지가 이루어지므로 사이클 특성은 대단히 우수하며 500회 이상의 충·방전이 가능하다.

---

37) AS산업협회, "리튬-이온 배터리의 장점 및 단점" 2014.03.31

2) 단점[38]

가) 수명

리튬-이온 배터리는 제도된 직후부터 열화(degrading)가 시작된다. 사용중는 상관없이 시간의 흐름에 따라 노화가 발생한다. 그래서 대개 리튬 전지의 수명은 2~3년 정도이다. 또한 온도에 민감한 배터리이기 때문에, 온도가 높을수록 노화가 빨리 진행되며, 0℃에서는 연간 약 6%,25℃에서는 약 20%, 40℃에서는 약 35%의 용량(수명)감소가 일어난다.

나) 안전 문제

리튬-이온 배터리를 잘못 취급하면 심각한 안전 문제를 야기할 수 있는데, 너무 고온으로 유지하거나 직사광선이 잘드는 곳에 배터리를 오랜 시간 방치하면 폭발에 위험성을 갖는다. 리튬은 고온이나 일반 공기와 맞닿을시 불이 붙는 인화성질을 갖고 있기 때문에 기본ㄴ적으로 폭발, 발화의 위험을 갖고 있다.

그러므로 리튬-이온 배터리의 경우 외부의 강한 충격이나 압력으로 내부에 양극이 접합되는 변형이 오거나 가열하면 전지 내부의 온도와 압력이 급속히 올라가게 되는데 이 때 리튬이온전지를 감싸고 있던 금속 캔이 부풀어 오르게 되고 압력을 견디지 못해 폭발하게 된다. 이로 인해서 내부의 리튬 성분이 공기와 만나 발화하게 되는 것이다.

다) 충전과 방전

충전이나 방전에 있어서도 리튬-이온 배터리는 대단히 까다롭다. 리튬-이온 배터리는 충전시에 보통 4.2V 정도에 고전압을 요구하게 되며, 과충전이 될 때에는 당연하게도 열역학 법칙에 의해 남는 에너지는 열에너지로 형태로 방출하게 된다. 이는 당연히 배터리 폭발의 위험성을 갖게 되는 것이다.

이는 또한 기전압 2.8V 이하까지 과방전할 경우 리튬 이온과 음극 집전체 표면에서 구리가 부식되기 시작하면서 성능이 대폭 떨어지는데, 이 경우 배터리가 크게 손상되게 된다. 이로 인해 배터리 제조사들은 배터리에 별도의 제어 솔루션을 장착하게 하면서 과충전과 과방전의 배터리 잔량체크까지 확인 하면서 그 문제를 해결하려 하고 있다.

---

38) AS산업협회, "리튬-이온 배터리의 장점 및 단점" 2014.03.31

바. 배터리 산업 밸류체인[39)

배터리 산업의 밸류체인은 크게 업스트림, 미드스트림, 다운스트림 및 폐기 단계로 이루어진다. 업스트림은 리튬, 니켈, 코발트 등 배터리 제조에 필요한 핵심 원자재를 확보하는 단계다. 원자재를 생산하기 위해서 광산이나 염호에서 채굴, 채취하거나 특정 물질의 제조 과정에서 광물 추출이 가능한 부산물을 모은다. 미드스트림은 크게 원자재 제련(세정 및 정제), 핵심소재 및 셀 제조로 구분된다. 원광물이나 폐배터리를 통해 확보한 희유금속들을 정제하여 고순도 원료를 생산한다. 이러한 원료를 기반으로 배터리 소재를 만들고 소재를 토대로 배터리 셀을 제조한다. 제조된 배터리 셀을 모듈화, 패킹(Packing)하는 작업은 다운스트림 단계로 구분된다. 배터리의 최종 수요처의 요구사항에 따라 최종재의 형태가 달라진다. 수명이 다한 배터리의 경우 폐기 단계에서 배터리 셀을 재제조하여 기존과는 다른 목적으로 재사용되거나, 희유금속을 추출하기 위한 재활용 작업을 거치게 된다.

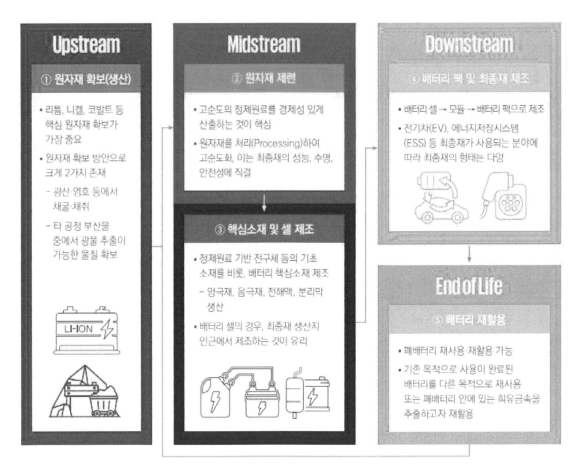

[그림 74] 배터리 밸류체인 구성: 업스트림/미드스트림/다운스트림/폐기

---

39) 배터리 생태계 경쟁 역학 구도로 보는 미래 배터리 산업, 삼정KPMG 경제연구원, 2023

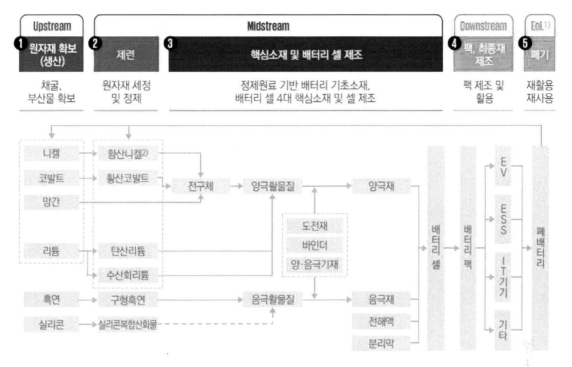

[그림 75] 배터리 산업 밸류체인

1) 업스트림

가) 리튬

리튬은 주로 경암형 광산에서 채광작업, 파분쇄, 분리, 선광 등의 작업을 거쳐 확보되거나 염호에서 염수를 건조하여 산출된다. 경제성 있는 리튬 매장량은 대부분 칠레, 호주, 아르헨티나, 중국에 부존하고 있다. 배터리 주요 원자재(광물) 공급 동향을 살펴보면, 2020년 세계 1위 리튬 매장국은 43.8%(920만 톤)를 차지하는 칠레이며, 생산량 기준으로는 호주가 전 세계 생산량 8만 2,000톤 중 48.7%를 차지하는 최대 생산국이다. 리튬은 특정 지역에 매장량이 편중되어 있을 뿐 아니라 일부 국가들이 자국 이익을 극대화하기 위해 보유 자원을 전략적으로 이용하면서 수급 불균형이 발생하고 있다. 이에 따라 리튬 원자재를 안정적으로 확보하기 위한 경쟁이 치열하게 전개되고 있으며, 중장기적으로 수요 대비 생산량도 부족하여 가격이 상승하는 등 공급 불안정이 지속될 가능성이 존재한다.

국가	칠레	호주	아르헨티나	중국
매장량(만 톤)	920	470	190	150
매장비율(%)	43.8	22.4	9.0	7.1
생산량(만 톤)	1.8	4	0.6	1.4
생산비율(%)	21.9	48.7	7.5	17

[그림 76] 2020년 주요국 리튬 생산량 및 매장량 현황

나) 니켈

니켈 광석(Nickel Ore)은 크게 황화광(Sulfide Ore)과 산화광(Laterite Ore)으로 나뉘며, 황화광 40%, 산화광 60%의 비율로 존재한다. 일반적으로 니켈 함량이 높은 황화광은 러시아, 캐나다, 호주, 중국 간쑤성이 대표적인 산지로 꼽히고, 산화광은 주로 인도네시아, 브라질 등 열대지역에 분포한다. 니켈은 다른 광물에 비해 비교적 여러 나라에 고르게 분포되어 있는 가운데, 2020년 기준 인도네시아가 최대 보유국이자 생산국이다. 인도네시아는 자국 광산업의 부가가치 제고를 위해 니켈 원광 수출을 2020년 1월부터 금지하면서 자국 내 투자유치를 활성화 했다. 이에 대응하고자 중국 기업들은 인도네시아에 대규모 제련시설을 구축하는 등 다수의 니켈 광산 프로젝트를 추진하고 있다. 향후 이 두 나라가 세계 니켈 공급에 미치는 영향력은 더욱 커질것으로 예측되고, 이로써 인도네시아는 장기간 최대 니켈 원광 생산국 지위를 유지할 것으로

전망된다.

국가	인도네시아	호주	브라질	러시아
매장량(만 톤)	2,100	2,000	1,600	690
매장비율(%)	22.3	21.2	17.2	7.3
생산량(만 톤)	76	17	7.3	28
생산비율(%)	30.4	6.8	2.9	11.2

[그림 77] 2020년 주요국 니켈 생산량 및 매장량 현황

다) 코발트

코발트는 주로 구리 또는 니켈 광산에서 부산물로 생산된다. 전 세계 코발트의 약 70%가 콩고민주공화국(Democratic Republic of the Congo)에서 생산되면서 사실상 과점 시장이 형성되어 있다. 또한, 콩고민주공화국은 전 세계 코발트 수출량의 약 95%를 차지하는데 대부분 중국으로 수출하고 있다. 중국은 세계 코발트 수입량의 90% 정도를 차지할 만큼 최대 수입국인데, 이는 콩고민주공화국의 코발트 광산에 대규모로 투자하여 광산의 약 70%를 보유하며 지배력을 행사하고 있기 때문이다.

코발트는 리튬, 니켈에 비해 시장규모가 협소하지만 배터리의 핵심 광물 중 하나로서 수요가 증가할 것으로 전망되고 있다. 다만, 채굴 및 제련 등의 생산과정에서 다수의 환경오염 물질이 배출되어 글로벌 이슈로 부각되고 있으며, 배터리 성능 향상 및 가격경쟁력 등의 영향으로 배터리 내 코발트 비중이 줄어들 수 있다는 점도 주목할 필요가 있다.

2) 미드스트림

가) 원자재 세정 및 정제

핵심 원자재를 확보하고 나면 본격적으로 정제원료를 기반으로 배터리 기초소재를 만들고 이를 토대로 배터리 셀을 제조하는 미드스트림 단계에 접어들게 된다. 미드스트림에서는 고순도의 정제원료를 경제성 있게 산출하는 것이 핵심인데, 이는 최종재의 성능, 수명, 안정성에 직결되기 때문이다.

우선 리튬, 니켈, 코발트 등은 원광 형태로 추출되어 고순도화하는 작업인 제련(Refining)을 거쳐 배터리용 정제원료로 전환된다. 리튬의 경우 산출처에 따라 제련방식이 상이한데, 광산에서 채굴한 경우 가열, 여과 등의 추가적인 세부 가공을 거치며, 염호에서 추출한 경우에는 염수 증발 및 가공을 통해 탄산리튬(Li_2CO_3), 수산화리튬(LiOH) 등으로 변환된다. 현재 중국은 리튬 가공시설의 대다수를 보유하여 전 세계 리튬 제련 시장의 약 70%를 차지하고 있다. 중국은 리튬 외에도 황산코발트 등 전 세계 제련 코발트(순도 99.8% 이상)의 64% 정도를 공급하면서 광물 제련 시장을 장악하고 있다. 이는 중국 정부가 전략적 비축물자의 공급망 확보를 위해 중국 내 광산 개발은 물론이고 호주, 콩고민주공화국 등에 투자를 단행했기 때문이다.

니켈의 경우, 건식 및 습식제련을 통해 니켈화합물로 가공되며 최종제품 순도에 따라 Class 1(순도 99.8% 이상), Class 2(순도 99.8% 미만)로 구분된다. 이 중에서도 순도가 높은 Class 1 니켈이 배터리용으로 주로 사용되어 왔으며, 니켈에 황산을 첨가한 황산니켈 육수화물(NiSO4·6H2O, 니켈 함량 22.3%) 형태로 전구체(Precursor) 생산에 투입되고 있다.

분류	건식제련 (Pyrometallurgy)	습식제련 (Hydrometallurgy)
정의	· 금속을 추출하기 위해 전기로를 이용하여 고온의 열을 가하는 방식	· 고압산침출법(High-Pressure Acid Leaching, HPAL) 등 황산, 암모니아 등을 사용하여 화학반응을 통해 원료 속의 금속을 추출

주요 원광	· 황화광
	· 산화광의 사프로라이트
	  - Saprolite, 니켈 함량 1.8% 이상
		· 산화광의 리모나이트
		  - Limonite, 니켈 함량 1.3% 이하

정련 제품	· Class 1(순도 99.8% 이상) · Class 2(순도 99.8% 미만)	· Class 1(순도 99.8% 이상) · Class 2(순도 99.8% 미만)

[그림 78] 니켈 건식제련 vs 습식제련

나) 배터리 셀 4대 핵심소재

정제원료를 기반으로 기초소재가 완성되면 본격적으로 배터리 셀을 구성하는 4대 핵심소재인 양극재, 음극재, 전해액, 분리막을 생산할 차례다. 전 세계 배터리 소재 시장 전망을 살펴보면, 2030년 1,820억 달러에 달할 것으로 예상되는 가운데, 4대 핵심소재 시장이 1,310억 달러의 규모를 형성하며 전체 소재 시장의 약 72%를 차지할 것으로 전망된다. 이처럼 배터리 소재 시장은 4대 핵심소재 중심으로 확대될 것이며, 그 중에서도 양극재가 62%(810억 달러)로 절반 이상을 차지할 것으로 전망된다.

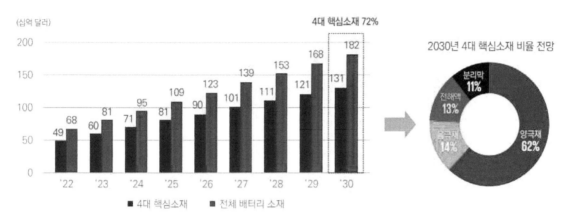

[그림 79] 글로벌 배터리 소재 및 4대 핵심소재 시장 전망

양극재는 배터리에서 양극의 특성을 나타내는 활물질이며, 리튬 코발트 산화물을 기본으로 니켈과 다른 금속 원소가 더해져 만들어진다. 양극재에 쓰이는 금속의 종류와 비율에 따라 배터리 용량이나 전압 등 주요 성능이 달라지는데 NCA(니켈·코발트·알루미늄), NCM(니켈·코발트·망간), NCMA(니켈·코발트·망간·알루미늄), LFP(리튬·철·인) 등 다양한 양극재가 사용되고 있다.

음극재는 양극에서 나온 리튬이온을 저장 및 방출하여 전류를 흐르게 하는 역할을 한다. 음극재에는 구조적으로 안정성을 갖추고 화학 반응이 낮은 흑연이 사용되는데, 리튬이온의 저장과 방출 과정이 반복될수록 흑연의 구조가 변화하며 저장할 수 있는 이온의 양이 줄어들어 배터리 수명이 감소한다. 음극재가 배터리의 수명을 결정하는 만큼 용량이 크고 충전속도를 증가시킬 수 있는 실리콘 음극재와 같은 차세대 음극재 개발이 활발하게 진행되고 있다.

음극재와 양극재 사이에 위치하여 배터리 안정성을 유지하는 물질은 바로 분리막이다. 분리막은 미세한 구멍을 통해 리튬이온의 이동을 돕고 양극과 음극의 물리적 접촉을 차단하는 역할을 한다. 이에 따라 분리막은 우수한 전기절연성과 열 안정성이 뒷받침되어야 한다. 분리막의 소재로는 폴리에틸렌과 폴리프로필렌이 주로 쓰이고 있으며, 최근 배터리 소형화, 경량화, 고용량화를 위해 두께가 얇은 분리막 연구가 진행되고 있다.

마지막으로 전해질은 양극과 음극 사이에서 리튬이온 이동통로를 제공하는 매개체 역할을 한다. 리튬이온의 원활한 이동을 위해 이온 전도도가 높고 화학적으로 안전성이 뛰어난 액체형태의 전해질이 주로 사용되고 있어 일반적으로 전해액이라고 부른다. 최근에는 배터리 성능향상을 위해 에너지 밀도를 높일 수 있는 고체 전해질인 전고체에 대한 연구도 활발히 진행되고
있다.

다) 배터리 셀 제조

원자재 제련부터 핵심소재까지 완성되면 미드스트림의 최종 제품인 배터리 셀 제조 단계에 접어든다. 배터리 셀은 리튬이온 배터리의 기본 단위로 양극, 음극, 분리막, 전해액 등을 케이스에 조립하여 만들어진다. 이때 케이스는 배터리 구성 요소를 보호하는 외장재로 형태에 따라 크게 각형, 원통형, 파우치형으로 나뉘는데 각각 에너지 밀도, 생산공정 및 난이도가 상이하다.

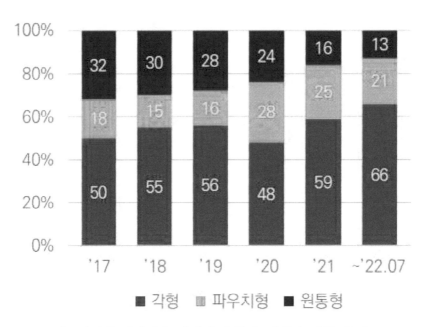

[그림 80] 전기차용 배터리 유형별 적재량 비중 추이

전기차용 배터리 유형별 적재량 기준 가장 비중이 높은 각형 배터리는 납작하고 각진 형태의 알루미늄 캔 케이스로 둘러싸여 있으며 외부 충격에 강해 내구성이 뛰어나다. 다만 조립공정에서 롤 휴지 형태처럼 극판을 감는 와인딩 방식이 사용되면서 내부 공간활용 측면에서 불리하여 상대적으로 에너지 밀도가 낮다.

원통형 배터리는 금속 재질의 원기둥 모양으로 대부분의 제조사들이 표준화된 규격에 맞는 설비를 갖추고 있어 대량 생산이 용이하고, 생산 공정 역시 와인딩 방식으로 쉬운 편에 속한다. 하지만 다른 형태에 비해 용량이 상대적으로 작아 전기차에 장착하는 경우 여러 개의 배터리를 하나로 묶어야 하기 때문에 배터리 개별 가격은 저렴할 수 있으나 전기차 배터리 시스템 구축 시 비용이 많이 든다.

마지막으로 파우치형 배터리는 원통형이나 각형처럼 와인딩 방식이 아닌 층층이 쌓는 스태킹 방식으로 만들어진다. 파우치형 배터리는 생산 공정이 복잡하여 다소 높은 기술력이 필요하기 때문에 생산 비용이 높은 편이나, 배터리 셀을 빈틈없이 채울 수 있어 에너지 밀도를 높일 수 있다는 장점으로 주목받고 있다. 또한, 다른 형태에 비해 케이스가 단단하지 않아 다양한 사이즈와 모양으로 제작이 가능하여 활용도가 높아 2020년 이후 각형 다음으로 높은 비중을 차지하고 있다.

구분	각형 배터리	원통형 배터리	파우치형 배터리
장점	· 내구성	· 생산 공정	· 에너지 밀도 · 다양한 디자인
단점	· 에너지 밀도 · 무게	· 전기차용 배터리 구축 시 고비용	· 생산 공정 · 생산 비용
예시			

[그림 81] 배터리 셀 유형 특징

3) 다운스트림

제조된 배터리 셀은 최종재에 맞게 모듈화하여 팩 공정을 거치는데 이는 배터리 제조의 마지막 단계인 다운스트림에 해당한다. 먼저 여러 개의 배터리 셀을 연결하여 모듈 케이스에 고정시켜 조립하고, 모듈을 배터리 팩에 넣고 추가적인 장치를 붙여 연결해주면 팩이 완성된다. 최종적으로 배터리는 가장 작은 기본 단위인 셀, 셀들을 일정한 개수로 모아둔 모듈, 그리고 최종 형태라 할 수 있는 팩으로 구성된다. 완성된 리튬이온 배터리는 소형 IT기기, 전기차(EV), 에너지 저장장치(ESS) 등 다양한 분야에서 활용되고 있다.

글로벌 리튬이온 배터리 시장 규모를 팩 가격 기준으로 살펴보면, 전기차용은 2019년 200억 달러에서 연평균 31%씩 성장하여 2030년 3,980억 달러까지 증가할 것으로 전망된다. 2030년 기준, 소형 IT기기용은 6%, 에너지저장시스템용은 11%, 전기차용은 83%를 점유하며 전기차용 리튬이온 배터리가 시장을 이끌어갈 것으로 예상된다.

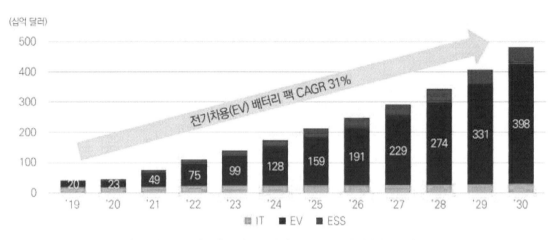

[그림 82] 글로벌 리튬이온 배터리 시장 전망(팩 가격 기준)

4) End of Life: 폐기

 배터리 산업 밸류체인의 마지막은 배터리 사용 완료 후 상태와 목적에 따라 재사용 (Re-use) 또는 재활용(Re-cycle)하는 '폐기' 단계이다. 먼저 재사용은 주로 전기차용 중·대형배터리를 수거하여 배터리의 잔존수명 및 안전성 검사 등의 과정을 통해 일정 등급 이상의 폐배터리를 선별하여 ESS, UPS(무정전전원장치) 등의 용도로 다시 사용 하는 것을 의미한다. 재사용이 불가능한 폐배터리는 분해, 용해 등의 공정을 통해 코 발트, 니켈과 같이 배터리에 쓰이는 원재료 추출이 가능하다. 이를 다시 양극재 생산 단계에 투입하여 새로운 배터리를 만드는데 재활용되고 있다.

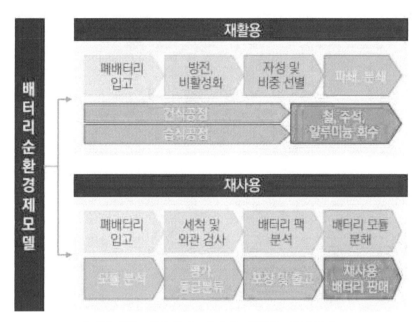

[그림 83] 폐배터리 재사용·재활용 프로세스

 이처럼 폐배터리를 기존 용도가 아닌 다른 용도로 재사용하거나 폐배터리 내 금속을 추출하여 신규 배터리 제조에 활용하면서 배터리 산업 밸류체인은 생산부터 소비, 폐 기에 이르기까지의 선순환 체계가 구축되고 있다. 특히, 전기차 확산에 따라 폐배터리 발생량은 증가할 수 밖에 없기 때문에 폐배터리 활용 산업은 주목받고 있다. 더욱이, 리튬, 코발트, 니켈 등의 핵심 원재료 가격이 증가하고 공급망 확보 경쟁이 강화되면 서 재활용 산업이 더욱 부상하는 중이다. 향후 글로벌 전기차 폐배터리의 재활용 시 장 규모는 2025년 약 300억 달러에서 지속적으로 성장하여 2040년에는 1,740억 달 러를 상회할 것으로 전망되고 있다.

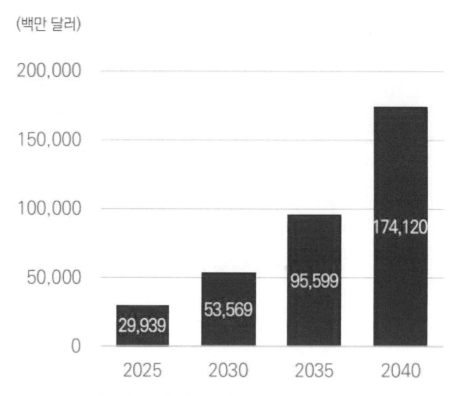

(백만 달러)

[그림 84] 글로벌 전기차 폐배터리 재활용 시장 전망

2. 2차 전지 시장 동향

가. 해외 동향[40][41][42][43]

이차전지 시장은 2019년 878억 달러에서 연평균 성장률 8%로 증가하여 2025년에는 1,482억 달러에 이를 것으로 전망된다.

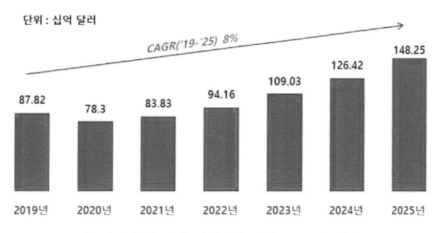

[그림 85] 전 세계 이차전지 시장 규모 및 전망

TechNavio에 따르면, 전 세계 이차전지 시장은 2019년 806억 8,000만 달러에서 연평균 성장률 11.06%로 증가하여, 2024년에는 1,363억 달러에 이를 것으로 전망된다.

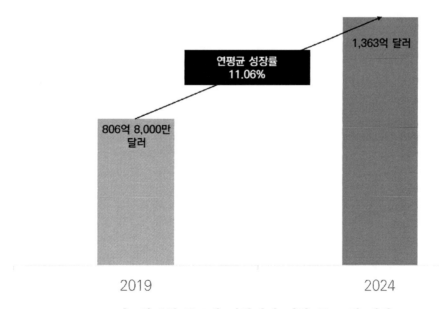

[그림 86] 글로벌 이차전지 시장 규모 및 전망

40) 유망시장 Issue Report 이차전지, 연구개발특구진흥재단, 2021.06
41) 중소기업 전략기술로드맵 2021-2023 이차전지, 중소기업벤처부
42) 이차전지 시장, 글로벌 시장동향보고서, 연구개발특구진흥재단, 2021.06
43) 리튬이온배터리, 한국IR협의회, 2020.08.06

Global Secondary Battery Market에 따르면 세계 이차전지 시장은 '24년까지 매년 11.1%씩 성장하여 136,300백만 달러의 시장규모가 형성될 것으로 예상된다.

구분	2018	2019	2020	2021	2022	2023	2024	CAGR
세계 시장	72,635	80,680	87,580	96,030	106,570	119,680	136,300	11.1

[표 68] 이차전지 산업의 세계 시장규모 및 전망 (단위 : 백만 달러, %)

전 세계 이차전지 유형별로는 납축전지가 가장 큰 부분을 차지하고 있으며 리튬이온 배터리가 2위를 차지하고 있다. 향후 리튬이온 배터리에 대한 성장세가 예상됨에 따라 2024년에는 순위가 역전되어 리튬이온 배터리가 이차전지 시장에서 주요 배터리 유형으로 성장이 전망된다. 전기자동차와 에너지저장장치에 탑재되는 리튬이온전지 시장수요량은 2030년에 3,392GWh 규모로 증가할 전망으로, 2019년 수요량인 198GWh와 비교하면 시장 수요량 대비 폭발적으로 성장할 것으로 기대된다.

납축전지는 2024년 49,980백만 달러의 수요가 전망된다. 납축전지는 리튬이온전지의 출현 전까지 가장 많이 사용된 이차전지로 자동차 전력 공급배터리 부문에서 여전히 큰 시장을 형성하고 있으나 유해물질로 인해 유럽의 납축전지 금지 움직임이 늘어나 시장에 악영향으로 적용될 전망이다.

리튬이온전지는 성장기 단계의 전방산업의 영향으로 소형 배터리 시장에서 전기차, 중대형 시장으로 급속한 성장중에 있으며 드론, 로봇, 스마트홈 등 미래산업 핵심 기술로 적용 가능하며 다양한 산업으로의 확장 가능성이 있다.

구분	2018	2019	2020	2021	2022	2023	2024	CAGR
납축전지	39,700	40,290	41,600	43,170	45,060	47,310	49,980	3.9
리튬이온전지	36,000	36,900	42,420	49,220	57,780	68,540	82,380	14.8
기타	3,405	3,490	3,560	3,640	3,730	3,830	3,940	2.5

[표 69] 이차전지 분야 세계 시장규모 및 전망 (단위 : 백만 달러, %)

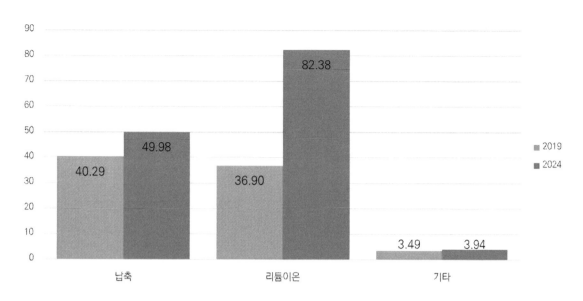

[그림 87] 글로벌 이차전지 시장의 기술별 시장 규모 및 전망 (단위: 십억 달러)

2024년 기준 이차전지 소재 수요는 2018년 대비 양극재는 5.7배(CAGR 33.3%), 음극재는 7.2배(CAGR 39%) 이상 성장할 것으로 전망된다. 글로벌 실리콘 음극재시장은 2020년 133억 원 수준이나, 2025년 5조 5천억 원 규모로 급성장할 전망이다.

구분	2018	2019	2020	2021	2022	2023	2024	CAGR
양극재	368	456	609	825	1,166	1,594	2,124	33.3
음극재	150	188	282	409	602	821	1,078	39.0
분리막 (백만m²)	2,400	2,807	4,262	6,323	9,312	12,673	16,627	38.0
전해질	105	135	204	302	451	628	843	42.0

[표 70] 이차전지 소재별 세계시장 수요 규모 및 전망 (단위: k ton, %)

리튬이온전지의 원가 비중은 대략 양극활물질 40%, 음극활물질 10%, 분리막 15%, 전해액 10%, 기타(조립 등) 25%로 구성된다. 양극재는 전지의 고에너지밀도화와 저가화에 미치는 영향이 지대하며 함유하는 금속소재의 가격변동에 따라 양극재 원가는 영향을 받는다. 고용량 및 비용절감을 위해서는 고가격 원소인 Co 대신 1/5 수준의 저렴한 Ni로 치환하는 것이 필요하다. 최근에는 코발트함량이 낮으며, 60% 니켈함량을 가진 3원계 High니켈계 양극재의 선호도가 높다.

최근 양극재료 가격 상승으로 2018년 기준 4대 재료비 비중이 72%까지 상승하였으나, 양극재의 소재 변경이 꾸준히 진행되고 재료별 효율성 제고로 매출에서 차지하는 비중이 점차 감소하면서 비중이 하락세로 전환할 것으로 예상된다.

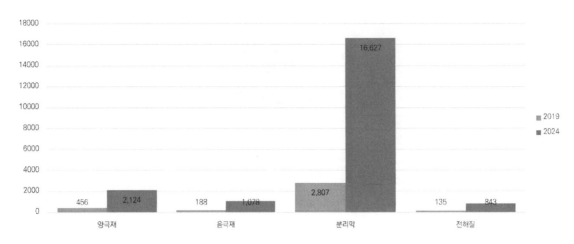

[그림 88] 이차전지 소재별 세계시장 수요 규모 및 전망 (단위: k ton)

전 세계 이차전지 시장은 용도에 따라 자동차 배터리, 산업용 배터리, 휴대용 배터리, 기타로 분류되며, 기타는 2019년을 기준으로 38.56%의 점유율을 차지하였으며, 그 뒤를 자동차 배터리가 30.19%, 산업용 배터리가17.30%, 휴대용 배터리가 13.95%로 뒤따르고 있다.

자동차 배터리는 2019년 265억 1,000만 달러에서, 2025년에는 689억 3,000만 달러에 이를 것으로 전망되며, 산업용 배터리는 2019년 151억 9,000만 달러에서, 2025년에는 304억 8,000만 달러에 이를 것으로 전망된다. 휴대용 배터리는 2019년 122억 5,000만 달러에서, 2025년에는 148억 6,000만 달러에 이를 것으로 전망되고, 마지막으로 기타는 2019년 338억 6,000만 달러에서, 2025년에는 339억 8,000만 달러에 이를 것으로 전망된다.

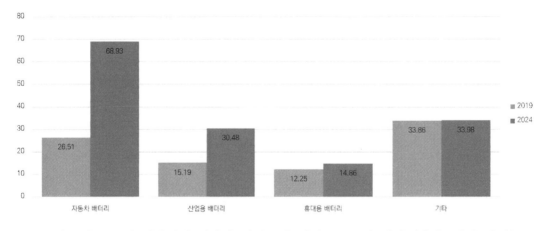

[그림 89] 글로벌 이차전지 시장의 서비스별 시장 규모 및 전망 (단위: 십억 달러)

이차전지는 IT 소형기기 중심에서 ESS 및 전기차까지 다양한 시장으로 확대될 전망이며, 이에 따라 고용량, 효율성, 낮은 가격이 중요시되고 있다. 세계 리튬이온배터리 수요 중 전기차의 비중은 2020년 37%에서 2025년 약 56%까지 성장하며 향후 5년간 수요산업별 비중 변화가 예상된다. 아시아태평양은 최대 규모의 전기자전거 시장으로 평가되며 중국 주요 도시의 전기자전거 사용금지 움직임이 있지만 한국과 일본, 인도, 대만 등의 다른 아시아 국가의 정부지원을 바탕으로 전기바이크의 수요가 증가할 전 망이다.

구분	전기차	에너지저장장치 (ESS)	산업용	전기바이크 (E-bike)	IT기기
2020년	37	3	35	8	17
2025년	36	5	19	10	10

[표 71] 세계 리튬이온배터리 수요 비율 (단위 : %)

세계 이차전지 시장은 코로나로 인해 당초 예상보다 감소할 것으로 전망되며 이는, 중국과 미국이 코로나 여파로 인해 전망치가 낮아졌기 때문이다. 반면 유럽은 코로나 로 인한 이동제한과 생산 중단 등의 악조건에도 불구하고 지원 정책 강화로 유럽의 전기차 시장전망은 변화가 없을 전망이다.

2019년 기준 세계 이차전지 업체 중 중국 CATL과 일본 파나소닉의 성과가 가장 두 드러지며, 세계 전기차 배터리 점유율은 CATL 27%, 파나소닉이 26%를 차지했다. CATL은 대부분 자국 전기차에 공급하고, 파나소닉은 테슬라 전기차에 배터리를 납품 하고 있다.

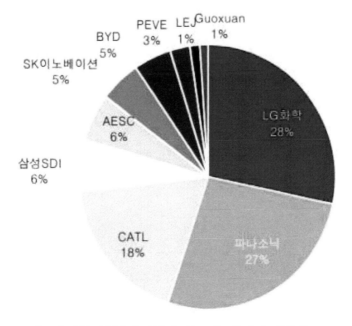

[그림 90] 2020년 1분기 글로벌 배터리 점유율

지역별 시장 규모를 살펴보면 2020년을 기준으로 아시아-태평양 지역이 50%로 가장 높은 점유율을 나타냈다. 북아메리카는 2020년 177억 달러에서 연평균 성장률 9%로 증가하여 2025년에는 304억 달러에 이를 것으로 전망되고, 유럽은 2020년 184억 달러에서 연평균 성장률 5%로 증가하여 2025년에는253억 달러에 이를 것으로 전망된다. 다음으로 아시아-태평양은 2020년 395억 달러에서 연평균 성장률 12%로 증가하여 2025년에는 793억 달러에 이를 것으로 전망되고, 마지막으로 그 외 지역은 2020년 17억 달러에서 연평균 성장률 32%로 증가하여 2025년에는 130억 달러에 이를 것으로 전망된다.

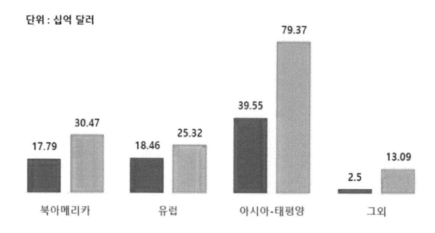

[그림 91] 전 세계 이차전지 시장의 지역별 규모 및 전망

아시아태평양 국가가 2019년에 가장 높은 이차전지 시장점유율을 보였으며 유럽, 북미, 중동&아프리카(MEA), 남미 순으로 이어졌다. 2024년까지 상기 5개 지역이 2019년과 같은 순위를 유지할 것으로 예상되며, 아시아·태평양 국가는 이차전지 시장에서 큰 역할을 담당할 것으로 전망된다.

구분	2018	2019	2020	2021	2022	2023	2024	CAGR
아시아 태평양	37,223	42,070	46,490	51,900	58,610	66,970	77,580	13.0
유럽	15,679	17,060	18,160	19,500	21,200	23,310	25,980	8.8
북미	14,697	16,070	17,180	18,550	20,270	22,400	25,100	9.3
중동& 아프리카	2,804	2,990	3,130	3,300	3,780	3,780	4,120	6.6
남미	2,323	2,490	2,620	2,780	3,220	3,220	3,520	7.2

[표 72] 국가별 시장규모 및 전망 (단위 : 백만 달러, %)

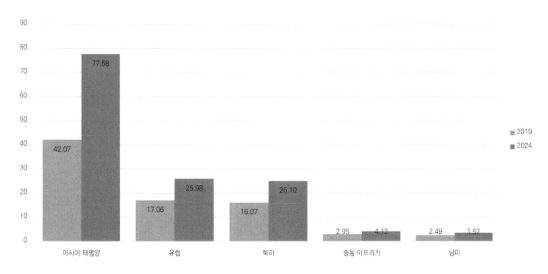

[그림 92] 글로벌 이차전지 시장의 지역별 시장 규모 및 전망 (단위: 십억 달러)

Markets and Markets의 리튬이온배터리 보고서에 의하면, 세계 리튬이온배터리 시장규모는 2017년 322억 달러에서 2019년 400억 달러로 시장이 성장했고, 이후 연평균 14.9% 성장하여 2024년 약 799억 달러의 규모를 형성할 것으로 전망된다. 2018년 기준, 세계 리튬이온배터리 시장 규모는 아시아-태평양 시장의 비중이 45.9%로 가장 크고, 다음으로 유럽 34.3%, 북미 19.8% 순이다.

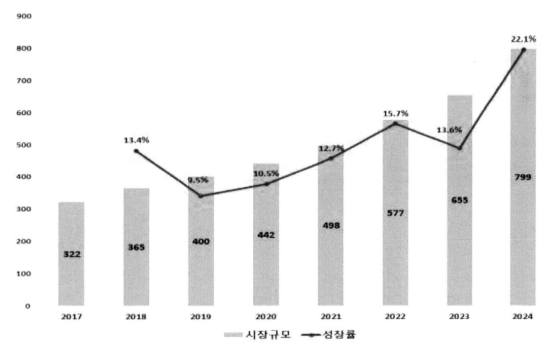

[그림 93] 세계 리튬이온배터리 시장 전망 (단위: 억 달러)

나. 국내 동향[44][45][46]

국내 배터리 시장은 2017년 약 1조 8,214억 원에서 2024년 약 4조 6,579억 원 규모로 성장할 것으로 전망된다.

구분	2018	2019	2020	2021	2022	2023	2024	CAGR
국내 시장	20,096	23,314	25,767	29,045	33,600	38,155	46,579	14.9

[표 73] 국내 리튬이온배터리 시장 전망 (단위 : 억 원, %)

국내 주력산업 중 이차전지의 산업 전망을 살펴보면 수출증가율, 생산율, 내수증가율, 수입증가율 측면에서 전반적으로 긍정적인 결과로 분석되며 이차전지의 주요 시장인 자동차 산업의 수입도 증가될 것으로 기대되어 국내 이차전지 산업의 빠르게 회복되고 있는 것으로 판단된다.

한국경제연구원에 따르면, 향후 한·중·일간 배터리 산업 경쟁력 종합 비교에서는 한국이 가장 취약하다고 평가된다. 국내 배터리산업의 애로 요인으로는 세계 시장 경쟁이 과열되어 수익성이 악화된다는 의견(33.3%)이 가장 많았고, 다음으로 재료 수급의 안정성(30.7%)과 제도적 지원 부족(17.3%)을 지적했다.

소형 모바일·IT기기용 배터리 부문 시장 점유율에서 삼성SDI와 LG화학이 2019년 기준 선두권을 유지하고 있다. 전기차 배터리 부문에서는 자국 정부의 전폭적인 지원을 받고 있는 BYD 등 중국 배터리 기업의 부상으로 밀려난 상황이었으나 2019년 9월 LG화학이 TESLA의 전기차 배터리 공급을 시작하며 점유율을 확장해 나갈 것으로 예상된다. 한국의 이차전지 업체들은 이미 자동차용 배터리를 생산하는 과정에서 원가 및 품질 혁신을 상당 부분 진행하였고 안정된 제조 설비를 갖추고 있다. 이를 기반으로, 에너지저장장치 분야에서 수년간 전력 업체들과 배터리 실증 사업을 진행하면서 신뢰성을 확보한 강점을 바탕으로 시장 점유를 확대중이다.

이차전지 4대 소재는 국산화가 이루어졌으나, 이차전지에 비해 세계시장점유율이 낮은 등 상대적으로 발전이 미흡하다. 소재별 국내조달 비중은 양극활물질과 분리막은 높으나, 음극활물질과 전해질은 낮은 수준이다. 양극활물질과 분리막은 과거 대일 의존도가 높았으나, 2010년 이후 국내 업체들이 성장하여 현재 일본과 더불어 기술개발을 선도하고 있다. 전해질과 음극활물질은 일본과 중국으로부터 수입비중이 높고, 이

---

44) 중소기업 전략기술로드맵 2021-2023 이차전지, 중소기업벤처부
45) 2차전지 장비, 규모의 경제 시대 돌입, 유안타증권, 2022.10.27
46) 2차전지, 신한투자증권, 2023.05.09

차전지 생산량이 늘어날수록 해외의존도가 커지고 있다.

구분	2018	2019	2020	2021	2022	2023	2024
LG화학 CAPA (CAPA 증가 규모)	35 (18.5)	70 (35)	110 (40)	140 (30)	160 (20)	170 (10)	182.5 (12.5)
삼성SDI CAPA (CAPA 증가 규모)	15 (7.5)	20 (5)	30 (10)	40 (10)	50 (10)	60 (10)	70 (10)
SK이노베이션CAPA (CAPA 증가 규모)	4.7 (2.4)	4.7 (0)	19.7 (15)	40 (20.3)	60 (20)	73 (13)	86 (13)
국내3사 CAPA 증가규모	28.4	40	65	60.3	50	33	35.5

[표 74] 국내 배터리업체 설비 투자 계획 (단위:GWh)

국내 리튬이온배터리 시장은 2017년 18,214억 원 규모에서 연평균 14.9% 성장하여 2024년에는 약 46,579억 원 규모의 시장을 형성할 것으로 전망된다. 국내 '전기·수소차 보급 확산을 위한 정책방향'에 의하면, 2차전지 수요 급증과 주행거리 향상(1회 충전 주행거리 500km 목표)을 위해 2차전지 핵심기술인 에너지 밀도 향상과 초급속 대용량 충전 기술 충전기술 개발을 지원하며 글로벌 미래 시장 선점을 목표로 차세대 혁신성장 동력을 창출 중이다.

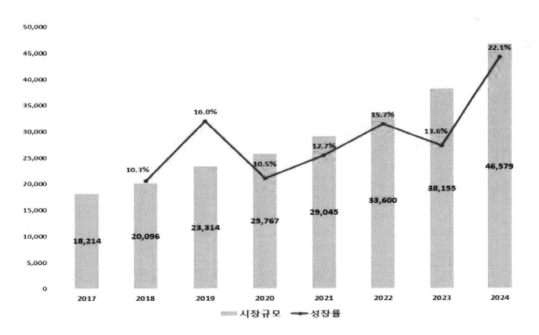

[그림 94] 국내 리튬이온배터리 시장 전망 (단위: 억 원)

포스코경영연구원의 '2025년 리튬 수급 전망' 보고서에 의하면 리튬이온배터리 수요

중 전기차의 비중이 2020년 기준 37%에서 2025년 약 56%까지 꾸준히 성장하며 전체 수요량의 절반 이상을 형성할 것으로 전망된다. 또한, 1인용 이동수단인 E-Bike와 ESS의 수요도 약 2%씩 증가할 것으로 예상된다. 반면, 소형 리튬이온배터리의 수요는 17%에서 10%로 줄어들 것으로 전망된다.

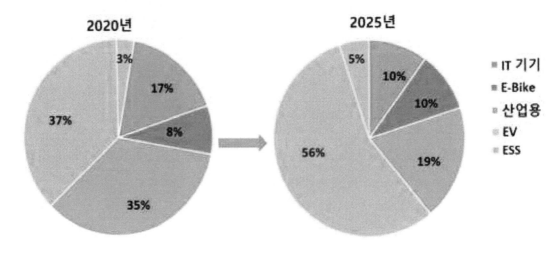

[그림 95] 세계 리튬이온배터리 수요 산업 비중 변화 (단위: 억 원)

국내 배터리 업체들은 2024년~2025년 폭발적인 CAPA 증설이 전망되고 있고, 2H22~2023년은 2차전지 투자 스케줄 상 신규 공장에 대한 건설 EPC가 완료되고 장비 설치가 들어갈 시점이다. 2022년부터 2024년까지 SK온은 약 81개 라인, LG에너지솔루션은 89개 이상 라인에 대한 발주가 기대되며, 삼성SDI 역시 스텔란티스와의 북미 지역 신공장 착공이 시작된다.

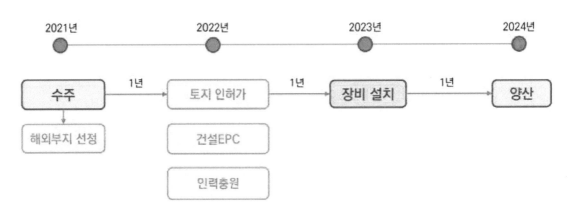

[그림 96] 2차전지 수주~양산 진행 과정

국내 배터리 업체들은 2030년까지 자동차 OEM사들의 공격적인 EV 판매비중 상향 목표에 따른 시장 성장과 2차전지 시장 내 독보적인 점유율, 2) 탈중국을 골자로 내세우는 미국 IRA 법안에 힘입어 대규모 수주가 지속될 전망이다.

자동차 OEM사들의 대규모 배터리 발주 프로젝트가 2020년 말~2021년 본격화되면서 합산 발주 규모가 2021년 이전 대비 2배 이상 증가했다. 2030년까지 공격적인 EV 판매비중 상향 목표를 달성하기 위해 이러한 대규모 발주는 지속될 전망이며, 실제로 SK온과 LG에너지솔루션의 추정 수주잔고 역시 2020년 1,750GWh→2021년 3,491GWh까지 1년새 약 2배 가까이 증가했다. 해당 발주 물량은 2024년부터 공급이 시작되어야 하기 때문에 작년 수주 시점부터 국내 배터리 3사의 공격적인 CAPA 증설이 지속되고 있다.

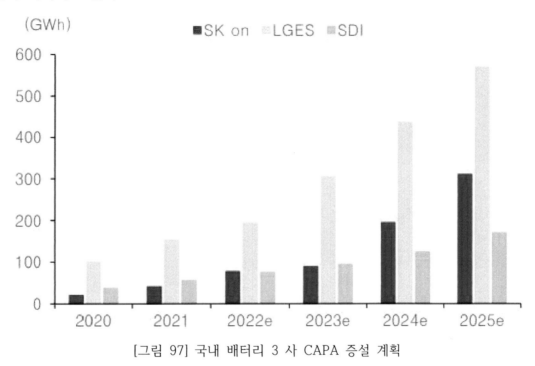

[그림 97] 국내 배터리 3사 CAPA 증설 계획

최근 국내 수출 환경을 돌아보면 전기차/2차전지에 대한 관심도가 높아지는 것을 관찰할 수 있다. 반도체와 석유화학의 빈자리를 전기차/2차전지/바이오 등 차세대 먹거리 산업들이 만회하는 모습을 보이며, 향후 구조적으로 전기차와 2차전지 산업이 한국 경제를 이끌어갈 것으로 전망된다.

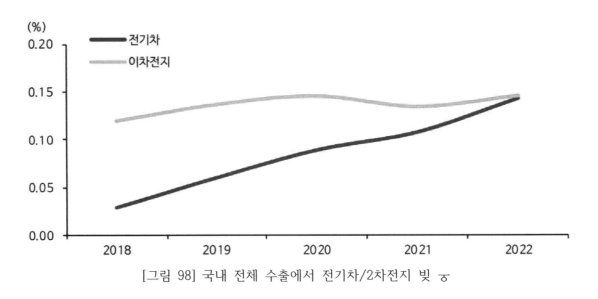

[그림 98] 국내 전체 수출에서 전기차/2차전지 빚 ㅎ

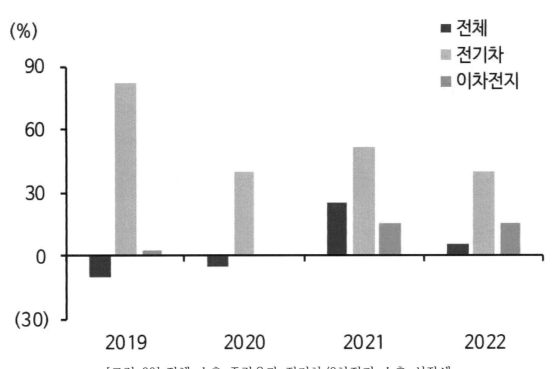

[그림 99] 전체 수출 증감율과 전기차/2차전지 수출 성장세

 2차전지 주요 품목 중 확실하게 국내 순수출을 견인하는 것은 전기차, 셀, 양극재, 분리막, 동박 등이다. 단순하게 규모별로 보면 2022년 순수출 중 양극재가 80억달러, 전기차 62억달러, 셀 14억달러, 분리막 8억달러, 동박 3억달러씩 기록했다. 이 중 명백하게 성장세를 유지하고 있는 품목은 전기차, 양극재로 좁혀진다. 그 외 셀 및 소재들의 경우 해외 투자의 램프업이 본격화되면서 수출 규모는 성장이 둔화되고 있다. 전기차는 1Q23 중 32억달러(+95% YoY)를 순수출해 2배 가까이 성장했고, 양극재는 동기간 순수출액 23억달러(+129% YoY)를 기록해 2차전지 소재 중 최대폭의 성장세를 기록했다.

반면 2차전지 순수입 품목은 잘 알려진 리튬산화물과 전구체다. 2022년 수산화리튬의 순수입액은 36억달러에 달하고, 탄산리튬 13억달러, 전구체 8억달러씩 발생했다. 세 품목 모두 양극재 생산에 핵심적인 원료들이다. 러프하게 보면 양극재 순수출로 80억달러를 버는 동안 주요 3대 원료의 순수입으로 58억달러를 쓰고 있었다. 한가지 고무적인 사실은 리튬산화물의 경우 여전히 순수입 구조가 공고한 반면 전구체의 경우 2022년부터 순수입 금액이 대폭 감소하고 있다. 밸류 체인 내재화 및 국산화 노력이 성과를 거두고 있는 것으로 판단된다.

다. 핵심부품 시장[47]

1) 양극재

가) 세계 시장

세계 리튬이온전지 양극 소재의 경우 2018년 약 65.3억 달러에서 2024년 약 118.7억 달러 규모로 성장할 것으로 전망된다. 양극재 시장은 전방산업과 밀접한 연관이 있어 전기자동차 및 에너지저장 시스템(ESS) 시장에 비례하는 시장 규모가 형성되어 있으며, 전 세계적으로 지구온난화 및 환경오염에 대처하기 위한 환경 규제 강화로 내연기관 자동차 대체를 위한 전기차 보급 확산과 에너지 시스템 확대가 진행 중에 있다. 세계 리튬이온전지의 양극 소재의 지역별 시장규모는 아시아-태평양 지역이 67.0%로 가장 높은 비중이고, 북미(15.6%), 유럽(9.3%)순으로 확인된다.

구분	2018	2019	2020	2021	2022	2023	2024	CAGR
세계 시장	6,530	7,210	7,960	8,800	9,720	10,746	11,869	13.6

[표 75] 리튬이온전지 양극재 세계 시장규모 및 전망 (단위 : 백만 달러, %)

나) 국내 시장

국내 리튬이차전지 양극재 국내 시장은 2018년 약 6,440억 원에서 2024년 약 1조 1,684억 원 규모로 성장할 것으로 전망된다. 양극재 시장은 리튬이온전지의 중대화 시장 확장에 의한 전기자동차용 전지 수요 확대의 영향을 받을 것으로 추정된다. 국내 리튬이온전지 소재 제조업체는 2018년 기준 세계 3위의 점유율을 차지하고 있었으나, 2019년 일본 수출 규제로 소재 국산화 필요성에 의해 전지 소재 기업의 국내 업체(LG화학, 삼성SDI, SK이노베이션 등) 공급량은 상승 중으로 파악된다.

구분	2018	2019	2020	2021	2022	2023	2024	CAGR
국내 시장	6,440	7,110	7,850	8,666	9,568	10,578	11,684	13.6

[표 76] 리튬이온전지 양극재 국내 시장규모 및 전망 (단위 : 억 원, %)

---

47) 중소기업 전략기술로드맵 2021-2023 이차전지, 중소기업벤처부

2) 음극재
가) 세계 시장

세계 리튬이온전지 음극재의 경우, 2018년 약 26.3억 달러에서 2024년 약 53.4억 달러 규모로 성장할 것으로 전망된다. 음극재 시장은 2016년 이후 자동차용 리튬전지 시장을 견인하며, 계속 성장하고 있다. 자동차용 리튬전지 시장에서는 현재까지 보조금 정책으로 계속 성장한 중국 시장에서 2019년부터 환경규제가 시행되고 있으며, 유럽에서는 승용차의 CO_2 배출량 규제로 인하여 지속적인 확대가 예측 되고 있다.

세계 리튬이온전지의 음극 소재는 한중일 3국이 주도하고 있으며 2018년 기준 중국이 74%, 일본의 20%, 한국이 6% 순으로 확인되었다.

구분	2018	2019	2020	2021	2022	2023	2024	CAGR
세계 시장	2,627	3,226	3,743	4,121	4,492	4,897	5,338	17.0

[표 77] 리튬이온전지 음극재 세계 시장규모 및 전망 (단위 : 백만 달러, %)

나) 국내 시장

국내 리튬이차전지 음극재 국내 시장은 2018년 2,591억 원에서 2024년 약 5,255억 원 규모로 성장할 것으로 전망된다. 음극재 시장은 리튬이온전지의 중대화 시장 확장에 의한 전기자동차용 전지 수요 확대의 영향을 받을 것으로 추정된다. 국내 리튬이온전지 소재 제조업체는 2018년 기준 세계 3위의 점유율을 차지하고 있었으며, 주요 업체인 포스코케미컬은 18년 연산 2만 4천 톤으로 전년대비 2배로 확대되었다.

구분	2018	2019	2020	2021	2022	2023	2024	CAGR
국내 시장	2,591	3,182	3,691	4,058	4,422	4,820	5,255	17.1

[표 78] 리튬이온전지 음극재 국내 시장규모 및 전망 (단위 : 억 원, %)

3) 전해질
가) 세계 시장

전해질 세계 시장은 2018년 약 10.6억 달러에서 2024년 약 45억달러로 연평균 27.3%씩 성장할 것으로 전망된다. 전해질 시장은 가파른 성장을 통해 EV/ESS용 중대형 리튬이차전지용 액체전해액 시장이 모바일 IT용 소형 리튬이차전지용 전해질 시장을 압도하여 성장할 전망이다. 이차전지 전해액 첨가제 세계시장규모는 2018년 1억 달러에서 2024년 4억달러까지 연평균 25.7% 성장할 전망이다.

구분	2018	2019	2020	2021	2022	2023	2024	CAGR
전해액	1,055	1,379	1,790	2,479	3,022	3,684	4,491	27.3
전해액 첨가제	100	120	160	200	270	326	395	25.7

[표 79] 전해질 및 첨가제 세계 시장규모 및 전망 (단위 : 백만 달러, %)

시장조사업체 SNE리서치 보고에 따르면 이차전지 전해액의 시장수요는 2019년부터 오는 2025년까지 연평균 성장률이 42%에 달할 전망이다. 2019년 전세계 리튬이온 이차전지용 전해액의 수요는 총 13만 5000톤 수준이었으나, 2025년 수요는 약 109만3000톤까지 늘어날 전망이다. 소형전지용 전해액과 중대형 전지용 전해액의 비율은 2019년 약 34:66에서 2025년 6:94 수준으로 바뀔 것으로 예상된다.

나) 국내 시장

국내 전해질 시장은 2018년 약 5,391억 원에서 2024년 약 8,273억 원 규모로 연평균 7.4%씩 성장할 것으로 전망된다. 전해질 시장은 가파른 성장을 통해 EV/ESS용 중대형 리튬이차전지용 액체전해액 시장이 모바일 IT용 소형 리튬이차전지용 전해질 시장을 압도하여 성장할 것으로 예상된다. 이차전지 전해액 첨가제 국내시장규모는 2018년 354억원에서 2024년 544억원까지 연평균 7.4% 성장할 전망이다.

구분	2018	2019	2020	2021	2022	2023	2024	CAGR
전해액	5,391	5,789	6,218	6,678	7,172	7,703	8,273	7.4
전해액 첨가제	354	381	408	440	483	513	544	7.4

[표 80] 전해질 및 첨가제 세계 시장규모 및 전망 (단위 : 억 원, %)

라. 연료전지 시장[48]

2020년 90Mt 미만의 사용량을 보이는 수소 수요는 2030년에는 200Mt을 넘기고, 2050년에는 530Mt에 이를 전망이다. 따라서, 수소를 활용하는 연료전지 수요도 꾸준히 증가하여 2018년 2조 2천억원 수준의 시장이 연평균 30%씩 성장하여 2030년에는 약 50조원 규모가 될 것으로 추정된다. 국내 연료전지 시장은 연평균 21% 성장세를 보일 것으로 추정하며 2018년 2천 6백억원 규모의 시장이 2030년에는 2조 5천억원 규모가 될 전망이다.

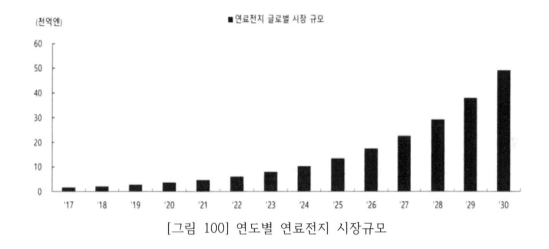

[그림 100] 연도별 연료전지 시장규모

2018년 사용량을 기준으로 전세계 연료전지 시장에서 한국, 중국, 일본 등 아시아의 비중은 약 42%를 차지하며 큰 시장을 형성하고 있다. 국가별로 진행되는 수소산업 지원 정책으로 수소시장이 커짐에 따라 민간 기업의 투자가 활성화 되는 중이며, 한국의 경우 2021년 수소산업에 SK, 포스코, 현대차, 한화, 효성에서 총 43조원 규모의 투자가 이루어졌다.

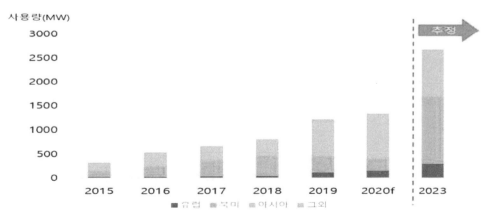

[그림 101] 권역별 연료전지 사용량

---

48) 연료전지 개요와 현황, 한국수출입은행, 2021.08.06

2020년 상반기 전세계 연료전지 사용량 기준으로 휴대형은 0.03%, 수송형은 75.34%, 고정형은 24.63% 비율을 차지했다. 연료전지 종류별로는 수송용으로 주로 이용되는 PEMFC의 사용량이 가장 많고 그다음으로는 발전에 많이 사용하는 SOFC, PAFC 순으로 사용량이 많았다. 향후 국가별로 발표된 정책에 따라 수소전기차와 발전용 연료전지 보급은 더 늘어날 예정이다. 이에 따라 사용량 기준으로 PEMFC, SOFC는 약 30%, PAFC는 약 20%의 성장세를 보일 것으로 추정된다.

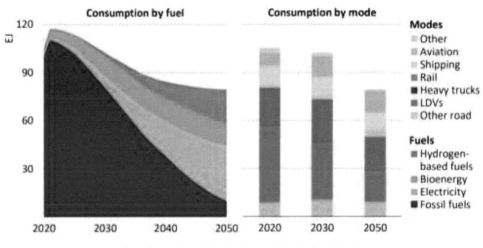

[그림 102] 전세계 연료 사용량과 사용처

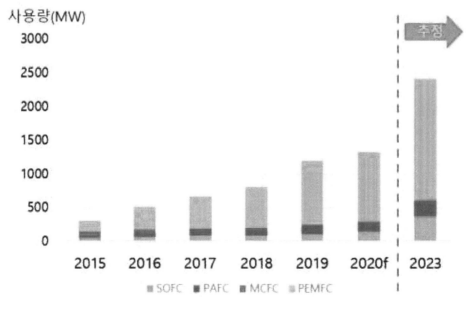

[그림 103] 연료전지 제품별 사용량

전세계 수소전기차 판매 대수는 연평균 58.6%의 빠른 성장세를 보이며 2030년에 수소전기차 시장은 100만대를 돌파하고 누적 350만대에 이를 전망이다. 2020년도에는 전세계 자동차의 90%가 화석연료에 의존하였으나, 2050년에는 자동차의 45%는 전기, 28%는 수소연료를 사용할 것으로 예상된다.

전세계 발전용 연료전지 시장은 2030년까지 연평균 25~32% 성장할 전망이다. 발전용 연료전지는 한국과 미국이 주요 시장으로 2020년 한국은 세계보급량의 약 40%를 차지하는 것으로 추정된다. 일본은 에네팜 보급정책으로 가정/건물용 연료전지에서 큰 시장을 보유하고 있다.

한국은 2년 연속 수소차 판매와 발전용 연료전지 보급 세계 1위를 달성했다. 2021년 1분기 수소전기차 판매량 기준으로 현대자동차와 토요타의 시장점유율이 97%를 넘기며 세계시장을 양분하고 있다. 2020년 현대자동차의 수소전기차는 70%를 넘는 시장점유율을 보였으나 2021년 토요타의 미라이2가 출시되면서 점유율을 역전했다. 2021년 1분기 현대자동차와 토요타의 수소전기차 시장점유율은 각각 46.2%와 51.3%였다.

중국은 수소연료전지 자동차보다 상용차(트럭, 버스) 보급에 초점을 맞추고 있다. 그러나 아직 연료전지 기술 수준이 낮고 인프라가 부족하여 수입의존도가 높다. 현대자동차는 수소연료전지 브랜드 'HTWO' 설립, 중국 광저우에 생산기지를 건립 중이며 2022년 하반기 완공을 목표로 하고 있다. 토요타와 중국 5개사는 연료전지 개발 합작회사를 설립했다.

미국에서는 대형 발전용 연료전지 SOFC에서 가장 앞서있다는 평가를 받는 블룸에너지(Bloom energy)외에도 퓨얼셀에너지(FuelCell Energy), 플러그파워(Plug Power)등 우수한 기업이 경쟁하며 성장하고 있다.

미국, 일본, 독일은 연료전지의 핵심부품 기술력이 높은 것으로 평가되고 있다. 연료전지 관련한 특허 출원 건수는 일본이 가장 많으며 일본과 미국이 전체 출원 건수의 50% 넘게 차지했다. 연료전지 종류별 국가 경쟁력은 PEMFC를 제외한 PAFC, MCFC, SOFC, DMFC에서 미국이 가장 앞서 있다.

3. 추천 기업

가. LG에너지솔루션(개발 및 제조)

[그림 104] LG에너지솔루션 로고

1) 기업 소개

2020년에 설립된 LG에너지솔루션은 LG계열사이며 2차전지(소형/ESS/자동차전지) 제조 등 축전지 제조을 영위하는 기업이다. 리튬이온 2차전지 연구를 시작으로, 장기적인 비전과 한 발 앞선 투자를 통해 세계 최초 전기차 배터리 생산, 특허 수 세계 1위, 전기차 시장 점유율 세계 1위 등의 위업을 달성했다. 또한 업계 최초 알루미늄을 첨가한 4원계 배터리인 'NCMA', '실리콘 옥사이드 음극재', '안전성 강화 분리막'등 차별화된 소재 혁신 및 '라미&스택', '롱셀'을 포함한 공정 혁신 등 배터리의 성능과 안전성을 극대화 할 수 있는 핵심 기술을 다수 확보 중이다.

LG에너지솔루션은 배터리 업계에서 처음으로 'RE100'과 'EV100'에 동시 가입했다. 이에 따라 2030년까지 전체 사업장의 사용 에너지를 100% 신재생에너지로 바꾸고, 회사 차량도 대부분 전기차로 전환할 계획이다. 이외에도 국내를 R&D 및 생산 기술 허브로 만들기 위해 오창, 대전, 수도권을 중심으로 `배터리 R&D 및 생산기술 삼각 허브`를 구축한다. 2022년 5월에는 포항산업과학연구원과 맺어 공동 연구를 통해 스마트팩토리 첨단기술 개발에 진입했다. 업무 협약을 통해 당사는 현실 세계를 그대로 반영한 온라인 공간에서 시뮬레이션을 통해 문제를 예측하는 디지털 트윈 기술을 연구할 계획이다.

2) 주식 정보

상장일	2022.01.27	
시가총액	123조 5,520억	
시가총액순위	코스피 2위	
외국인 지분율	5.18%	
액면가	500원	
거래량	117,674주	
최고 주가 (52주)	629,000	최저 주가 (52주)	415,000

(2023. 09. 04. 기준)

[표 81] LG에너지솔루션 증권정보

(1) Key Ratio (단위: 억 원, 배, %)

	2020/12	2021/12	2022/12	2023/12(E)
EPS	-2,278	3,963	3,305	7,926
PER	-	-	131.77	65.86
BPS	34,398	39,831	80,052	88,083
PBR	0.00	0.00	5.44	5.93
EV/EBITDA	-	-	34.05	24.93

[표 82] LG에너지솔루션 Key Ratio

(2) 재무상태 요약 (단위: 억 원)

	2020/12	2021/12	2022/12	2023/12(E)
유동자산	41,884	39,939	99,955	-
자산총계	199,418	237,641	382,994	445,210
유동부채	29,069	39,498	46,081	-
부채총계	123,764	150,218	177,057	215,953
자본금	1,000	1,000	1,170	117
자본총계	75,654	87,424	205,938	229,257

[표 83] LG에너지솔루션 재무상태 요약

(3) 손익 계산서 요약 (단위: 억 원)

	2020/12	2021/12	2022/12	2023/12(E)
당기순이익	-4,518	9,299	7,798	20,889
매출액	14,611	178,519	255,986	351,009
영업이익	-4,752	7,685	12,137	26,672
영업이익률	-32.52	4.30	4.74	7.60
순이익률	-30.92	5.21	3.05	5.95

[표 84] LG에너지솔루션 손익 계산서 요약

(4) 현금 흐름표 요약 (단위: 억 원)

	2020/12	2021/12	2022/12	2023/12(E)
영업활동	3,954	9,786	-5,798	48,908
투자활동	-8,848	-21,781	-62,594	-91,555
재무활동	-2,030	8,828	114,146	24,262
CAPEX	2,603	34,629	62,099	94,639

[표 85] LG에너지솔루션 현금 흐름표 요약

(5) 기타지표 (단위: 억 원, %)

	2020/12	2021/12	2022/12	2023/12(E)
ROE	-	10.68	5.75	9.43
ROA	-	4.25	2.51	5.04
자본유보율	6,778	7,460	15,657	-
부채비율	164	172	86	94

[표 86] LG에너지솔루션 기타지표

나. 에코프로비엠(양극재 생산)

[그림 105] 에코프로비엠 로고

1) 기업 소개

2016년에 설립된 에코프로비엠은 ㈜에코프로의 2차전지 소재 사업부문이 물적분할되며 설립됐다. 전기차 등에 사용되는 리튬이온 2차전지 소재를 주사업으로 한다. 주로 양극재를 생산하며 오창과 포항에 위치한 생산공장은 2020년 말 기준 연산 약 5만9000톤의 생산능력을 확보하고 있다. NCA 분야에서 시장점유율을 꾸준히 높이고 있으며, 주요 제품은 타소재 대비 에너지 밀도가 높은 하이니켈계 NCA로 매출의 60~70% 가량을 차지한다.

또한 세계적인 2차전지 제조업체인 '삼성 SDI', 'SONY' 등과의 꾸준한 거래를 하며, 양극소재의 안전성 및 고용량 확보를 통해 전동공구에서 무선청소기까지 Cordless 기기 전반으로 적용범위를 확대하고 있다. 당사는 최근 SK온, 글로벌 완성차 기업 포드자동차와 함께 북미에서 양극재 생산 시설을 구축하기 위한 공동 투자 계약을 체결했다. 해당 생산시설에서 만드는 양극재는 SK온과 포드가 설립한 합작 배터리 공장 '블루오벌SK'에 공급될 예정이다.

2) 주식 정보

상장일	2019.03.05		
시가총액	29조 5,849억		
시가총액순위	코스닥 1위		
외국인 지분율	9.36%		
액면가	500원		
거래량	476,844주		
최고 주가 (52주)	584,000	최저 주가 (52주)	86,900

(2023. 09. 05 기준)

[표 87] 에코프로비엠 증권정보

(1) Key Ratio (단위: 억 원, 배, %)

	2020/12	2021/12	2022/12	2023/12(E)
EPS	554	1,145	2,433	3,112
PER	75.92	108.06	37.85	98.81
BPS	5,200	5,935	13,962	16,676
PBR	8.08	20.85	6.60	18.44
EV/EBITDA	40.54	72.12	21.56	50.71

[표 88] 에코프로비엠 Key Ratio

(2) 재무상태 요약 (단위: 억 원)

	2020/12	2021/12	2022/12	2023/12(E)
유동자산	2,701	6,225	14,297	-
자산총계	7,990	14,259	33,742	49,264
유동부채	1,854	5,234	8,886	-
부채총계	3,317	8,297	18,860	31,202
자본금	105	115	489	490
자본총계	4,673	5,961	14,882	18,063

[표 89] 에코프로비엠 재무상태 요약

(3) 손익 계산서 요약 (단위: 억 원)

	2020/12	2021/12	2022/12	2023/12(E)
당기순이익	467	978	2,727	3,606
매출액	8,547	14,856	53,576	83,308
영업이익	548	1,150	3,807	4,829
영업이익률	6.41	7.74	7.11	5.80
순이익률	5.46	6.58	5.09	4.33

[표 90] 에코프로비엠 손익 계산서 요약

(4) 현금 흐름표 요약 (단위: 억 원)

	2020/12	2021/12	2022/12	2023/12(E)
영업활동	1,250	-1,009	-2,412	1,148
투자활동	-944	-2,373	-5,347	-9,880
재무활동	90	3,836	9,332	9,465
CAPEX	984	2,360	4,553	9,172

[표 91] 에코프로비엠 현금 흐름표 요약

(5) 기타지표 (단위: 억 원, %)

	2020/12	2021/12	2022/12	2023/12(E)
ROE	-	20.26	24.26	20.34
ROA	-	8.79	11.36	8.69
자본유보율	3,900	4,511	2,676	-
부채비율	71	139	127	172

[표 92] 에코프로비엠 기타지표

다. 포스코퓨처엠(제조)

posco
포스코퓨처엠

[그림 106] 포스코퓨처엠 로고

1) 기업 소개

1971년에 설립된 포스코케미칼은 내화물 제조 사업을 영위하는 기업이다. 동사의 주요 사업은 이차전지소재, 첨단화학소재, 산업기초소재로 탄소소재 원료와 제품, 내화물과 생석회 등을 제조 및 판매하고 있다. 또한 이차전지소재 분야에서 포스코 그룹의 리튬, 니켈 등 원료, 이차전지소재연구센터 등 R&D 인프라, 글로벌 마케팅 네트워크를 연계해 사업경쟁력을 높여 나가고 있다.

특히 지난 2010년 음극재 사업에 진출해 국내 최초로 국산화에 성공한 포스코케미칼은 현재 국내 배터리 3사를 비롯해 미국 얼티엄셀즈 등을 고객사로 확보하며 시장점유율을 높여가고 있다. 음극재 코팅용 피치 국산화에 돌입하고, 탄자니아 흑연 광산을 보유한 블랙록마이닝의 지분 15%를 인수하는 등 음극재 원료 확보에 노력을 기울여 왔다. 이와 함께 양극재 사업에서도 2022년까지 연산 10만t의 광양공장 건설을 완료하고, 연 6만t생산 규모의 포항공장 건설도 추진할 계획이다.

최근에는 ESG경영의 일환으로 친환경 기술 개발을 비롯해 생산 과정에서의 온실가스 감축에도 적극 나서고 있다. 특히 소재기술 혁신에 힘을 쏟고 있으며 포스코케미칼은 전기차 고성능화를 위해 1회 충전 시 500㎞ 이상 주행할 수 있는 배터리를 위한 하이니켈 양극재를 개발했다. 전기차 배터리의 수명을 늘리는 인조흑연 음극재, 충전 속도와 안정성을 개선한 저팽창 음극재 등의 핵심 소재를 개발하는 성과도 거뒀다. 에너지 저장 용량을 크게 높인 실리콘계 음극재와 전고체 배터리 소재 등도 개발하고 있다.

2) 주식 정보

상장일	2019.05.29		
시가총액	34조 8,584억		
시가총액순위	코스피 10위		
외국인 지분율	7.04%		
액면가	500원		
거래량	204,823주		
최고 주가 (52주)	694,000	최저 주가 (52주)	147,000

(2023. 09. 06 기준)

[표 93] 포스코퓨처엠 증권정보

다) 분기별 Financial Summary
(1) Key Ratio (단위: 억 원, 배, %)

	2020/12	2021/12	2022/12	2023/12(E)
EPS	461	1,763	1,527	2,958
PER	225.74	81.69	117.90	152.82
BPS	15,589	30,845	31,922	35,260
PBR	6.67	4.67	5.64	12.82
EV/EBITDA	68.87	53.76	56.61	86.74

[표 94] 포스코퓨처엠 Key Ratio

(2) 재무상태 요약 (단위: 억 원)

	2020/12	2021/12	2022/12	2023/12(E)
유동자산	7,768	20,518	18,328	-
자산총계	20,881	39,225	46,375	65,032
유동부채	9,206	6,046	2,036	-
부채총계	10,644	14,840	19,868	35,740
자본금	305	387	387	390
자본총계	10,236	24,384	26,506	29,292

[표 95] 포스코퓨처엠 재무상태 요약

(3) 손익 계산서 요약 (단위: 억 원)

	2020/12	2021/12	2022/12	2023/12(E)
당기순이익	297	1,338	1,219	2,367
매출액	15,662	19,895	33,019	55,850
영업이익	603	1,217	1,659	2,683
영업이익률	3.85	6.12	5.02	4.80
순이익률	1.90	6.72	3.69	4.24

[표 96] 포스코퓨처엠 손익 계산서 요약

(4) 현금 흐름표 요약 (단위: 억 원)

	2020/12	2021/12	2022/12	2023/12(E)
영업활동	383	1,030	-610	1,838
투자활동	-2,543	-16,750	-546	-12,290
재무활동	3,020	15,219	3,363	12,419
CAPEX	2,426	5,519	6,591	13,308

[표 97] 포스코퓨처엠 현금 흐름표 요약

	2020/12	2021/12	2022/12	2023/12(E)
ROE	2.96	7.92	4.87	8.81
ROA	1.56	4.45	2.85	4.25
자본유보율	3,192	6,069	6,346	-
부채비율	104	61	75	122

[표 98] 포스코퓨처엠 기타지표

라. 엘엔에프(양극활 물질 제조)

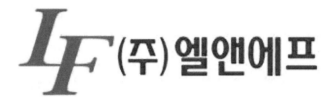

[그림 107] 엘엔에프 로고

1) 기업 소개

엘앤에프는 2000년 설립되었으며, 2차전지 양극활 물질을 제조, 판매하는 사업을 영위하고 있다. 현재 중국에 2차전지용 양극활 물질 생산 사업을 영위하는 무석광미래 신재료유한공사와 정보·전자·화학 관련 소재 제조 및 판매 사업을 영위하는 제이에이 치화학공업 등 2개의 자회사를 소유하고 있다.

엘앤에프는 2020년 세계 최초로 니켈 함량이 90% 이르는 NCMA(니켈·코발트·망간· 알루미늄) 배터리 양극재 생산에 성공하면서 배터리 상용화에 결정적으로 기여했다. 특히 LG에너지솔루션이 테슬라에 공급하는 NCMA 배터리의 양극재는 엘앤에프가 단 독으로 공급하고 있다.

최근 내부적으로는 LG에너지솔루션, SK이노베이션과 대규모 양극재 공급계약을 맺 으면서, 외부적으로는 전기차(EV)용 2차 전지 시장의 성장에 대응하기 위해, 엘엔에 프는 증가하는 양극재의 수요를 고려하여 2000년 4공장 건설을 결정하고 최근 3단계 투자 단지 내 긴급 증설도 결정하였다.

2) 주식 정보

상장일	2003.01.02		
시가총액	7조 5,741억		
시가총액순위	코스닥 5위		
외국인 지분율	19.59%		
액면가	500원		
거래량	119,696주		
최고 주가 (52주)	349,500	최저 주가 (52주)	168,700

(2023. 09. 06 기준)

[표 99] 엘엔에프 증권정보

라) 분기별 Financial Summary
(1) Key Ratio (단위: 억 원, 배, %)

	2020/12	2021/12	2022/12	2023/12(E)
EPS	-550	-3,526	7,526	6,549
PER	N/A	N/A	23.05	59.45
BPS	7,629	19,899	38,454	42,563
PBR	9.01	11.18	4.51	4.96
EV/EBITDA	142.26	117.22	23.52	36.63

[표 100] 엘엔에프 Key Ratio

(2) 재무상태 요약 (단위: 억 원)

	2020/12	2021/12	2022/12	2023/12(E)
유동자산	2,006	1,055	22,873	-
자산총계	4,662	15,322	30,239	40,138
유동부채	1,413	3,739	12,620	-
부채총계	2,686	8,970	17,386	26,942
자본금	140	174	180	181
자본총계	1,976	6,352	12,853	14,340

[표 101] 엘엔에프 재무상태 요약

(3) 손익 계산서 요약 (단위: 억 원)

	2020/12	2021/12	2022/12	2023/12(E)
당기순이익	-150	-1,123	2,710	1,299
매출액	3,561	9,708	38,873	57,828
영업이익	15	443	2,663	1,797
영업이익률	0.41	4.56	6.85	3.11
순이익률	-4.22	-11.56	6.97	2.25

[표 102] 엘엔에프 손익 계산서 요약

(4) 현금 흐름표 요약 (단위: 억 원)

	2020/12	2021/12	2022/12	2023/12(E)
영업활동	453	-1,381	-8,643	881
투자활동	-708	-4,136	-821	-4,709
재무활동	464	8,019	7,953	6,907
CAPEX	541	1,794	2,875	4,875

[표 103] 엘엔에프 현금 흐름표 요약

(5) 기타지표 (단위: 억 원, %)

	2020/12	2021/12	2022/12	2023/12(E)
ROE	-9.39	-27.41	28.26	9.49
ROA	-3.40	-11.24	11.90	3.69
자본유보율	1,270	3,420	6,866	-
부채비율	135	141	135	188

[표 104] 엘엔에프 기타지표

마. 삼성SDI(소재 개발 및 판매)

[그림 108] 삼성SDI 로고

1) 기업 소개

삼성 SDI는 1970년 삼성-NEC 주식회사로 설립되었으며, 1999년 디지털 기업 이미지 제고를 위하여 현재의 상호인 삼성 SDI주식회사로 변경하였다. 당사는 소형전지, 자동차전지, ESS 등의 리튬이온 2차 전지를 생산/판매하는 에너지솔루션 사업부문과 반도체 및 디스플레이 소재 등을 생산/판매하는 전자재료 사업부문을 영위하고 있다.

당사는 리튬이온 2차전지 사업을 시작한 이래 지속적으로 품질 개선, 안전성 확보 등을 위해 노력해 온 결과 현재까지 업계 선두권을 유지하고 있다. 전자재료 사업에서는 국내 외 고객사 및 협력사를 포함한 밸류체인 전반에 걸친 전략적 협력 체계를 구축하고 있어 기존 제품의 업그레이드와 신규 소재 개발을 추진해 경쟁력으로 삼고 있다.

삼성SDI가 배터리 브랜드 PRiMX(프라이맥스)를 공개했다. 삼성SDI만의 아이덴티티를 녹여낸 브랜드를 통해 초격차 기술 전략에 힘을 싣는다는 전략이다. PRiMX 브랜드에 담긴 핵심 키워드는 '최고 안전성을 보유한 품질(Absolute Quality)', '초격차 고에너지 기술(Outstanding Performance)', '초고속 충전 및 초장수명 기술(Proven Advantage)'의 세 가지다. 현재 PRiMX는 국내를 비롯한 유럽까지 상표 등록이 완료됐고, 미국 상표 등록을 앞두고 있다. 삼성SDI는 PRiMX 브랜드를 생산 중인 모든 배터리에 적용하고, 핵심 키워드에 걸맞는 품질과 기술을 갖춰 나갈 방침이다.

2) 주식 정보

상장일	1979.02.27	
시가총액	40조 2,960억	
시가총액순위	코스닥 7위	
외국인 지분율	48.53%	
액면가	5,000원	
거래량	62,529주	
최고 주가 (52주)	801,000	최저 주가 (52주)	537,000

(2023. 09. 06 기준)

[표 105] 삼성SDI 증권정보

(1) Key Ratio (단위: 억 원, 배, %)

	2020/12	2021/12	2022/12	2023/12(E)
EPS	8,166	16,621	27,736	29,200
PER	76.91	39.41	21.31	20.17
BPS	194,065	219,885	246,524	278,534
PBR	3.24	2.98	2.40	2.11
EV/EBITDA	26.20	20.62	13.21	11.71

[표 106] 삼성SDI Key Ratio

(2) 재무상태 요약 (단위: 억 원)

	2020/12	2021/12	2022/12	2023/12(E)
유동자산	34,231	46,178	62,726	-
자산총계	215,342	258,332	302,575	339,320
유동부채	28,586	35,731	48,004	-
부채총계	81,753	106,365	130,400	144,933
자본금	3,567	3,567	3,567	3,569
자본총계	133,589	151,967	172,175	194,421

[표 107] 삼성SDI 재무상태 요약

(3) 손익 계산서 요약 (단위: 억 원)

	2020/12	2021/12	2022/12	2023/12(E)
당기순이익	6,310	12,504	20,394	21,553
매출액	112,948	135,532	201,241	238,746
영업이익	6,713	10,676	18,080	19,971
영업이익률	5.94	7.88	8.98	8.37
순이익률	5.59	9.23	10.13	9.03

[표 108] 삼성SDI 손익 계산서 요약

(4) 현금 흐름표 요약 (단위: 억 원)

	2020/12	2021/12	2022/12	2023/12(E)
영업활동	19,488	21,760	26,411	25,818
투자활동	-17,784	-19,495	-29,462	-36,488
재무활동	2,406	5,827	6,287	6,784
CAPEX	17,283	22,547	28,089	36,081

[표 109] 삼성SDI 현금 흐름표 요약

(5) 기타지표 (단위: 억 원, %)

	2020/12	2021/12	2022/12	2023/12(E)
ROE	4.54	8.45	12.52	11.71
ROA	3.05	5.28	7.27	6.71
자본유보율	3,482	3,790	4,337	-
부채비율	61	70	76	74

[표 110] 삼성SDI 기타지표

바. 코스모신소재(제조, 판매)

[그림 109] 코스모신소재 로고

1) 기업 소개

코스모신소재는 1967년 설립되어 기능성필름(이형필름, 점착필름, 인슐레이션필름)과 2차전지용 양극활물질, 토너, 토너용 자성체 등을 제조 판매하는 사업을 영위하고 있다. IT관련 소재 사업에서, 기존의 기록미디어사업과 더불어 2차 전지용 양극활물질, 컬러토너 및 MLCC이형필름, 반도체 Package용 점착필름, 할로겐프리 인슐레이션필름 등 차세대 성장동력인 분체사업과 디스플레이소재사업으로 사업영역을 확대하고 있다. 또한 한발 앞선 핵심 기술개발을 바탕으로 최강의 경쟁력을 가진 IT관련 소재 사업으로의 위상을 강화해 나아갈 것이라고 한다.

기록미디어 산업에서는, 지난 30여 년간 축적한 Know How를 바탕으로 세계시장에서 마그네틱 테이프 공급자로서의 위상을 확고히 하고 있다. 최근 충북 충주시는 코스모신소재와 1천500억원 규모의 2차전지용 NCM 신규공장 증설 투자협약을 했다. 친환경 차량 수요 증가에 따라 2023년까지 기존 공장 내 유휴부지에 3만3천57㎡ 규모의 2차전지 양극활물질 공장을 증설할 계획이라고 한다.

2) 주식 정보

상장일	2023.11.28	
시가총액	5조 420억	
시가총액순위	코스피 72위	
외국인 지분율	14.12%	
액면가	1,000원	
거래량	102,623주	
최고 주가 (52주)	239,547	최저 주가 (52주)	48,551

(2023. 09. 06 기준)

[표 111] 코스모신소재 증권정보

(1) Key Ratio (단위: 억 원, 배, %)

	2020/12	2021/12	2022/12	2023/12(E)
EPS	396	597	900	597
PER	48.97	76.39	56.85	274.89
BPS	6,047	6,831	8,199	13,559
PBR	3.25	6.76	6.32	12.11
EV/EBITDA	27.12	41.74	34.20	87.84

[표 112] 코스모신소재 Key Ratio

(2) 재무상태 요약 (단위: 억 원)

	2020/12	2021/12	2022/12	2023/12(E)
유동자산	1,540	1,192	2,088	-
자산총계	3,623	3,485	4,513	7,984
유동부채	1,487	824	1,508	-
부채총계	1,855	1,430	2,001	3,578
자본금	292	301	307	314
자본총계	1,768	2,054	2,512	4,406

[표 113] 코스모신소재 재무상태 요약

(3) 손익 계산서 요약 (단위: 억 원)

	2020/12	2021/12	2022/12	2023/12(E)
당기순이익	117	180	277	186
매출액	2,043	3,059	4,856	8,894
영업이익	124	218	325	424
영업이익률	6.09	7.12	6.69	4.76
순이익률	5.75	5.88	5.70	2.10

[표 114] 코스모신소재 손익 계산서 요약

(4) 현금 흐름표 요약 (단위: 억 원)

	2020/12	2021/12	2022/12	2023/12(E)
영업활동	-19	260	5	-173
투자활동	-154	-440	-198	-1,551
재무활동	91	155	336	2,894
CAPEX	581	410	202	1,460

[표 115] 코스모신소재 현금 흐름표 요약

(5) 기타지표 (단위: 억 원, %)

	2020/12	2021/12	2022/12	2023/12(E)
ROE	7.16	9.42	12.13	5.39
ROA	3.74	5.06	6.93	2.99
자본유보율	414	494	632	-
부채비율	105	70	80	81

[표 116] 코스모신소재 기타지표

사. SK이노베이션(개발)

SK 이노베이션

[그림 110] SK이노베이션 로고

1) 기업 소개

2007년에 설립된 SK이노베이션은 에너지화학 기업이자 SK그룹 석유화학사업부문의 중간 지주회사로서 6개의 자회사 및 2개 사업 단위를 두고 있다. 당사는 석유개발사업, 중대형 배터리 사업, 정보전자소재 사업을 주요사업으로 영위하고 있다. 석유개발 분야에서는 국내 기업 최초로 해외 유전을 확보했으며 페루, 베트남 등의 주요 생산 광구에서 일일 약 5만 5천 배럴(19년 말 기준)의 원유와 천연가스를 생산하고 있다. 또한 2015년에는 국내 기업 최초 남중국해 광구사업 개발을 추진했다.

당사는 전기차 배터리 부분에서 업계 최초로 리튬이온 배터리에 고에너지밀도 삼원계 소재를 적용하여 양산에 성공했다. 이러한 기술력을 바탕으로 SK이노베이션은 현대자동차, 베이징자동차, Daimler, 폭스바겐 등 세계 유수의 자동차 업체들에 배터리를 공급하고 있다. 2021년에는 미국의 완성차 기업인 포드와 함께 미국 테네시주와 켄터키주에 총 114억달러를 투자해 전기차용 배터리 공장과 전기차 조립 공장을 건설함으로써 미국 내의 입지를 단단하게 구축하고 글로벌 배터리 영토를 확장하고자 한다.

SK이노베이션은 배터리사업을 중심으로 사업구조를 전면 혁신할 계획이다. 기존 영역에서 나아가 Battery-as-a-service, ESS 등 다양 영역으로 사업을 확장하고자 한다. 경쟁사는 LG에너지솔루션, 삼성SDI이며 세 기업 모두 전기차 배터리 부문에서 실리콘 음극재 적용을 추진에 역량을 강화하고 있다.

2) 주식 정보

상장일	2007.07.25		
시가총액	16조 2,647억		
시가총액순위	코스피 20위		
외국인 지분율	23.17%		
액면가	5,000원		
거래량	273,216주		
최고 주가 (52주)	225,816	최저 주가 (52주)	140,213

(2023. 09. 07 기준)

[표 117] SK이노베이션 증권정보

(1) Key Ratio (단위: 억 원, 배, %)

	2020/12	2021/12	2022/12	2023/12(E)
EPS	-22,806	3,066	16,469	6,294
PER	N/A	76.54	9.20	28.41
BPS	173,957	205,968	229,931	218,440
PBR	1.09	1.16	0.67	0.82
EV/EBITDA	-26.18	9.92	5.36	9.72

[표 118] SK이노베이션 Key Ratio

(2) 재무상태 요약 (단위: 억 원)

	2020/12	2021/12	2022/12	2023/12(E)
유동자산	16,978	13,075	10,781	-
자산총계	384,981	495,449	672,189	714,573
유동부채	14,744	3,152	19,413	-
부채총계	230,397	299,242	439,766	462,754
자본금	4,686	4,686	4,686	4,906
자본총계	154,585	196,207	232,423	251,819

[표 119] SK이노베이션 재무상태 요약

(3) 손익 계산서 요약 (단위: 억 원)

	2020/12	2021/12	2022/12	2023/12(E)
당기순이익	-21,467	4,885	18,952	6,448
매출액	345,499	468,534	780,569	753,794
영업이익	-24,203	17,417	39,173	17,068
영업이익률	-7.00	3.72	5.02	2.26
순이익률	-6.21	1.04	2.43	0.85

[표 120] SK이노베이션 손익 계산서 요약

(4) 현금 흐름표 요약 (단위: 억 원)

	2020/12	2021/12	2022/12	2023/12(E)
영업활동	28,508	-4,955	4,066	39,766
투자활동	-41,287	-41,107	-51,233	-89,083
재무활동	21,447	50,297	105,072	33,966
CAPEX	37,631	31,752	67,766	90,772

[표 121] SK이노베이션 현금 흐름표 요약

(5) 기타지표 (단위: 억 원, %)

	2020/12	2021/12	2022/12	2023/12(E)
ROE	-13.58	1.83	8.49	3.00
ROA	-5.50	1.11	3.25	0.93
자본유보율	3,379	3,819	4,221	-
부채비율	149	152	189	184

[표 122] SK이노베이션 기타지표

아. 롯데에너지머티리얼즈(개발 및 판매)

[그림 111] 롯데에너지머티리얼즈 로고

1) 기업 소개

1987년 덕산금속으로 설립되어 2010년에 사명을 변경해 일진머티리얼즈로 운영하고 있다. 일진머티리얼즈는 PCB(인쇄회로기판)용 Elecfoil를 국내 최초로 개발한 Elecfoil 전문 기업이다. Elecfoil은 TV, 컴퓨터, 휴대폰을 비롯한 전자제품 전반에 사용되고 있다. 최근 Elecfoil이 2차전지 5대 소재 중 하나로 채택되며 2차전지용 Elecfoil 비중을 크게 확대하고 있다. 일본 업체들이 주도하던 2차전지용 Elecfoil 시장 및 FPCB 시장에 진입하기 위해 I2B 제품을 개발 및 판매하며 Elecfoil 전문기업으로서의 기반을 다지고 있다.

스마트폰의 보급이 확대되고 전기자동차 시장이 주목받기 시작하면서 2차 전지와 소재사업이 주목받기 시작하면서 일진머티리얼즈 역시 2차전지 분야로 사업영역을 확장하며 첨단소재기업으로 나아갈 계획이다. 2008년 리튬 2차전지 양극활물질인 LMO의 개발을 착수한 후, 2013년 판매 시작했다. 이에 2018년 이후 3년간 Elecfoil의 매출 비중이 4%p 가까이 줄어 88.6%를 기록하는 등 LMO Energy 사업이 확대되고 있다.

최근 2022년 당사는 삼성SDI와 Elecfoil 장기 공급 계약을 맺고 2030년까지 삼성SDI의 연간 전체 2차전지용 Elecfoil 물량의 60%를 공급하기로 했다. 계약 금액은 약 8조 5천억원으로 당사의 기존 매출액 대비 1237%에 달한다.

롯데케미칼이 동박 제조업체인 일진머티리얼즈를 인수한다. 경쟁사보다 늦게 배터리 소재 사업에 뛰어든 롯데케미칼은 이번 인수·합병(M&A)을 발판으로 글로벌 배터리 소재 선도기업으로 도약하게 됐다.

롯데케미칼은 2022년 10월 11일 미국 내 배터리 소재 지주사인 '롯데 배터리 머티리얼즈 USA'에서 일진머티리얼즈 인수를 위한 2조7000억원의 주식매매 계약을 체결했다고 밝혔다. 인수 대상은 허재명 일진머티리얼즈 사장이 보유한 주식 2457만8512주(53.3%)와 허 사장 등 2인이 보유하고 있는 아이엠지테크놀리지의 주식 506만4829주에 대한 신주인수권이다. 일진머티리얼즈가 롯데케미칼에 인수됨에 따라 사명이 롯데에너지머티리얼즈로 바뀌었다.

2) 주식 정보

상장일	2011.03.04	
시가총액	2조 1,165억	
시가총액순위	코스피 133위	
외국인 지분율	7.74%	
액면가	500원	
거래량	190,221주	
최고 주가 (52주)	75,000	최저 주가 (52주)	47,050

(2023. 09. 07 기준)

[표 123] 롯데에너지머티리얼즈 증권정보

(1) Key Ratio (단위: 억 원, 배, %)

	2020/12	2021/12	2022/12	2023/12(E)
EPS	927	1,361	950	198
PER	54.92	99.16	22.12	31.88
BPS	13,255	21,440	31,661	31,261
PBR	3.84	6.30	1.64	1.51
EV/EBITDA	24.88	51.62	12.43	15.73

[표 124] 롯데에너지머티리얼즈 Key Ratio

(2) 재무상태 요약 (단위: 억 원)

	2020/12	2021/12	2022/12	2023/12(E)
유동자산	2,950	4,712	3,415	-
자산총계	10,810	17,536	24,303	25,972
유동부채	402	560	422	-
부채총계	2,274	4,043	4,402	6,278
자본금	231	231	231	230
자본총계	8,536	13,493	19,901	19,694

[표 125] 롯데에너지머티리얼즈 재무상태 요약

(3) 손익 계산서 요약 (단위: 억 원)

	2020/12	2021/12	2022/12	2023/12(E)
당기순이익	427	632	490	-117
매출액	5,369	6,889	7,294	8,513
영업이익	509	699	848	510
영업이익률	9.47	10.15	11.62	6.00
순이익률	7.96	9.17	6.72	-1.37

[표 126] 롯데에너지머티리얼즈 손익 계산서 요약

(4) 현금 흐름표 요약 (단위: 억 원)

	2020/12	2021/12	2022/12	2023/12(E)
영업활동	495	299	289	2,450
투자활동	-2,177	-4,575	-6,852	-3,153
재무활동	-106	5,258	6,118	1,510
CAPEX	1,166	2,087	2,878	2,870

[표 127] 롯데에너지머티리얼즈 현금 흐름표 요약

(5) 기타지표 (단위: 억 원, %)

	2020/12	2021/12	2022/12	2023/12(E)
ROE	7.23	7.85	3.58	0.63
ROA	4.04	4.46	2.34	-0.46
자본유보율	2,558	4,137	6,220	-
부채비율	27	30	22	32

[표 128] 롯데에너지머티리얼즈 기타지표

차. KG케미칼(소재 제조)

[그림 112] KG케미칼 로고

1) 기업 소개

KG케미칼은 1954년 설립된 석탄화학계 화합물 및 기타 기초 유기 화학물질 제조 업체이다. 친환경 유기질비료, 천연성분 작물보호제, 미생물 제재, 토양환경 개선제등 친환경 농자재 생산뿐 아니라 고효율 하수처리제, 녹조제거제 및 자동차 배출가스인 질소산화물 저감을 위한 Adblue 차량용 요소수 사업 등 친환경 사업을 전개하고 있으며 혼화제 원료사업은 가장 경쟁력 있는 제품 솔루션을 제공하여 높은 해외시장 점유율을 바탕으로 성장하고 있다.

KG케미칼을 비롯한 14개 계열사에서 화학, 철강, 에너지, 폐자원활용, 전자결제, 교육, 미디어, 금융 및 레저사업, 온라인정보제공, 요식업 사업 등으로 사업영역을 확대하고 있다. 최근 KG케미칼은 미생물을 담은 논비료·밭비료를 출시한 데 이어 올해 완효성·고형 비료를 추가로 내놨다.

2) 주식 정보

상장일	1989.08.25		
시가총액	5,772억		
시가총액순위	코스피 313위		
외국인 지분율	7.23%		
액면가	1,000원		
거래량	7,497,037주		
최고 주가 (52주)	13,200	최저 주가 (52주)	3,820

(2023. 09. 07 기준)

[표 129] KG케미칼 증권정보

가) 분기별 Financial Summary

(1) Key Ratio (단위: 억 원, 배, %)

	2020/12	2021/12	2022/12
EPS	664	1,078	4,378
PER	7.19	5.71	0.94
BPS	5,906	6,869	11,474
PBR	0.81	0.90	0.36
EV/EBITDA	4.72	3.17	2.01

[표 130] KG케미칼 Key Ratio

(2) 재무상태 요약 (단위: 억 원)

	2020/12	2021/12	2022/12
유동자산	569	616	1,028
자산총계	45,235	48,949	69,819
유동부채	1,173	11,039	1,403
부채총계	28,159	30,974	37,410
자본금	674	716	716
자본총계	15,077	17,875	32,409

[표 131] KG케미칼 재무상태 요약

(3) 손익 계산서 요약 (단위: 억 원)

	2020/12	2021/12	2022/12
당기순이익	1,547	2,820	9,528
매출액	36,864	48,266	66,074
영업이익	2,430	4,482	5,011
영업이익률	6.59	9.29	7.58
순이익률	4.20	5.84	14.42

[표 132] KG케미칼 손익 계산서 요약

(4) 현금 흐름표 요약 (단위: 억 원)

	2020/12	2021/12	2022/12
영업활동	3,103	1,474	2,778
투자활동	-1,829	-1,464	1,607
재무활동	-2,172	1,248	-4,057
CAPEX	1,006	1,023	806

[표 133] KG케미칼 현금 흐름표 요약

(5) 기타지표 (단위: 억 원, %)

	2020/12	2021/12	2022/12
ROE	11.94	17.39	47.97
ROA	3.65	6.12	16.06
자본유보율	528	638	1,063
부채비율	187	173	115

[표 134] KG케미칼 기타지표

카. 후성(제조, 판매)

[그림 113] 후성 로고

1) 기업 소개

2006년에 설립된 후성은 냉매가스, 반도체용 특수가스, 2차전지 전해질 소재 'LiPF6' 를 국내에서 유일하게 전문적으로 제조, 판매하는 업체이다. LiPF6는 2차전지 4대 구성요소 중 하나인 전해액에 들어간다. 국내 제조사로는 후성이 유일하다. 또한 에어컨 용 냉매인 K-22의 생산 설비를 보유 중이며 국내 수요의 상당 부분을 점유하고 있다. 주고객군은 삼성전자, LG전자, 캐리어, 벽산, 현대차, 기아차 등이 있다.

후성은 전기차 시장 확장에 대비해 LiPF6 생산 설비를 증설해왔다. 중국에선 글로벌 탑티어 전해액 제조사인 중국 케켐과 손잡고 지난해 말 신규 공장을 완공했다. 중국 신규 공장의 생산능력은 3800톤으로, 기존 400톤 대비 850% 증가했다. 국내에서 생산하는 1800톤을 합치면 후성의 LiPF6 생산능력은 총 5600톤이다. 후성은 폴란드에도 부지를 마련하고 LiPF6 공장 신설을 검토하고 있으며 향후 부족한 중국 인력을 충원해 하반기부터 공장 가동률을 완전히 끌어올리겠다는 계획을 밝혔다.

2) 주식 정보

상장일	2006.12.22		
시가총액	1조 218억원		
시가총액순위	코스피 221위		
외국인 지분율	2.19%		
액면가	500원		
거래량	1,052,990주		
최고 주가 (52주)	17,550	최저 주가 (52주)	10,350

(2023. 09. 11 기준)

[표 135] 후성 증권정보

가) 분기별 Financial Summary
(1) Key Ratio (단위: 억 원, 배, %)

	2020/12	2021/12	2022/12	2023/12(E)
EPS	108	244	1,047	-100
PER	109.53	94.80	10.22	N/A
BPS	2,394	2,679	3,882	3,715
PBR	4.93	8.62	2.76	3.15
EV/EBITDA	33.94	22.46	7.91	33.01

[표 136] 후성 Key Ratio

(2) 재무상태 요약 (단위: 억 원)

	2020/12	2021/12	2022/12	2023/12(E)
유동자산	1,015	1,108	1,297	-
자산총계	2,401	6,163	9,338	9,190
유동부채	880	656	1,001	-
부채총계	2,949	3,329	5,185	5,194
자본금	463	463	472	472
자본총계	2,452	2,835	4,153	3,996

[표 137] 후성 재무상태 요약

(3) 손익 계산서 요약 (단위: 억 원)

	2020/12	2021/12	2022/12	2023/12(E)
당기순이익	27	313	1,124	-232
매출액	2,616	3,813	6,106	5,818
영업이익	28	581	1,054	-196
영업이익률	1.07	15.25	17.26	-3.37
순이익률	1.01	8.20	18.41	-3.99

[표 138] 후성 손익 계산서 요약

(4) 현금 흐름표 요약 (단위: 억 원)

	2020/12	2021/12	2022/12	2023/12(E)
영업활동	406	836	943	399
투자활동	-374	-661	-1,099	-986
재무활동	67	-265	562	281
CAPEX	402	587	1,176	873

[표 139] 후성 현금 흐름표 요약

(5) 기타지표 (단위: 억 원, %)

	2020/12	2021/12	2022/12	2023/12(E)
ROE	4.60	9.61	31.60	-2.62
ROA	0.50	5.41	14.51	-2.50
자본유보율	372	420	669	-
부채비율	120	117	125	130

[표 140] 후성 기타지표

타. 엔켐(개발, 생산)

[그림 114] 엔켐 로고

1) 기업 소개

엔켐은 2012년 설립되었으며 이차전지의 4대 핵심소재 중 하나인 전해액 전문기업으로 2차 전지 및 EDLC(Electric Double Layer Capacitor)용 전해액과 고기능성 전해액 첨가제를 개발, 생산하고 있다. 현재 (주)엔켐은 해외시장 개척과 투자에 적극적으로 나서고 있다. 매출액의 50% 이상은 수출을 통해 달성하고 있으며, 이를 더욱 강화하기 위해 폴란드, 중국, 미국 등 해외공장 증설을 추진하고 있다. 엔켐의 전해액 공장을 통해 생산과 납품이 이루어 질 수 있도록 투자를 이어가고 있다.

유기전해질과 고체전해질을 혼합하는 형태의 유무기 하이브리드 타입의 유사 고체 전해질을 개발하여 기존 유기 전해액이 가진 우수한 전기화학적 성능을 일정 부분 유지한 채 전고체 전해질에서 기대되는 발화 안전성 기술 선점을 위해 중장기 연구개발 프로젝트를 진행하고 있다. 또한, 2차전지의 활용분야가 Mobile용 소형전지에서 xEV와 ESS용 중대형 전지로 급속히 확대되면서 전해액의 수요 증가 및 고객의 요구에 따라 제2공장(Capa. 20,000톤/년) 충청남도 풍세산업단지에 증설하여 가동하고 있다.

2) 주식 정보

상장일	2021.11.01		
시가총액	1조 249억원		
시가총액순위	코스닥 66위		
외국인 지분율	2.41%		
액면가	500원		
거래량	208,903주		
최고 주가 (52주)	94,300	최저 주가 (52주)	52,000

(2023. 09. 11 기준)

[표 141] 엔켐 증권정보

가) 분기별 Financial Summary
(1) Key Ratio (단위: 억 원, 배, %)

	2020/12	2021/12	2022/12	2023/12(E)
EPS	52	-1,469	1,279	1,783
PER	-	N/A	41.13	33.99
BPS	9,337	14,254	15,998	17,654
PBR	0.00	6.99	3.29	3.43
EV/EBITDA	-71.46	46.71	17.08	9.94

[표 142] 엔켐 Key Ratio

(2) 재무상태 요약 (단위: 억 원)

	2020/12	2021/12	2022/12	2023/12(E)
유동자산	1,182	1,649	1,274	-
자산총계	1,990	4,074	6,802	12,489
유동부채	610	1,294	1,346	-
부채총계	793	1,908	3,869	9,215
자본금	59	76	79	79
자본총계	1,197	2,166	2,934	3,274

[표 143] 엔켐 재무상태 요약

(3) 손익 계산서 요약 (단위: 억 원)

	2020/12	2021/12	2022/12	2023/12(E)
당기순이익	5	-195	218	274
매출액	1,389	2,143	5,098	8,316
영업이익	125	-260	154	770
영업이익률	9.02	-12.12	3.01	9.26
순이익률	0.36	-9.08	4.28	3.2984

[표 144] 엔켐 손익 계산서 요약

(4) 현금 흐름표 요약 (단위: 억 원)

	2020/12	2021/12	2022/12	2023/12(E)
영업활동	84	-1,124	-360	-661
투자활동	-448	-584	-1,691	-2,894
재무활동	391	2,178	1,569	3,440
CAPEX	293	534	830	2,812

[표 145] 엔켐 현금 흐름표 요약

(5) 기타지표 (단위: 억 원, %)

	2020/12	2021/12	2022/12	2023/12(E)
ROE	0.67	-11.58	8.48	10.61
ROA	0.30	-6.42	4.01	2.84
자본유보율	1,956	2,747	3,500	-
부채비율	66	88	132	281

[표 146] 엔켐 기타지표

파. 대한유화(소재)

1) 기업 소개

1970년 창립 이래 국내 최초로 합성수지 생산공장을 준공하여 한국 석유화학산업의 기반을 다진 대한유화는 세계적인 기술력과 품질경쟁력으로 중국 은첩고분, 한국 SK 아이이테크놀로지, 일본 더블유스코프 등 전세계의 고객을 보유하고 있다. 최근에는 초고밀도폴리에틸렌 생산에 집중하며 경쟁사와 달리 불순물을 제거하는 과정을 거친 고순도 제품을 생산하고 있다. 이로써 대한유화는 제품의 화재 안정성을 인정받아 전기차시장에서 주목받고 있다. 경쟁사는 롯데케미칼, 현대오일뱅크 등이 있다.

범용 제품뿐만 아니라, LiBS 원료용 PE/PP, Capacitor용 PP, 초고분자량 PE 등 첨단산업에 접목할 수 있는 소재로 고부가가치화 하는 전략을 실천해 나가고 있다. 이를 위해 NCC 증설을 통해 규모의 경제를 실현하고, NCC에서 파생되는 다양한 다운스트림 제품을 확대해 나감으로써 포트폴리오 다변화를 통해 수익성을 제고해 나갈 계획이다.

2) 주식 정보

상장일	1999.08.11	
시가총액	9,132억원	
시가총액순위	코스피 233위	
외국인 지분율	7.43%	
액면가	5,000원	
거래량	8,282주	
최고 주가 (52주)	193,800	최저 주가 (52주)	101,500

(2023. 09. 11 기준)

[표 147] 대한유화 증권정보

가) 분기별 Financial Summary
(1) Key Ratio (단위: 억 원, 배, %)

	2020/12	2021/12	2022/12	2023/12(E)
EPS	19,576	23,067	-22,931	-9,960
PER	11.75	7.93	N/A	N/A
BPS	306,685	328,546	301,477	289,390
PBR	0.75	0.56	0.57	0.49
EV/EBITDA	3.91	2.38	-21.62	2.49

[표 148] 대한유화 Key Ratio

(2) 재무상태 요약 (단위: 억 원)

	2020/12	2021/12	2022/12	2023/12(E)
유동자산	6,005	9,664	4,574	-
자산총계	21,276	24,789	21,958	22,229
유동부채	595	2,905	2,040	-
부채총계	2,334	4,497	3,339	22,229
자본금	410	410	410	410
자본총계	18,941	20,291	18,620	17,914

[표 149] 대한유화 재무상태 요약

(3) 손익 계산서 요약 (단위: 억 원)

	2020/12	2021/12	2022/12	2023/12(E)
당기순이익	1,272	1,499	-1,491	-647
매출액	18,827	25,149	22,221	23,475
영업이익	1,702	1,794	-2,146	-1,058
영업이익률	9.04	7.13	-9.66	-4.51
순이익률	6.76	5.96	-6.71	-2.76

[표 150] 대한유화 손익 계산서 요약

(4) 현금 흐름표 요약 (단위: 억 원)

	2020/12	2021/12	2022/12	2023/12(E)
영업활동	3,032	3,090	-480	448
투자활동	-1,387	-2,977	-1,323	-1,245
재무활동	-128	-197	-215	358
CAPEX	876	1,197	3,474	1,245

[표 151] 대한유화 현금 흐름표 요약

(5) 기타지표 (단위: 억 원, %)

	2020/12	2021/12	2022/12	2023/12(E)
ROE	6.93	7.64	-7.66	-3.55
ROA	6.13	6.51	-6.38	-2.93
자본유보율	4,534	4,859	4,451	-
부채비율	12	22	18	24

[표 152] 대한유화 기타지표

하. 천보(소재 제조)

[그림 116] 천보 로고

1) 기업 소개

2007년에 설립된 천보는 전자소재, 이차전지 전해질 등의 개발, 제조 및 판매를 주요사업으로 영위하고 있다. 사업분야는 크게 전자소재(LCD식각액첨가제, OLED소재, 반도체공정 소재 등), 2차전지 소재(전해질, 전해액첨가제), 의약품 소재(의약품중간체), 정밀화학 소재이며 OLED 부문에서 천보는 3원색 중 적색(R) 발광재료 등의 중간체 및 완제품을 생산하고 있다.

특히 반도체 소재는 고도의 합성 기술, 고순도 정제 기술, 금속 불순물 제거 기술 등을 필요로 하고 있다. 반도체 소자의 미세화, 고기능화에 따라 요구되는 고품질의 새로운 소재의 연구 개발, 시생산 및 양산에서 성과를 내고 있다.

다양한 산업분야에 사용되는 기초화학 소재부터 고도의 기술력이 필요한 고부가가치의 정밀화학 및 전자재료용 소재까지 사업 영역을 지속적으로 확대, 발전해 왔다. 지난 2019년 코스닥 상장을 계기로 2차 전지 집중을 선언했다. 이에 전기차용 2차 전지에 첨가되는 F전해질을 상용화하고, 이를 생산하기 위한 공장 증설에 힘써왔다. 이에 연 563톤 규모의 생산량은 지난해(2020년 기준) 두 배 넘게 늘어난 데에 이어 현재까지도 계속해서 늘어나고 있는 중이다. 최근 새만금개발청, 전라북도 등과 함께 새만금 산업단지에 2차 전지 전해질 제조 공장을 위한 투자협약을 체결했다. 자회사 천보BLS를 통해 연간 2만톤 규모의 제조 설비를 도입해 연 매출 '1조원'을 목표로 하고 있다.

2) 주식 정보

상장일	2019.02.11	
시가총액	1조 4,290억원	
시가총액순위	코스닥 37위	
외국인 지분율	6.39%	
액면가	500원	
거래량	24,392주	
최고 주가 (52주)	299,500	최저 주가 (52주)	136,700

(2023. 09. 11 기준)

[표 153] 천보 증권정보

가) 분기별 Financial Summary
(1) Key Ratio (단위: 억 원, 배, %)

	2020/12	2021/12	2022/12	2023/12(E)
EPS	2,374	4,377	3,736	163
PER	66.70	79.64	58.43	873.67
BPS	22,830	28,680	34,549	33,962
PBR	7.99	12.15	6.32	4.20
EV/EBITDA	43.24	52.33	29.95	38.97

[표 154] 천보 Key Ratio

(2) 재무상태 요약 (단위: 억 원)

	2020/12	2021/12	2022/12	2023/12(E)
유동자산	982	805	1,276	-
자산총계	2,607	4,037	8,187	9,520
유동부채	56	136	426	-
부채총계	362	977	4,238	5,672
자본금	51	51	51	50
자본총계	2,246	3,061	3,948	3,948

[표 155] 천보 재무상태 요약

(3) 손익 계산서 요약 (단위: 억 원)

	2020/12	2021/12	2022/12	2023/12(E)
당기순이익	274	480	428	-49
매출액	1,555	2,716	3,289	2,420
영업이익	301	506	565	191
영업이익률	19.38	18.64	17.17	7.88
순이익률	17.60	17.68	13.03	-2.02

[표 156] 천보 손익 계산서 요약

(4) 현금 흐름표 요약 (단위: 억 원)

	2020/12	2021/12	2022/12	2023/12(E)
영업활동	191	-143	656	600
투자활동	-125	-485	-3,742	-1,481
재무활동	6	841	3,416	1,441
CAPEX	509	528	1,980	2,018

[표 157] 천보 현금 흐름표 요약

(5) 기타지표 (단위: 억 원, %)

	2020/12	2021/12	2022/12	2023/12(E)
ROE	12.57	17.19	11.90	0.48
ROA	11.04	14.45	7.01	-0.55
자본유보율	4,541	5,656	6,780	-
부채비율	16	32	107	107

[표 158] 천보 기타지표

거. 피엔티(장비 제조)

[그림 117] 피엔티 로고

1) 기업 소개

피엔티는 2003년에 설립된 2차전지 장비 제조업체이다. 당사는 국내 2차전지 장비 제조 시장점유율 1위 업체로 2018년 수출 1억불탑을 수상했으며, 2021년에는 매출 3777억원을 달성했다. 주력 사업은 리튬이온전지 전극 생산으로 극판용 고속광폭 코터, 동박, 분리막, 파우치용 필름 등의 제품을 제작하고 있다.

당사는 최근 2022년 5월, 전기차 폐배터리 재활용에 필요한 AI 로봇 개발에 나섰다. 이는 4월 '국책과제인 '다품종 EV 폐배터리팩의 재활용을 위한 인간로봇 협업 해제 작업 기술 개발'의 참여기관으로 선정된 것에 이은 행보이다. 특히 당사는 이번 연구에서 전기차 폐배터리의 이차전지 원료 회수에 집중해 폐배터리 해체 작업을 수행할 AI로봇 개발에 힘쓸 예정이다.

2) 주식 정보

상장일	2012.07.06	
시가총액	1조 5,600억원	
시가총액순위	코스닥 29위	
외국인 지분율	13.43%	
액면가	500원	
거래량	74,006	
최고 주가 (52주)	86,100	최저 주가 (52주)	36,550

(2023. 09. 13 기준)

[표 159] 피엔티 증권정보

가) 분기별 Financial Summary
(1) Key Ratio (단위: 억 원, 배, %)

	2020/12	2021/12	2022/12	2023/12(E)
EPS	1,679	2,355	2,645	3,599
PER	14.56	18.60	16.39	18.95
BPS	6,048	8,383	10,866	18,930
PBR	4.04	5.23	3.99	3.60
EV/EBITDA	9.95	17.56	12.80	-

[표 160] 피엔티 Key Ratio

(2) 재무상태 요약 (단위: 억 원)

	2020/12	2021/12	2022/12	2023/12(E)
유동자산	2,601	4,099	8,574	-
자산총계	4,354	5,764	10,879	21,014
유동부채	2,472	3,439	7,504	-
부채총계	3,105	3,987	8,547	16,329
자본금	112	114	114	120
자본총계	1,249	1,777	2,332	4,685

[표 161] 피엔티 재무상태 요약

(3) 손익 계산서 요약 (단위: 억 원)

	2020/12	2021/12	2022/12	2023/12(E)
당기순이익	344	527	597	888
매출액	3,900	3,777	4,178	5,984
영업이익	553	544	778	1,011
영업이익률	14.18	14.40	18.61	16.89
순이익률	8.82	13.95	14.28	14.83

[표 162] 피엔티 손익 계산서 요약

(4) 현금 흐름표 요약 (단위: 억 원)

	2020/12	2021/12	2022/12	2023/12(E)
영업활동	270	419	352	-268
투자활동	-95	-245	-677	-877
재무활동	-70	-20	188	1,628
CAPEX	122	247	572	916

[표 163] 피엔티 현금 흐름표 요약

(5) 기타지표 (단위: 억 원, %)

	2020/12	2021/12	2022/12	2023/12(E)
ROE	33.56	33.48	28.10	24.86
ROA	7.36	10.42	7.17	5.56
자본유보율	1,129	1,577	2,077	-
부채비율	248	224	366	348

[표 164] 피엔티 기타지표

너. 코스모화학(유가금속 추출)

[그림 118] 코스모화학 로고

1) 기업 소개

코스모화학은 1968년 창업 이래 백색 안료인 이산화티타늄을 생산하는 국내 유일한 회사로서, 다년간 축적된 기술과 노하우를 바탕으로 범용제품에서 섬유용, 식품용, 전자제품용에 이르기까지 다양한 제품을 생산하고 있다. 특히 당사는 이산화티타늄(아나타제, 루타일), 폐수처리제 등의 제조 및 판매를 주요 사업으로 영위하고 있다.

코스모화학은 2011년 국내 신동력 산업인 2차전지의 핵심소재인 황산코발트를 국내 최초로 생산하여, 전량 수입에 의존하던 제품을 국산화함으로써 국가경쟁력 강화에 이바지하고 있다. 더불어 2014년에는 세계 최대 규모의 아나타 제형 이산화티타늄 생산회사에서 더욱 발전하여 루타일형 이산화티타늄을 본격 개발 생산함으로써 이산화티타늄 전문기업으로 성장하였다.

한편, 당사는 기존 원광석에서 황산코발트를 추출하는 기술을 기반으로 2차전지 폐배터리에서 핵심 양극소재인 유가금속을 추출하는 최신 공법을 개발 완료해 특허 출원을 마친 상태다. 향후 이를 활용하여 도시 광산으로 불리우는 폐배터리 리사이클 사업 투자에 나설 예정이며, 기존 기술과 설비 활용을 극대화해 2022년 9월에 완공할 예정이다.

2) 주식 정보

상장일	2023.11.09		
시가총액	1조 4,021억원		
시가총액순위	코스피 182위		
외국인 지분율	3.65%		
액면가	1,000원		
거래량	255,869주		
최고 주가 (52주)	93,082	최저 주가 (52주)	19,924

(2023. 11. 26 기준)

[표 165] 코스모화학 증권정보

가) 분기별 Financial Summary
(1) Key Ratio (단위: 억 원, 배, %)

	2020/12	2021/12	2022/12
EPS	-783	340	329
PER	N/A	40.74	61.37
BPS	4111	4782	6118
PBR	2.60	2.94	3.36
EV/EBITDA	19.53	12.26	13.63

[표 166] 코스모화학 Key Ratio

(2) 재무상태 요약 (단위: 억 원)

	2020/12	2021/12	2022/12
유동자산	313	750	859
자산총계	6,685	6,813	8,079
유동부채	853	1,654	1,446
부채총계	4,185	3,785	4,092
자본금	261	279	350
자본총계	2,500	3,028	3,986

[표 167] 코스모화학 재무상태 요약

(3) 손익 계산서 요약 (단위: 억 원)

	2020/12	2021/12	2022/12
당기순이익	-156	235	315
매출액	3,555	5,126	7,182
영업이익	50	305	414
영업이익률	1.41	5.95	5.77
순이익률	-4.39	4.58	4.38

[표 168] 코스모화학 손익 계산서 요약

(4) 현금 흐름표 요약 (단위: 억 원)

	2020/12	2021/12	2022/12
영업활동	39	304	-15
투자활동	-640	-545	-391
재무활동	511	199	580
CAPEX	772	464	426

[표 169] 코스모화학 현금 흐름표 요약

(5) 기타지표 (단위: 억 원, %)

	2020/12	2021/12	2022/12
ROE	-19.42	7.89	6.13
ROA	-2.63	3.48	4.23
자본유보율	-25	72	212
부채비율	167	125	102

[표 170] 코스모화학 기타지표

더. 삼진엘앤디(제조)

[그림 119] 삼진엘앤디 로고

1) 기업 소개

1987년 설립된 삼진엘앤디는 디스플레이, 2차 전지 등의 산업군에 필요한 부품 제조 및 LED 조명 관련 사업을 함께 영위하고 있는 기업이다. 삼진엘앤디는 경기도 화성시에 본사를 두고 있으며 미국, 중국, 베트남, 멕시코에 해외법인을 설립하여 글로벌 네트워크를 구축하였다. 한편, 당사는 2016년 '국가품질경영대회'에서 '품질경쟁력 우수기업'으로 3년 연속 선정된 바 있다.

삼진엘앤디의 제품군으로는 'Display 부품', '2차전지', 'OA제품', '자동차부품', '금형 & Hot Runner', 'LED 조명', 'LGP'가 있다. Display 부품으로는 BLU의 핵심부품인 'LCD Mold Frame'과 TV의 외관을 위한 부품인 'TV Cabinet'이 있으며 2차전지제품은 '핸드폰용 각형전지', '예비전력용 APU(Ancillary Power Unit)', '원통형전지' 등이 있다. 또한, 2009년부터 시작한 LED 조명 사업에서는 가정용/사무 및 공공시설/상업 및 산업 LED 조명을 생산하고 있으며, '스마트 조명 제어 솔루션'도 함께 제공하고 있다.

2) 주식 정보

상장일	2004.02.06	
시가총액	1조 218억원	
시가총액순위	코스피 221위	
외국인 지분율	2.19%	
액면가	500원	
거래량	1,052,990주	
최고 주가 (52주)	17,550	최저 주가 (52주)	10,350

(2023. 09. 13 기준)

[표 171] 삼진엘앤디 증권정보

가) 분기별 Financial Summary
(1) Key Ratio (단위: 억 원, 배, %)

	2020/12	2021/12	2022/12
EPS	-59	39	-65
PER	N/A	89.08	N/A
BPS	3,686	3,830	3,746
PBR	0.99	0.92	0.67
EV/EBITDA	11.64	15.55	15.67

[표 172] 삼진엘앤디 Key Ratio

(2) 재무상태 요약 (단위: 억 원)

	2020/12	2021/12	2022/12
유동자산	537	771	803
자산총계	1,590	1,972	2,036
유동부채	405	489	632
부채총계	728	1,019	1,107
자본금	125	125	125
자본총계	861	952	929

[표 173] 삼진엘앤디 재무상태 요약

(3) 손익 계산서 요약 (단위: 억 원)

	2020/12	2021/12	2022/12
당기순이익	-15	10	-16
매출액	1,808	2,220	2,565
영업이익	22	-8	-15
영업이익률	1.19	-0.36	-0.59
순이익률	-0.81	1.09	-1.72

[표 174] 삼진엘앤디 손익 계산서 요약

(4) 현금 흐름표 요약 (단위: 억 원)

	2020/12	2021/12	2022/12
영업활동	-20	58	-48
투자활동	-22	-79	-87
재무활동	-10	96	44
CAPEX	35	59	87

[표 175] 삼진엘앤디 현금 흐름표 요약

(5) 기타지표 (단위: 억 원, %)

	2020/12	2021/12	2022/12
ROE	-1.67	1.09	-1.72
ROA	-0.89	0.56	-0.80
자본유보율	632	641	621
부채비율	84	107	119

[표 176] 삼진엘앤디 기타지표

러. 씨아이에스(장비)

[그림 120] 씨아이에스 로고

1) 기업 소개

씨아이에스는 2002년에 설립된 기업으로 노트북이나 스마트폰 등의 휴대용 기기와 전기자동차, 전력저장시스템의 전원으로 사용되고 있는 2차전지 제조에 필요한 전극 제조 관련 장비를 생산하고 판매하는 사업을 영위하고 있다. 생산 장비는 Coaster, Calender, Slitter, Tape Laminator과 기타장비들이 있다.

씨아이에스의 생산 제품인 Coaster은 리튬 이차전지의 전극을 제조하는 공정에서 필수적인 장비로, 과열증기를 이용한 건조 방식과 조정 분사 신규 음압노즐 개발을 통해 타사대비 건조능력을 20%가량 향상시켰다. 또한 Calender는 전극의 단위면적 당 밀도를 높이기 위해 압력을 가해 압연하는 공정에서 사용되는데, 씨아이에스가 2009년에 최초로 국산화에 성공한 장비이다. 한편 Slitter는 생산된 극판 원단을 원하는 폭으로 절단하는 역할을 하고, Tape Laminator은 전지의 안전성 향상을 위해 극판 말단에 라미네이팅 처리를 하는 장비이다.

2022년 8월 한국기업평판연구소에서 2차전지장비 과년 상장기업에 대해 빅데이터 분석을 활용해 브랜드 평판조사를 실시한 결과, 씨아이에스가 1위를 차지했다. 또한 씨아이에스는 미래 전기차와 ESS에 활용할 수 있는 전고체 전지 시장에 진출했는데, 고해 전해질 제조와 전지제조 설비의 제작과 판매를 목표로 2021년에 자회사 'CISOLID'를 설립하며 사업을 확장했다.

2) 주식 정보

상장일	2015.09.02	
시가총액	7243억원	
시가총액순위	코스닥 95위	
외국인 지분율	4.13%	
액면가	100원	
거래량	206,302주	
최고 주가 (52주)	16,440	최저 주가 (52주)	8,960

(2023. 09. 13 기준)

[표 177] 씨아이에스 증권정보

가) 분기별 Financial Summary
(1) Key Ratio (단위: 억 원, 배, %)

	2020/12	2021/12	2022/12
EPS	-78	-422	190
PER	N/A	N/A	47.44
BPS	1,121	1,854	2,221
PBR	8.41	7.77	4.05
EV/EBITDA	33.50	50.13	55.70

[표 178] 씨아이에스 Key Ratio

(2) 재무상태 요약 (단위: 억 원)

	2020/12	2021/12	2022/12
유동자산	1,897	2,299	3,347
자산총계	2,339	3,192	4,440
유동부채	1,297	1,213	2,759
부채총계	1,694	2,030	3,040
자본금	57	61	62
자본총계	645	1,163	1,400

[표 179] 씨아이에스 재무상태 요약

(3) 손익 계산서 요약 (단위: 억 원)

	2020/12	2021/12	2022/12
당기순이익	-44	-246	115
매출액	1,181	1,327	1,594
영업이익	139	164	78
영업이익률	11.78	12.32	4.90
순이익률	-3.74	-18.54	7.24

[표 180] 씨아이에스 손익 계산서 요약

(4) 현금 흐름표 요약 (단위: 억 원)

	2020/12	2021/12	2022/12
영업활동	407	-308	552
투자활동	-139	-516	-112
재무활동	300	710	9
CAPEX	137	352	161

[표 181] 씨아이에스 현금 흐름표 요약

(5) 기타지표 (단위: 억 원, %)

	2020/12	2021/12	2022/12
ROE	-7.73	-	9.30
ROA	-2.19	-	3.02
자본유보율	1,022	1,722	2,057
부채비율	263	174	217

[표 182] 씨아이에스 기타지표

머. 엠플러스(장비)

[그림 121] 엠플러스 로고

1) 기업 소개

2003년 4월 설립된 동사는 2차전지 제조장비 중에서 파우치형의 전기자동차용 리튬이온 이차전지 조립공정 장비 제조를 주요사업으로 영위함. 전기자동차용 및 ESS용 이차전지 생산 장비에 집중하고 있다. 엠플러스는 2008년부터 전기자동차용 리튬이온 이차전지의 태동기부터 미국의 A123 Systems와 협력하여 세계에서 처음으로 조립공정 자동화 시스템을 개발 성공했다.

올해 1분기 실적은 전년 동기 대비 매출액 150% 증가, 영업이익/당기순이익 모두 흑자전환해 긍정적인 흐름을 보였다. 전방산업인 2차전지 관련 업체들의 투자 확대로 관련 장비의 수출이 크게 증가함에 따라 실적이 급증하였고, 최근 SK이노베이션의 해외공장 투자에 따른 수주가 확대됨에 따라 이에 대응하고 있으며 향후 유럽, 미국지역으로 수주가 증가할 것으로 예상된다. 이에 시장에서는 2차전지와 LFP관련주로 인식되고 있다.

2) 주식 정보

상장일	2017.09.20	
시가총액	1915억원	
시가총액순위	코스닥 463위	
외국인 지분율	5.13%	
액면가	500원	
거래량	124,282주	
최고 주가 (52주)	20,000	최저 주가 (52주)

(2023. 09. 14 기준)

[표 183] 엠플러스 증권정보

가) 분기별 Financial Summary

(1) Key Ratio (단위: 억 원, 배, %)

	2020/12	2021/12	2022/12	2023/12(E)
EPS	554	-708	-1,249	1,474
PER	26.83	N/A	N/A	10.39
BPS	5,255	4,539	4,617	6,163
PBR	2.83	3.78	2.09	2.48
EV/EBITDA	16.15	-19.08	-24.09	9.15

[표 184] 엠플러스 Key Ratio

(2) 재무상태 요약 (단위: 억 원)

	2020/12	2021/12	2022/12	2023/12(E)
유동자산	1,011	1,365	2,688	-
자산총계	1,409	1,783	3,213	4,779
유동부채	606	1,065	2,224	-
부채총계	822	1,264	2,649	4,035
자본금	56	57	61	61
자본총계	587	519	564	744

[표 185] 엠플러스 재무상태 요약

| 최고 주가 (52주) | 20,000 | 최저 주가 (52주) | 9,300 |

(3) 손익 계산서 요약 (단위: 억 원)

	2020/12	2021/12	2022/12	2023/12(E)
당기순이익	58	-81	-152	181
매출액	1,585	765	1,166	3,073
영업이익	100	-140	-99	229
영업이익률	6.34	-18.33	-8.45	7.46
순이익률	3.69	-10.55	-13.06	5.89

[표 186] 엠플러스 손익 계산서 요약

(4) 현금 흐름표 요약 (단위: 억 원)

	2020/12	2021/12	2022/12	2023/12(E)
영업활동	67	-132	-360	248
투자활동	-47	-27	-113	-162
재무활동	-25	176	545	-132
CAPEX	41	11	24	70

[표 187] 엠플러스 현금 흐름표 요약

(5) 기타지표 (단위: 억 원, %)

	2020/12	2021/12	2022/12	2023/12(E)
ROE	11.66	-14.60	-28.12	27.67
ROA	4.13	-5.06	-6.10	4.53
자본유보율	976	830	844	-
부채비율	140	244	469	542

[표 188] 엠플러스 기타지표

버. 코윈테크(자동화 설비 제작)

[그림 122] 코윈테크 로고

1) 기업 소개

1998년 설립된 코윈테크는 2차전지, 석유화학, 반도체 및 디스플레이 등의 다양한 산업군에 적용되고 있는 자동화 시스템을 공급하는 기업이다. 고객사의 생산 공장에서 이루어지는 작업들이 자동화 될 수 있도록 무인차,셔틀, 컨베이어, 롤러 체인, 리프트 등 각종 자동화 설비를 설계 및 제작한다. 코윈테크의 주요 고객사로는 LG화학, 삼성 SDI 등이 있다.

2차전지 산업군의 자동화 시스템에 주력하고 있는 코윈테크는 자동화 시스템의 설계부터 제어까지 포괄하는 원스톱 솔루션을 제공한다는 점에서 경쟁력을 갖는다. 최근에는 국내를 비롯한 해외 2차전지 기업들과의 공정 자동화 장비 수주 계약을 지속적으로 체결하고 있다. 특히 미국시장에서의 영업 활동을 적극적으로 진행하며, 미국지역의 수주를 확대하는 등 2차전지 글로벌 시장을 공략하며 마켓쉐어를 확장중이다.

2) 주식 정보

상장일	2019.08.05	
시가총액	4,033억원	
시가총액순위	코스닥 192위	
외국인 지분율	5.89%	
액면가	500원	
거래량	271,751주	
최고 주가 (52주)	47,000	최저 주가 (52주)	22,389

(2023. 09. 14 기준)

[표 189] 코윈테크 증권정보

가) 분기별 Financial Summary
(1) Key Ratio (단위: 억 원, 배, %)

	2020/12	2021/12	2022/12	2023/12(E)
EPS	254	556	493	2,488
PER	87.82	54.53	46.67	14.67
BPS	10,223	10,723	12,900	14,597
PBR	2.18	2.83	1.78	2.50
EV/EBITDA	132.31	33.07	9.34	7.98

[표 190] 코윈테크 Key Ratio

(2) 재무상태 요약 (단위: 억 원)

	2020/12	2021/12	2022/12	2023/12(E)
유동자산	867	987	1,533	-
자산총계	1,273	1,864	3,438	4,600
유동부채	270	507	1,261	-
부채총계	279	682	1,571	2,400
자본금	46	47	49	50
자본총계	994	1,182	1,867	2,201

[표 191] 코윈테크 재무상태 요약

(3) 손익 계산서 요약 (단위: 억 원)

	2020/12	2021/12	2022/12	2023/12(E)
당기순이익	25	74	100	368
매출액	454	1,064	2,012	3,646
영업이익	6	66	148	425
영업이익률	1.39	6.22	7.35	11.66
순이익률	5.61	6.91	4.95	10.09

[표 192] 코윈테크 손익 계산서 요약

(4) 현금 흐름표 요약 (단위: 억 원)

	2020/12	2021/12	2022/12	2023/12(E)
영업활동	48	-2	31	578
투자활동	-122	21	-1,014	-64
재무활동	96	214	967	207
CAPEX	54	95	233	212

[표 193] 코윈테크 현금 흐름표 요약

(5) 기타지표 (단위: 억 원, %)

	2020/12	2021/12	2022/12	2023/12(E)
ROE	2.51	5.47	4.30	18.51
ROA	2.10	4.69	3.75	9.16
자본유보율	2,208	2,253	2,622	-
부채비율	28	58	84	109

[표 194] 코윈테크 기타지표

3. 바이오의약품 관련 주식

1. 바이오의약품의 개요

가. 바이오의약품의 개념[49]

바이오의약품(biomedicine)이란 사람을 비롯한 생물체에서 기원한 물질을 원료 또는 재료로 하여 제조한 의약품을 말하며, 생체의약품이라고도 한다. 제조 시에는 재조합 DNA 기술을 응용하여 미생물세포·배양조직세포에서 대량으로 생산하며, 생물유래물질을 이용하므로 고유의 독성이 낮으며 난치성 또는 만성질환에 뛰어난 효과를 가진다.

바이오의약품은 국가별로 그 정의가 다른 측면이 있지만, 한국의 경우 약사법령 중 「식품의약품안전고시 생물학적제제 등의 품목허가·심사 규정」 제2조에 따라 '생물의약품'으로 정의하고 있다.

국가 (규제기관)	바이오의약품 용어 및 정의
미국 (FDA)	• [Biological products] 사람의 질환 또는 건강상태(disease or condition)를 예방, 치료(treatment), 완치(cure) 하기 위해 사용할 수 있는 제품 • [HCT/P] 인체 세포, 조직 또는 세포유래, 조직유래 제품이란 수령자에게 implantation, transplantation, infusion or transfer 하기 위한 인체 세포나 조직으로 구성되거나 포함하는 제품
유럽 (EMA)	• [Biological medicinal products] 활성 성분이 생물학적인 물질을 포함하는 제품으로 생물학적인 물질은 생물학적 원료로부터 추출되거나 생물학적인 원료에 의해 생산된 것을 말하며, 그것의 품질을 결정하거나 특성을 부여하고 또한 생산하고 관리하는 과정에서 생리 화학적 시험과 생물학적 시험을 필요로 하는 물질로 정의 • [ATMPs, Advanced Therapy Medicinal Product] 유전자 치료 의약품, 체세포 치료 의약품, 조직 공학 제제
일본 (PMDA)	• [생물유래제품 (生物由來製品, Biological products)] 사람 그 외의 생물(식물 제외)에 유래하는 것을 원료 또는 재료로서 제조하는 의약품, 의약부외품, 화장품 또는 의료기기 중 보건 위생상 특별한 주의를 필요로 하는 것으로서 후생노동 대신이 약사·식품위생 심의회의 의견을 들어 지정하는 것 • [특정생물유래제품(特定生物由來製品, Specified biological products)] 생물유래제품 중 판매, 대여, 수여 후 해당 생물 유래 제품에 의한 보건위생상의 위해 발생 또는 확대를 방지하기 위한 조치를 강구할 필요가 있는 것으로, 후생노동대신이 약사·식품위생 심의회의 의견을 들어 지정하는 것을 말함

---

49) 바이오의약품 산업동향 보고서, KoBIA, 2018.12

| | • [재생의료 등 제품(再生医療等製品)] 다음의 의료 또는 수의료에 사용되는 것이 목적인 물품 중 인간 또는 동물의 세포를 배양하거나 가공한 것
가) 인간 또는 동물의 신체 구조 또는 기능의 재건, 복원 또는 형성
나) 인간 또는 동물의 질병 치료 또는 예방 |

[표 195] 주요 국가별 바이오의약품 정의

'바이오의약품(생물의약품)'이란 사람이나 다른 생물체에서 유래된 것을 원료 또는 재료로 하여 제조한 의약품으로서 보건위생상 특별한 주의가 필요한 의약품을 말한다. 또한, 생물학적제제, 유전자재조합의약품, 세포배양의약품, 세포치료제, 유전자치료제, 기타 식품의약품안전처장이 인정하는 제제를 포함한다.

구분	정의	관계 법률 및 규정
의약품	• 대한민국 약전에 실린 물품 중 의약외품이 아닌 것 • 사람이나 동물의 질병을 진단·치료·경감·처치 또는 예방할 목적으로 사용하는 물품 중 기구·기계 또는 장치가 아닌 것 • 사람이나 동물의 구조와 기능에 약리학적 영향을 줄 목적으로 사용하는 물품 중 기구·기계 또는 장치가 아닌 것	「약사법」 제2조4호
바이오의약품	• 사람이나 다른 생물체에서 유래된 것을 원료 또는 재료로 하여 제조한 의약품으로서 보건위생상 특별한 주의가 필요한 의약품을 말하며, 생물학적제제, 유전자재조합의약품, 세포배양의약품, 세포치료제, 유전자치료제, 기타 식품의약품안전처장이 인정하는 제제를 포함함	「생물학적제제 등의 품목허가·심사 규정」제2조

[표 196] 의약품 및 바이오의약품 정의

바이오의약품은 일반적으로 합성의약품에 비해 크기가 크고, 복잡한 고분자 구조를 가지고 있으며, 생물체를 이용하여 복잡한 제조공정을 거쳐야 되므로 변화에 민감하다. 대부분의 합성의약품은 경구 투여 방식이지만 바이오의약품은 단백질을 이용해 제조된 의약품으로 경구 투여 방식을 취하면 소화가 되어 약효를 발휘하기 어려워 정맥이나 근육에 주사하는 방식으로 투여된다.

바이오의약품은 경구 투여하는 합성의약품 보다 부작용이 적다는 장점을 갖고 있으며, 임상 성공률이 높고, 희귀성 난치성 만성 질환의 치료가 가능하다. 복제약의 경우, 합성의약품은 화학물질의 합성 비율을 알면 쉽게 제조가 가능한 반면 바이오의약품은 배양기술과 환경, 방법에 따라 전혀 다른 물질이 나올 수 있는 가능성이 있어 복제가 쉽지 않다. 바이오의약품의 복제(바이오시밀러)는 합성의약품의 복제보다 고도의 기술력이 요구되기 때문에 오리지널의약품 대비 가격이 합성의약품의 복제약(제네릭) 보다 더 높은 시장 가격이 인정되고 있다.

	합성의약품	(첨단)바이오의약품
원료	합성화학물질	생물체 유래물질 (세포, 조직, 유전물질 등)
원료의 고려사항	품질(시험분석으로 확인 가능)	시험분석으로 확인 가능한 품질 외에 공여(기증)자의 동의 등 윤리성, 감염질환 확인 등 안전성 확보 필요
구조	물리화학적 특성이 명확한 저분자 구조	정확한 특성 분석이 불가능하고, 활성과 구조가 일정하지 않음
제품의 안전성	대부분 온도·빛 등 환경에 안정적	온도·빛·pH 등 외부 환경에 민감, 미생물 오염에 취약
	대부분 36개월	(세포치료제 사례) 대부분 3일 이내 (유전자치료제 사례) 영하 135℃에서 24개월
제조	간단한 화학적 합성으로 대량생산	복잡한 제조과정의 맞춤형 소량 생산
	원료, 공정, 설비변화가 품질에 영향이 비교적 적음 (제조공정의 변이성이 매우 낮음)	원료, 공정, 설비의 변화가 의약품 자체를 변화 (제조공정의 변이성이 매우 높음)
	상대적으로 복제가 쉽고 낮은 제조비용	복제가 불가능하고 높은 제조비용
치료효과	비교적 명확한 약리기전, 대다수 사람에게 일관적 효과 기대	(세포치료제)약리기전이 불확실 (유전자치료제)복합적인 기전 환자에 따른 맞춤형 치료 가능
	대부분 질병의 증상개선에 그침	질병의 근본적인 원인치료 가능
안전성	약물 특이적이거나 약물 대사와 관련 된 이상 반응	생물체 유래물로 고유독성은 낮으나 면역 거 부 반응, 종양발생 등의 이상반응이 있음. 특 히 장기 안전성 결과는 매우 부족
비임상 시험	동물 시험을 통하여 약물의 독성 및 효과를 예측 가능	동물 시험으로 인체결과를 예측하는데 한계
투약방법	대부분 경구·주사 등 일반적 투여경 로	대부분 주사 또는 주입, 이식 등 시술을 동반 한 투여

[표 197] 합성의약품과 바이오의약품 비교

바이오의약품은 화학물질로 이루어져 있으므로 다수의 환자 군에게 폭 넓게 사용할
수 있는 화학합성 의약품과 달리, 특정 환자 군을 타깃으로 하는 만큼 특정 적응증에

효과적이고 부작용이 적다.

 바이오의약품의 첫 기원은 1909년에 독일의 면역학자인 에를리히(Paul Ehrlich)가 수행한 연구이다. 에를리히는 매독 균만 선택적으로 배양할 수 있는 화학물질을 합성하는 데 성공하였으며, 이를 이용한 매독 치료제는 첫 맞춤의약품으로 평가받는다.

1973년에는 코헨(Stanley Cohen)과 보이어(Herbert Boyer)가 최초의 재조합 DNA인 박테리아 플라스미드(plasmid)를 유전자 재조합하는데 성공하였다.

 그 후 1982년에 일라이릴리앤드컴퍼니(Eli Lilly & Company)에서 재조합 인슐린인 휴뮬린(Humulin)을 출시하였고, 이어서 재조합 성장호르몬인 프로트로핀(Protropin), 재조합 인터페론인 인트로에이(Intron-A), 빈혈치료제인 에포젠(Epogen) 등의 바이오의약품이 출시되었다.

 1975년에 밀스테인(César Milstein)과 쾰러(Georges Köhler)가 하이브로도마 기법을 통해 단일클론 항체 생산에 성공하였는데, 단일클론 항체의 경우 하나의 표적 항원에만 결합하는 특성 때문에 맞춤의약품에 가장 적합한 모델로 평가받고 있으며, 이에 대한 연구 역시 활발하게 이루어지고 있다.

 바이오의약품의 분자량은 생체 구성 물질을 베이스로 한 만큼 매우 큰 편이며 다차원적인 구조를 가진다. 결합된 당이나 지질의 함량, 전위에 따라 다양한 이성체가 존재하며, 단백질의 특성에 따라 다양한 불순물이 포함될 수 있다. 또한 구조가 복잡한 만큼 분석이 어려운 편이다.

 바이오의약품의 품질, 안전성, 효능은 다양하고 미세한 변수에 의해서도 큰 영향을 받는다. 생산시설, 제조지, 생상공정 등의 작은 차이에 의해서도 다양한 결과물이 생산될 수 있으며 불순물의 종류 및 함량, 이성체의 종류 및 조성, 결합된 당 및 지질의 종류 및 함량에 의해서도 영향을 받는다. 따라서 완전히 동일한 뱃지(Badge[50])를 재현하기가 어렵다.

 이렇게 바이오의약품이 가지는 다변성 때문에 대조의약품과의 품질 비교 시험 결과가 유사하면 전임상, 임상시험을 건너뛸 수 있는 화학합성의약품과 달리 바이오의약품은 전임상, 임상시험에서 반드시 안전성이 확인되어야 한다.

---

50) 제조용으로 여러 가지 성분을 조합한 혼합물

나. 바이오의약품의 종류
1) 생물학적 제제

생물학적제제란, 생물체에서 유래된 물질이나 생물체를 이용하여 생성시킨 물질을 함유한 의약품으로서 물리적·화학적 시험만으로는 그 역가와 안전성을 평가할 수 없는 백신·혈장분획제제 및 항독소 등을 말한다.[51]

가) 백신

백신은 특정 질병에 대한 면역력을 강화시킬 목적으로 투여하는 항원 단백질 또는 미생물체이다. 병을 일으킬 만큼 독성이 강하지는 않지만, 면역반응을 일으키기에는 충분한 병원체를 투여하여 차후에이 병원체가 실제로 감염되었을 때 2차 면역을 일으켜 더 쉽게 이겨낼 수 있게 한다.

백신은 크게 병원균의 배양 조건이나 유전공학적 변이를 통해 병원체의 독성을 줄인 약독화 백신과 화학적 처리나 열을 가해 독성을 없앤 불활성화 백신, 병원균의 일부 단백질이나 다당체 또는 핵산을 이용한 서브유닛백신, 박테리아에서 만들어내는 독소를 불활성 시킨 변성독소 백신 그리고 다당체와 단백질을 화학적으로 결합시킨 접합 백신으로 나눌 수 있다. 현재 세계보건기구(WHO)의 가용 백신 목록에는 디프테리아, 파상풍, 백일해, B형 간염 등 26종이 포함되어 있다.

전통적인 백신 기술이외에도 병원균이나 바이러스의 DNA를 포함한 플라스미드를 몸 안에서 항원으로 발현하게 디자인한 DNA 백신과 예방목적의 백신 개념을 넘어 질병 치료를 목적으로 한 다수의 암이나 에이즈의 치료백신 후보들도 개발과 임상시험 단계에 있다.

종류	제품명
인플루엔자백신	박시그라프주, 인플로코박스주, 지씨플루주
대상포진생바이러스백신	조스타박스주
A형간염백신	아박심주, 하브릭스주
B형간염백신	유박스비주, 헤파뮨프리필드시린지, 헤파박스진주
인유두종바이러스백신	가다실프리필드시린지, 서바릭스프리필드시린지
로타바이러스백신	로타릭스프리필드, 로타텍액 [52]
폐렴구균백신	프리베나13주, 프로디악스-23

[표 5] 백신의 종류

---

51) 생물학적제제등 제조 및 품질관리기준 (의약품 등의 안전에 관한 규칙 별표3)
52) http://blog.naver.com/h2hiro28/220143843595

나) 혈장분획제제

혈장분획제제는 혈장에 함유되는 알부민, 면역 글로불린, 혈액응고인자 등을 분리 정제한 주사제를 말하며, 알부민제제, 면역글로불린제제, 혈액응고인자제제 등이 이에 속한다.

알부민제제는 삼투압을 유지하기 위해 사용하는 제재로, 원료의 유한성 및 특성을 감안해야 하고, 자국의 혈액을 우선 이용해야 하기 때문에 국내에서는 대한적십자사가 공공성을 가지고 관리하고 있다.

면역글로불린제제는 항혈청에서 다중클론성인 면역글로불린을 정제한 제제를 말한다. 면역글로불린제제에는 면역글로불린 대량요법에서 사용하는 보통 면역글로불린부터 특정 항원에 대한 항체가가 높은 것까지 여러 종류가 있다. 저감마글로불린혈증, 특발성혈소판감소성자색반병, 가와사키병 치료시 면역글로불린을 사용한다

혈액응고인자제제는 지혈제에 포함되는 것으로, 피브리노겐 제Ⅷ인자(항 혈우병 A), 제Ⅸ인자(항 혈우병 B) 및 혈전증 예방에 필요한 안티트롬빈 Ⅲ 등이 있다.

성분	제품명
사람 혈장유래성분 함유 복합제제	티씰
건조농축 사람항트롬빈 Ⅲ	안티트롬빈 Ⅲ주
사람혈청알부민	녹십자알부민주 20%
항파상풍 사람면역글로불린	테타불린에스엔주
클로스트리디움 보툴리눔 독소A형	메디톡신주
디프테리아 및 파상풍 혼합 독소	티디퓨어주 [53]

[표 199] 혈장분획제제 및 항독소의 종류

53) http://blog.naver.com/h2hiro28/220143843595

2) 재조합 단백질 의약품

 재조합 단백질 의약품은 유전자조작기술을 이용하여 제조되는 펩타이드 또는 단백질을 성분으로 하는 의약품이다. 제조기술에 따라 유전자재조합의약품과 세포배양의약품으로 구분된다.

 재조합 단백질 의약품은 유전자조작 기술을 이용하여 치료용 펩타이드나 단백질을 합성하는 유전자를 만들고 이를 대장균, 효모, CHO 세포 등에 삽입시킨 후 배양하여 원하는 성분을 대량생산한 후, 정제과정을 거쳐 순수한 단백질만을 분리해낸 의약품이다. 1982년에 최초의 재조합 인슐린이 출시된 이후성장호르몬, EPO(에리스로포이에틴) 등 다수의 재조합 단백질 의약품이 출시되었다.

가) 성장인자

 성장인자 관련 제품으로는 암젠사에 의해 빈혈치료제로 개발된 EPO(erithropoietin, 상품명 에포젠)를 비롯하여 여러 제약회사에 의해 개발되어 승인된 다수의 재조합 단백질 제품이 있다. EPO 관련 제품이 주를 이루고 있으나 GMCSF와 G-CSF도 미국에서 판매가 승인되었다.

나) 호르몬

 재조합 호르몬 단백질 의약품에는 크게 인슐린과 성장 호르몬 관련 제품이 있다. 인슐린은 재조합 DNA 기술을 이용해서 만들어진 최초의 단백질 의약품이며, 성장호르몬은 제넨텍사에 의해 프로트로핀이라는 이름으로 상품화가 이루어진 후 여러 제약회사에 의해 개발, 판매되고 있다. 이 밖에도 여포자극호르몬, 글루카곤 등 다양한 호르몬 관련제품이 출시되었다.

다) 효소

 다양한 종류의 효소가 혈전용해제, 항응고제, 항암제 등 여러 가지 용도로 개발되어 사용되고 있다. 혈전용해제로 광범위하게 사용되고 있는 스트렙토키나제는 플라스미노겐과 특이적으로 결합함으로서 혈전 용해작용을 하는 것으로 알려져 있다.

 풀모자임은 재조합 디엔에이즈로서 낭포성 섬유증 환자의 폐에 침투한 미생물의 작용에 의해 분비된 다량의 DNA를 분해시킴으로써 호흡기 장애를 감소시킨다.

 세레데이즈는 천연 글루코세레브로시데이즈로서 가우셔 질환에 걸린 환자의 여러 증상을 완화시킨다. 개발 초기에는 태반으로부터 효소를 직접 추출하여 생산되었으나, 이후 CHO 세포주를 이용하여 생산된 재조합 글루코세레스로시데이즈가 개발되어 세레자임이라는 상품명으로 판매되기 시작하면서 보다 많은 환자들이 이용할 수 있게 되었다.

분류	성분	제품명
싸이토카인	재조합 에리스로포이에틴	에포카인프리필드주
	재조합 인간인터페론베타-1a	레비프프리필드주사
	페그인터페론알파-2a	페가시스주
	필그라스팀	그라신프리필드시린지주
호르몬	소마토트로핀	그로트로핀투주, 유트로핀주
	인슐린 글라진	란투스주솔로스타, 란투스주바이알
	인슐린 리스프로	휴마로그주
	태반성성선자극호르몬(hCG)	프레그닐주
	폴리트로핀알파	고날에프주, 고날에프펜주
생체내인자 및 효소	재조합 혈액응고인자 VIIa	노보세븐알티주
	재조합 혈액응고인자 IX	베네픽스주
	이미글루세라제	세레자임주

[표 7] 재조합 단백질 의약품의 종류와 상품

54)

---

54) http://blog.naver.com/h2hiro28/220143843595

3) 항체 의약품[55][56]

항체 의약품은 항원-항체 반응을 이용하여 특정질병과 관련된 하나의 항원 단백질에 특이적으로 결합하는 단일클론항체(monoclonal antibody)를 유효성분으로 하는 의약품을 의미한다.

단일클론항체는 세포 표면의 항원과 결합하여 세포 독성을 통해 효과를 나타내기도 하고, 싸이토카인이나 케모카인과 결합함으로써 체내 신호 전달을 차단하여 작용하기도 한다.

항체 의약품은 적응증의 범위가 넓어 종양, 자가면역질환, 감염질환, 전염성 질환, 순환계 질환, 신경계 질환 등 다양한 종류의 질환에 적용될 수 있다. 2021년 기준 전 세계 판매 Top 10 의약품 중 항체 의약품이 거의 대다수일 정도로 항체 의약품에 대한 기대는 크다.

순위	제품명	개발사	2021년도 매출	분류
1	코미나티	화이자,바이오엔테크	368억	코로나19백신
2	휴미라	애브비	207억	자가면역질환 치료제
3	스파이크백스	모더나	177억	코로나19백신
4	키트루다	MSD	172억	면역항암제
5	엘리퀴스	BMS	167억	항응고제
6	레블리미드	BMS	128억	혈액암 치료제
7	임브루비카	애브비,J&J	98억	혈액암 치료제
8	스텔라라	j&J	91억	자가면역질환 치료제
9	아일리아	바이엘,레제네론	89억	황반변성 치료제
10	빅타비	길리어드	86억	HIV 치료제 [57]
Total			1,583억	

[표 8] 전 세계 매출 10위 의약품

55) 다양한 종류의 바이오 의약품으로 알아보는 바이오산업 현황, LG 케미토피아, 윤수영, 2016. 11.
56) http://blog.naver.com/h2hiro28/220143843595
57) 데일리팜 '코로나 백신-치료제 약진…세계 의약품시장 지각변동'

4) 세포 치료제[58][59]

세포 치료제란 살아있는 자가, 동종, 이종 세포를 체외에서 배양·증식하거나 선별하는 등 물리적, 화학적, 생물학적 방법으로 조작하여 제조하는 의약품을 말한다. 다만, 의료기관 내에서 의사가 자가 또는 동종세포를 당해 수술이나 처치 과정에서 안전성에 문제가 없는 최소한의 조작(생물학적 특성이 유지되는 범위 내에서의 단순분리, 세척, 냉동, 해동 등)만을 하는 경우는 제외한다.

세포치료제는 사용되는 세포의 기원에 따라 다음과 같이 구분된다.

① 자가 유래 세포치료제
자가유래 세포치료제는 본인으로부터 적출된 세포나 조직을 다시 본인이 이식받기 위해 공정처리되어 만들어진 세포치료제다.

② 동종동계유래 세포치료제
동종동계유래 세포치료제는 본인과 동일한 유전자를 지닌 타인(일란성쌍둥이 등)으로부터 적출된 세포나 조직을 다시 본인이 이식 받기 위해 공정 처리되어 만들어진 세포치료제다.

③ 동종유래 세포치료제
동종유래 세포치료제는 어떤 사람으로부터 적출된 세포나 조직을 다른 사람에게 제공하기 위해 공정처리되어 만들어진 세포치료제다.

④ 이종유래 세포치료제
이종유래 세포치료제는 사람이외의 종으로부터 적출된 세포나 조직을 사람에게 제공하기 위해 공정처리되어 만들어진 세포치료제다.

---

58) 첨단바이오의약품 허가심사체계, 식품의약품안전처 세포유전자치료제과 최경숙, 2016
59) http://blog.naver.com/h2hiro28/220143843595

분류	성분	제품명
조직세포	자가유래 연골세포	콘드론
	자가유래 뼈세포	알엠에스오스론
	자가유래 피부각질세포	홀로덤
면역세포	자가유래 활성화림프구	엔케이엠주
	자가유래 활성화티림프구	이뮨셀엘씨주
성체줄기세포 치료제	동종제대혈유래 중간엽줄기세포	카티스템
	자가골수유래 중간엽줄기세포	하티셀그램에이엠아이
	자가지방유래 중간엽줄기세포	큐피스템주

[표 9] 세포치료제 성분에 따른 상품의 예

60) http://blog.naver.com/h2hiro28/220143843595

5) 유전자치료제[61]

유전자 치료제는 질병치료를 위해 인체에 투입하는 유전물질 또는 유전물질을 포함하고 있는 의약품을 말한다. 유전자치료제는 유전자 조작기술을 이용하여 치료유전자(gene)와 운반체(vector)를 결합시킨 것으로, 결핍 혹은 결함이 있는 유전자를 분자 수준에서 교정할 수 있어 단일 유전자 질환 및 암 등의 치료와 예방에 활용 가능성이 높다.

최초의 유전자치료제는 2003년 중국에서 허가 받은 'Gendicine'이다. 유럽에서는 2012년 Glybera, 미국에서는 2015년 Imlygic이 최초로 허가를 받았다. 2000년 이후 국내 허가 세포치료제는 15건으로 모두 국내 제조 의약품이며, 허가 유전자 치료제 3건은 모두 수입 의약품으로 확인됐다. 2021년에는 한국노바티스의 킴리아, 졸겐스마, 럭스터나 등 3개 의약품이 허가됐다.[62]

식품의약품안전처에서는 유전자치료제의 허가범위를 아래와 같이 한정하고 있으며, 허가범위에 해당되더라도 사람 생식세포의 유전적 변형을 통하여 치료하는 등 윤리적 문제가 우려되는 유전자치료제는 허가하지 않는다.

유전자치료제의 허가범위
1. 유전질환, 암, 후천성면역결핍증 및 기타 생명을 위협하거나 심각한 장애를 초래하는 질환의 치료제의 경우
2. 위 질환으로의 진행을 억제하는 치료제 등 기타 식품의약품안전처장이 질병예방이나 치료를 위하여 필요하다고 인정하는 경우
3. 현재 이용 가능한 치료법이 없거나, 유전자치료제가 현재 이용 가능한 다른 치료법과 비교하여 안전성·유효성이 명백하게 개선된 경우

[표 10] 유전자치료제의 허가범위

---

61) 첨단바이오의약품 허가심사체계, 식품의약품안전처 세포유전자치료제과 최경숙, 2016
62) MedicalTimes 'CAR-T가 주도하는 세포·유전자치료제…연 평균 49.5% 성장'

허가년도	제품명	기업명	적응증
2003	Gendicine	Shenzen SiBiono GeneTech (중국)	두경부암
2004	RIGVIR	Aina Muceniece (라티비아)	흑생종
2005	Oncorine	Shanghai Sunway (중국)	두경부암
2007	Rexin-G	Epeius Biotechologies (필리핀)	전이성 악성 종양
2011	Neovasculgen	Human Stem Cell Institute (러시아)	중증 하지허혈증
2012	Glybera	UniQure (네덜란드)	지단백지질 분해효소 결핍증
2015	Imlygic	Amegen (미국)	악성흑색종
2017	KYMARIAH	Novartis(미국, EU, 영국, 일본, 호주, 캐나다, 한국)	혈액암
2017	YESCARTA	Kite Pharma(미국, EU, 영국, 일본, 캐나다, 중국)	
2017	LUXTURNA	Spark Therapeutics(미국, EU, 영국, 호주, 캐나다, 한국)	레트리니티 눈병증
2019	ZOLGENSMA	Novartis(미국, EU, 영국, 일본, 호주, 캐나다, 브라질, 이스라엘, 대만, 한국)	SMA대상 유전자치료
2020	TECARTUS	Kite Pharma(미국, EU, 영국)	
2021	ABECMA	BMS(미국,캐나다, EU, 영국, 일본)	CAR-T
2021	BREYANZI	BMS(미국, 일본)	
2022	CARVYKTI	Legend Biotech(미국, EU)	면역항암제
2022	ZYNTEGLO	bluebird bio(미국, EU)	헤모필리아 B

[표 204] 유전자 치료제 허가 목록

63) ZDNET Korea '美FDA, 유전자치료제 '진테글로' 허가…럭스터나·졸겐스마 이어 세 번째'

6) 바이오시밀러[64][65]

바이오시밀러는 특허가 만료된 오리지널 바이오 의약품과 품질 및 비임상, 임상 동등성이 입증된 복제약을 의미한다. 바이오 의약품의 발전으로 많은 질병에 대해 효과적이고 안전한 치료가 가능해졌지만 바이오 의약품의 높은 가격은 부담이 되었다.

특허가 끝난 바이오 의약품을 더 저렴한 비용으로 제공하는 바이오시밀러는 의료비 절감을 통해 국민건강과 복지증진에 크게 기여하고 있다. 미국 의료개혁 정책에서는 바이오 복제약 도입에 따른 의료비 감소분을 71억 달러로 추정하고 있다. 또한 수명 연장, 암·만성질환·전염병 등이 확산되고 있는 현대사회에서 바이오시밀러의 출시로 건강수명 또한 크게 연장될 것으로 기대된다.

가) 바이오의약품과 제네릭의약품의 비교[66]

바이오시밀러는 화학합성의약품의 복제약인 제네릭에 비해 개발하는데 높은 기술력과 오랜 시간 그리고 많은 비용을 필요로 한다. 화학합성의약품과 비교할 때 바이오의약품은 훨씬 복잡한 결정구조를 가지며, 이는 제네릭과 바이오시밀러 개발 및 생산과정에서 기술적 난이도를 높이는 데 기여한다.

① 유효성분
제네릭의약품은 신약과 동일한 유효성분을 포함하고 있어 유효성·안전성이 신약과 동일한 반면, 바이오의약품은 제조원료 또는 최종산물인 세포, 유전자, 단백질 등이 신약과 완전히 동일할 수 없으므로 효능이나 안전성 또한 신약과 동일하다고 볼 수 없다. 이러한 이유 때문에 바이오의약품의 제네릭의약품을 칭할 때에는 Biosimilar(유사-바이오의약품) 또는 Follow-on Biologics(후발-바이오의약품)이라는 용어가 사용된다.

② 신약과의 동등성 입증방법
제네릭의약품의 경우, 비교적 간단한 시험인 생물학적동등성시험, 비교용출시험, 비교붕해시험과 같은 의약품동등성시험을 통해 신약과의 동등성을 입증할 수 있다. 그러나 바이오시밀러는 특성분석시험, 비임상시험, 임상시험의 결과를 비교·평가함으로써 신약과의 동등성을 입증하여야 한다.

③ 해당제품의 범위
합성의약품은 특성분석이 용이한 편이기 때문에 대부분 제네릭의약품 개발이 가능하

---

64) 다양한 종류의 바이오 의약품으로 알아보는 바이오산업 현황, LG 케미토피아, 윤수영, 2016. 11.
65) http://blog.naver.com/h2hiro28/220143843595
66) 셀트리온 홈페이지 https://www.celltrion.com/ko-kr/home/index

다. 그러나 바이오의약품은 유전자, 줄기세포 등 주성분의 특성분석이 어려워 제네릭 개발이나 동등성 입증 또한 어려운 경우가 많다. 식품의약품안전처에서 제공하는 '동 등생물의약품 평가 가이드라인'은 원칙적으로 모든 바이오의약품에 적용될 수 있으나, 실제적으로는 특성분석이 잘된 단백질을 주성분으로 포함한 제품에 한하여 적용이 가 능하다.

화학합성의약품 복제약 제네릭	단백질의약품 복제약 1세대 바이오시밀러	항체의약품 복제약 2세대 바이오시밀러
화학식만 알면 동일한 약품의 복제가 쉽게 가능	세포의 배양 조건, 정제 방법 등에 의해 최종 산물의 특성이 달라 동일하게 제조하는 것이 불가능하므로 유사하다(Similar)는 표현을 사용하여 '바이오시밀러'라 명칭	
화학공정을 통해 빠르고 저렴하게 복제 가능	분자 구조가 단순해 낮은 비용으로 비교적 쉽게 제품 개발 가능	분자 구조가 복잡해 개발이 어렵고 막대한 글로벌 임상비용으로 진입 장벽이 높음
개발 소요기간 2~3년	개발 소요기간 3~5년	개발 소요기간 5~10년
개발비용 200억~300억원	개발비용 1,000억~1,500억원	개발비용 3,000억원 이상 [67]

[표 205] 제네릭, 1세대 바이오시밀러, 2세대 바이오시밀러 비교

67) 셀트리온 홈페이지 https://www.celltrion.com/ko-kr/home/index

2. 바이오의약품 산업 시장 분석

가. 시장 현황
1) 국내시장
가) 규모 및 전망[68][69]

(매출액 기준, 단위 : 억 원, 명)

구 분	시장규모 (2021)	시장규모 증가분 (2022~2032)	취업유발효과 (9.28146)	생산유발효과 (1.46539)	부가가치 유발효과 (0.87133)
보건의료 분야 (37.6%)	3,008	97,704	90,683.6	143,174.5	85,132.4
금융분야 (14.6%)	26,281	91,391	84,824.1	133,923.5	79,631.7

2021년 한국 보건산업 시장 규모는 3,008억 원을 기록했으며, 2022년부터 2032년까지 최소 3조 5553억 원부터 최대 9조 7704억 원 규모로 성장할 것으로 전망했다. 더불어 취업유발효과 3만 2998.4명~9만 683.6명, 생산유발효과의 경우 5조 2099억 원~14조 3174.5억 원, 부가가치유발효과는 3조 978.4억 원~8조 5132.4억 원의 규모가 될 것으로 예상했다.[70]

식품의약품안전처는 지난 2021년 국내 의약품 시장규모가 코로나19 백신·치료제의 생산·수입실적 규모 증가에 힘입어 7조 111억 원으로 2020년(3조 3,029억원) 대비 112.3% 증가해 최근 5년 중에 가장 높은 증가폭을 보였다. 2000년대 초반으로 돌아가서 글로벌 블록버스터 의약품들의 특허만료는 제네릭 의약품 중심의 국내 의약품 시장의 성장 발판이 된 동시에 기술진입 장벽이 낮은 제네릭 의약품 부문에서의 경쟁 과열을 초래했다. 이에 2012년 정부는 국내 제약산업 규제강화를 위해 약가 인하정책을 시행하였으며 이후 국내 의약품 시장의 성장세가 둔화되었다.

이후, 2010년대에 들어서서 내수시장 부진 탈피를 위한 수출판로 확대와 특히 최근 바이오시밀러 수출 증가에 힘입어 2021년 의약품 수출액은 11조 3,642억 원으로 역대 최대치였고, 2020년(9조 9,648억 원)보다는 14.0% 증가한 수준이었으며, 바이오의약품 중심으로 세계 시장에서 품질을 인정받으며 최근 5년간 연평균 25.4%의 높은 성장세를 기록했다. 이러한 수출규모의 급증으로 2021년 의약품 무역수지는 2020년에 이어 2년 연속 흑자를 기록했다.[71]

특히 글로벌 바이오의약품 시장에서 국산 바이오의약품이 지속적으로 성장하고 있

---

68) 세계 바이오의약품 산업 동향 및 전망, 한국수출입은행, 2019.07.22
69) 바이오의약품 국가 미래 신성장동력, 한국 IR 협의회, 2019.07.04
70) 의학신문 '국내 보건의료 데이터산업 2032년 9조 7704억 예상…산·정 집중 육성 필요'
71) KDI경제정보센터 '2021년 의약품 시장규모 역대 최고… 전년 대비 9.6% 증가'

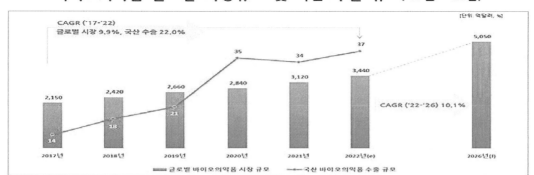

바이오의약품 글로벌 시장규모 및 국산 수출 규모('17년→'26년)

[단위: 억달러, %]

CAGR ('17-'22)
글로벌 시장 9.9%, 국산 수출 22.0%

2,150 / 2,420 / 2,660 / 2,840 / 3,120 / 3,440 / 5,050

14 / 18 / 21 / 35 / 34 / 37

2017년 / 2018년 / 2019년 / 2020년 / 2021년 / 2022년(e) / 2026년(f)

CAGR ('22-'26) 10.1%

■ 글로벌 바이오의약품 시장 규모   ━ 국산 바이오의약품 수출 규모

자료: 한국보건산업진흥원 재가공, EvaluatePharma, 한국무역통계진흥원

다. 글로벌 바이오의약품 시장은 2022년 3440억 달러에서 오는 2026년 5050억 달러로 연평균 10.1%의 높은 성장세를 보이며 확대될 것으로 보인다. 연 평균 성장세를 살펴보면 2017년부터 2022년까지 9.9% 수준으로 성장을 기록했으며 오는 2026년까지 평균 10.1%씩 성장세를 기록할 것으로 전망된다.

국산 바이오의약품 수출은 2017년 14억 달러에서 2022년 37억 달러를 기록해 연평균 22%씩 증가하는 것으로 분석됐다. 지난 5년 간 글로벌 바이오의약품 시장은 연평균 9.9%의 성장했는데, 여기서 국산 바이오의약품의 성장세는 연 평균 22%라는 점에서 수출 증가율이 2배 이상 상회하며 향후 지속적인 성장이 기대된다.

가장 눈에 띄는 점은 코로나19 백신과 관련 치료제 수출이 큰 폭의 증가세를 보였지만 2022년 하반기부터 감소세로 돌아섰으며, 바이오의약품(바이오시밀러)은 분기별 역대 최고 수출실적을 달성했다.

여기서 백신 수출의 경우 2021년 4분기 3억5000만 달러를 기록했고, 2022년 상반기까지 3억2000만 달러를, 3분기까지 1억 달러를 기록했다. 또한 바이오의약품 수출의 경우 2021년 4분기까지 11억 달러를 기록하다가 2022년 1분기 9억4000만 달러, 2분기까지 7억4000만 달러, 3분기까지 11억3000만 달러를 기록해 두드러졌다
국가 별 수출을 살펴보면 유럽의 경우 34억1000만 달러를 기록해 28.7% 비중을 기록했고, 이어서 아시아/퍼시픽이 32억4000만 달러로 30.4%, 북미는 11억1000만 달러로 6.5% 비중으로 줄었다.

지역별로 2022년 10월까지 누적치를 분석해 보면 유럽은 27억4000만 달러로 29.8% 가 늘었고, 아시아/퍼시픽의 경우 26억 달러로 48.8%가 늘었다. 반면 북미는 9억 달러 규모로 7.4% 줄었다.

앞으로의 2023년은 유럽이 40억 달러로 16.1% 성장할 것으로 전망되며, 아시아/퍼시픽이 37억 달러로 14.3% 성장, 북미가 13억 달러로 17.6% 성장할 것으로 예측됐

2023년 의약품 지역별 수출 전망

(단위: 백만 달러, %)

품 목		2020년		2021년		2022년(예상)		2023년(전망)	
		금액	증가율	금액	증가율	금액	증가율	금액	증가율
의약품		6,893	36.1	7,042	2.2	8,722	23.9	10,072	15.5
	북미	941	66.6	1,184	25.8	1,107	-6.5	1,302	17.6
	아시아/퍼시픽	2,045	15.6	2,486	21.6	3,242	30.4	3,707	14.3
	유럽	3,263	49.1	2,647	-18.9	3,406	28.7	3,954	16.1
	중남미	361	14.4	390	8.2	592	51.6	690	16.6
	중동/아프리카	283	23.4	335	18.4	374	11.7	419	12.1

2023년 의약품 품목별 수출 전망

(단위: 백만 달러, %)

품 목		2020년		2021년		2022년(예상)		2023년(전망)	
		금액	증가율	금액	증가율	금액	증가율	금액	증가율
의약품		6,893	36.1	7,042	2.2	8,722	23.9	10,072	15.5
완제	항병원생물성 의약품	4,194	51.7	4,479	6.8	5,390	20.3	6,407	18.9
	치료를 주목적으로하지 않는 의약품 및 관련제품	1,004	64.0	666	-33.7	2,507	39.4	2,797	11.6
	개위기관제용 의약품	66	-17.7	58	-11.9	703	5.6	741	5.4
	대사성 의약품	24	-9.2	30	23.8	76	29.5	77	1.4
	완제 기타주)	13	1.5	11	-13.7	28	-4.4	30	4.8
원료		1,592	1.4	1,798	12.9	18	66.3	21	16.6

주: 신경계 감각기관용, 조직세포의 기능용 의약품 포함

다. 유럽(터키, 이탈리아, 영국 등) 수출의 경우 바이오시밀러의 긍정적 환경 변화와 국산 바이오시밀러의 시장 확대 등으로 전년 대비 16.1% 증가할 것으로 예상된다.

또한 북미 지역은 미국 FDA 허가 신약 출시와 신규 허가 기대 이슈와 함께 바이오시밀러의 성장 지속, 다소 주춤했던 보툴리눔의 수출 회복 등이 수출 증대에 기여할 것으로 전망된다. 구체적으로는 한미약품이 항암 분야 최초로 지난 9월 FDA 허가를 획득한 롤론티스를 비롯해 유한양행 레이저티닙, 메지온(유데나필), HLB(리보세라닙) 등 국산 신약의 FDA 승인이 기대된다.

품목별로는 주로 바이오의약품, 톡신 등이 포함된 '항병원생물성 의약품'의 수출이 64억 달러로 전년 대비 18.9% 성장해 전체 의약품 수출의 63.6%를 차지할 것으로 전망된다. 블록버스터 오리지널 바이오의약품의 특허만료와 각국의 바이오시밀러 정책 변화, 국산 바이오시밀러 시장 확대, 바이오의약품 생산 능력 확대 등 국내 기업의 수출 호재로 작용할 것으로 예상된다.

다만 큰 증가세를 보인 코로나 백신과 치료제 수출액은 코로나19 엔데믹에 따라 수출 감소가 예상되지만, 변이 발생과 트윈데믹 등 다양한 변수로 인한 수출 변동도 있을 것으로 보인다. 코로나19 백신 글로벌 시장 규모는 2021년에 980억 달러에서 2026년에 820억 달러로 감소할 것으로 예상되며 전체 백신의 경우 연평균 10.2% 증가한 1492억 달러로 예측되고 있다.

보툴리눔 수출은 브라질을 중심으로 남미 지역 증가가 두드러지고 있으며, 중국 시

장에서 의료·미용 수요 증가와 봉쇄령 완화에 힘입어 증가가 기대된다.

이 같이 코로나19 이후 우리 보건산업은 급격한 수출 급증 등으로 성장 가능성을 입증하고 있지만 보건산업 관련 전 세계 공급망 재편 과정에서 미국, EU 등은 개발도상국의 무역 불균형에 대응하고, 자국 산업과 일자리 보호를 위한 무역규제를 더욱 강화하고 있다.[72]

기업	주요사업	주요 제품별 시장 및 판매 허가 현황	
셀트리온	■세계적인 CMO 기업 ■재조합 단일클론항체 바이오시밀러 파이프라인에서 가장 영향력 있는 기업 (파트너사: 화이자, 니폰가야쿠, 아스펜)	램시마	미국, 유럽, 한국, 일본 등 부분의 국가에서 허가 완료
		트룩시마	유럽, 한국 허가 완료
		허쥬마	유럽 2017년 2월
삼성바이오로직스	■세계 최대의 바이오시밀러 제조역량을 보유한 CMO 기업 ■바이오시밀러 확장을 위해 7.4천억 달러 투자 (파트너사: 암젠, 로슈 등)	SB3(허셉틴 바이오시밀러)	미국, 유럽
		SB8(아바스틴 바이오시밀러)	
삼성바이오에피스	■바이오의약품 연구개발 기업 ■2016년 기준 매출액 1억 달러 달성 ■IPO 준비 중 (파트너사: 바이오젠아이덱, 머크)	베네팔리	유럽, 호주, 캐나다 허가 완료
		플릭사비	유럽, 호주, 미국 허가 완료
		렌플렉시스	

[표 13] 바이오시밀러 주요 생산기업 현황

한편, 바이오시밀러업계의 가장 큰 고민은 경쟁격화에 따른 약가하락이다. 애브비가 유럽 일부 국가에서 '휴미라'(성분명 아달리무맙) 가격을 종전보다 80% 인하하는 등 예기치 못한 상황까지 더해졌다. 특허로 미국시장을 지키고 유럽에서 바이오시밀러들을 봉쇄해 후발주자들의 추가적인 시장진입을 차단하기 위한 전략이다.

오리지널 의약품 제조사들의 강력한 견제에도 불구하고 바이오시밀러들의 성장을 막

---

72) 데일리팜 '의약품수출 87억불로 24%↑…항병원생물성이 62% 차지'

기엔 역부족으로 보인다. 공공보험 위주인 유럽에서 바이오시밀러에 대한 인식이 나날이 개선되고 시장도 점차 확장돼서다. 고가의 글로벌 블록버스터 의약품들의 특허도 속속 풀린다. 품목 수만큼이나 시장이 커진다는 의미다.

한국 기업들에 유리한 이유는 자체적으로 대규모 생산시설을 보유했다는 것이다. 주로 위탁생산하는 해외 경쟁사들과 전혀 다른 조건이다. 셀트리온은 현재 송도에 19만 리터급 바이오의약품 생산설비를 보유했다. 서 회장은 2030년까지 국내외에 생산시설을 100만 리터까지 확장하겠다고 선언했다.

삼성바이오에피스는 2대 주주인 바이오젠을 통해 의약품을 생산한다. 앞으로 여건에 따라 최대주주인 삼성바이오로직스에 위탁생산을 맡길 여지도 충분하다. 생산설비 보유 여부가 중요한 이유는 바이오시밀러의 원가경쟁력 때문이다. 설비를 보유하면 위탁생산비용을 마케팅에 투입할 수 있게 된다. 이는 점유율 확대로 이어진다.

바이오시밀러 개발 제약·바이오 기업

회사명	파이프라인	오리지널 의약품	치료질환	개발단계
LG화학	유셉트	엔브렐	자가면역질환	한국 출시
종근당	네스벨	네스프	빈혈	한국허가, 일본허가 신청
동아에스티	DA-3880	네스프	빈혈	일본허가 신청
CJ헬스케어	CJ-40001	네스프	빈혈	국내 임상3상
디엠바이오	DMB-311	허셉틴	유방암	유럽 임상3상 예정
삼천당제약	SCD411	아일리아	황반변성	미국 허가 신청 예정
알테오젠	ALT-L2	허셉틴	유방암	임상 2상
에이프로젠	플릭시진	레미케이드	자가면역질환	일본 출시

그래픽: 유정수 디자인기자

[그림 11] 바이오시밀러 개발 기업

바이오시밀러는 바이오의약품 복제약인 만큼 출시 전부터 오리지널 의약품과 경쟁이 필연적이다. 특히 특허와 가격경쟁은 바이오시밀러 업체들이 뛰어넘어야 하는 벽이다. 큰 비용을 들여 바이오시밀러를 개발한 상태에서 특허에 막혀 출시를 못 하거나, 적정한 가격에 팔지 못할 경우 타격이 크기 때문이다.

바이오시밀러 업체들은 이처럼 오리지널 의약품 개발사들과 특허 전쟁을 치러야 한다. 오리지널 의약품 개발사들은 바이오시밀러의 시장 진입을 막기 위해 만료된 물질 특허 외에 적응증, 투여방법 특허 등을 등록하는 방식으로 특허 연장 전략을 펼친다.

바이오시밀러 출시 이후에는 가격전쟁이 기다린다. 바이오시밀러는 오리지널 의약품보다 30% 싼 가격을 내세워 시장을 공략한다. 만약 오리지널 의약품 업체가 가격을 내리면 바이오시밀러 업체들도 가격을 내리는 수밖에 없다.

(단위: 만달러, %)

구분	수출	증감률(%)	수입	증감률(%)	무역수지
2017년	136,851	28.6	104,235	14.4	32,616
2018년	155,925	13.9	121,358	16.4	34,567
2019년	128,318	-17.7	133,672	10.1	-5,354
2020년	201,907	57.3	148,766	11.3	53,141
2021년	158,738	-21.4	357,175	140.1	-198,437

[표 14] 바이오의약품 연도별 수출·수입실적

2021년 국내 바이오의약품 시장의 성장을 주도한 것은 백신으로, 백신의 시장규모는 3조 8,050억 원으로 바이오의약품 시장에서 가장 큰 비중(약 54%)을 차지했으며 2020년보다 322.3% 증가했다. 2020년 시장규모 1위였던 유전자재조합의약품은 코로나19 백신의 신규 진입으로 시장규모가 폭증한 백신에 1위를 내어 주고 2021년에는 2위를 차지했다.

바이오의약품 기업들의 인력, 투자액 등 R&D 투자 역량은 규모적으로 글로벌 기업 대비 절대적으로 부족하고 셀트리온, 녹십자 등 일부 기업들이 생산액과 R&D 투자액의 대부분을 차지하는 양극화된 구조를 보이고 있다.

바이오벤처 등 바이오의약품 R&D에 참여하는 기업의 수, 바이오의약품 파이프라인 비중 및 기술수출 규모가 증가하고 있어 국내 바이오의약품 R&D 역량은 개선되고는 있지만 국내 기업들의 기술 경쟁력은 미흡한 것이 사실이다.

실제 특허분석을 통한 국가별 바이오의약품 기술 경쟁력 분석에서도 우리나라의 기술 경쟁력은 주요 제약 선진국 대비 미흡한 것으로 나타났다.

기술의 질적 수준을 나타내는 특허 영향력 지수(PII)는 세포치료제 0.6(4위), 백신 1.3(6위), 유전자치료제 0.4(6위), 항체의약품 0.6(9위) 순으로 백신을 제외한 나머지 바이오의약품은 기준 값 1 이하로 나타나 기술 수준 열위를 보이는 것으로 드러났다. 또한 기술의 질적·양적 수준을 나타내는 특허 기술력 지수(TS)는 세포치료제 4위 (16.6), 유전자치료제 6위(5.4), 항체의약품 9위(202.5), 백신 10위(124.5)로 나타나 국내 바이오의약품은 질적·양적 측면에서 선진국 대비 기술력이 낮은 것으로 집계됐다.

정부도 바이오의약품 R&D 투자를 확대하여 연 매출 1조 원 이상의 'K-바이오 블록버스터'를 육성한다. 이는 유효물질 발굴에서 임상2상까지 신약 파이프라인 개발을 지원하는 2조 2,000억 원 규모의 범부처 사업으로 2030년까지 추진한다.

한편, 현재 바이오의약품 시장은 높은 가격과 항암제 분야에서의 중요성으로 인해 항체의약품이 바이오의약품 전체 매출액의 50% 이상을 차지하고 있으며, 이러한 추세는 향후에도 지속될 것으로 전망된다.

백신은 감염성 질환 증가, 고정적 포트폴리오 등 복합적 요인으로 인해 7.0%의 성장률이 전망되며, 세포치료제와 유전자치료제는 비중은 크지 않지만 가장 높은 시장 성장률을 보일 것으로 예측된다. 글로벌 제약·바이오 기업들의 바이오의약품 R&D도 점차 활발해지고 있으며 항체의약품의 R&D 비중이 크지만 CAR-T 세포치료제, 유전자치료제의 R&D가 빠르게 증가하는 것으로 나타났다.[73]

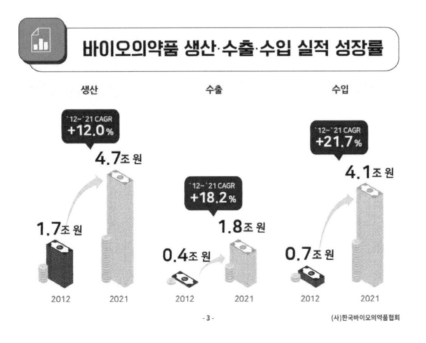

2021년 국내 바이오의약품 시장규모(생산-수출+수입)는 7조 원 규모로 지난 10년간 꾸준히 성장 중인 것으로 보이며 2015년 무역수지 흑자 전환을 시작으로 수출도 증가 추세, 바이오시밀러를 중심으로 수출이 확대되고 있다. 2012년부터 2021년까지 수출은 연평균 18.2% 증가하였으며, 수입은 연평균 21.7% 증가되었다.

---

73) 국내 바이오의약품, 글로벌 입지 '아직은…'/의학신문

나) M&A 동향

국내 제약기업은 글로벌 기업에 비해 규모가 작고, 자금력 및 기술력에서 열세를 보이고 있다. 국내의 제약 산업은 매출액 대비 연구개발 비중(글로벌 상위기업 기준 약 18%)이 일반 제조업(3.1%)에 비해 높은 기술집약적인 산업이나, 신약개발 성공확률은 5,000분의 1 수준으로 매우 낮아 개발 리스크가 매우 높다.

이러한 신약개발의 High Risk, High Return의 특성으로 인해 글로벌 기업 대비 절대적으로 영세한 규모의 국내 제약기업 대부분은 신약개발 보다는 복제약(제네릭) 위주의 사업을 영위해 왔고, 그로 인해 기술 및 자금 경쟁력 열세가 지속되는 상황이다.

500여 개 이상의 국내 제약사 대부분 영세규모의 중소기업들로 구성되며 2022년 매출액 1조 원 이상을 기록한 제약사는 삼성바이오로직스, 셀트리온, 유한양행, GC녹십자, 종근당, 한미약품, 대웅제약 등 총 7곳이었다.

구분	매출액		
	2022.4Q	2022.4Q 누계	전년비 성장률
삼성바이오로직스	965,527	3,001,295	91.4%
셀트리온	609,700	2,385,400	24.8%
유한양행	450,502	1,775,846	5.2%
GC녹십자	411,512	1,711,312	11.3%
종근당	397,057	1,488,344	10.8%
한미약품	351,346	1,331,721	10.7%
대웅제약	293,849	1,161,254	10.1%
HK이노엔	216,300	846,521	10.0%
보령	191,607	722,056	21.5%
일동제약	151,443	635,809	13.7%
동아에스티	163,841	635,840	7.7%

[표 15] 국내 주요 제약바이오사 2022년 1~4분기 실적
(단위: 백만 원, %)

특히 팬데믹 기간 동안 '코로나19 특수'를 누리며 비약적으로 성장한 바이오 기업들의 실적은 이번에도 돋보였다. 세포 및 유전차 치료제를 비롯해 다양한 바이오 의약품을 위탁개발생산하는 CDMO 전문기업인 삼성바이오로직스는 업계 최초로 연간 매출 3조원을 돌파하는 사상 최대 실적을 기록했다.

삼성바이오로직스는 2022년 연결 기준 매출액 3조 13억 원, 영업이익 9836억 원을 기록했으며 이는 각각 전년 동기 대비 91.4%, 83.1% 늘어난 수치다. 회사의 누적 수주 건수는 CMO 74건, CDO 101건이며 전체 누적 수주액은 95억 달러 규모다.

다만 여기에는 '숨은 일인자'가 있다. 삼성바이오로직스 자체의 실적만으로도 이미

상당한 수준의 매출액을 달성하고 있으나, 2022년 4월 100% 자회사로 편입된 삼성바이오에피스의 실적이 합쳐지면서 이처럼 괄목할 만한 성적이 나온 것이다.

삼성바이오로직스는 "2022년 글로벌 인플레이션과 미 연준의 긴축 정책 등으로 전세계 경제 위기에도 불구하고 선제적인 투자와 사업 포트폴리오 강화를 통해 글로벌 '탑' 바이오 기업으로의 도약을 본격화했다"라며 "향후 10년간 바이오 사업에 7조 5천억을 투자해 생산능력·포트폴리오·지리적 거점이라는 '3대 축'을 중심으로 성장을 이어 나갈 것"이라고 밝혔다.

제약사들 역시 대다수의 업체가 두 자릿수의 매출 성장세를 기록하며 준수한 성적표를 받았다. 감기약을 비롯한 전문의약품들과 만성질환 치료제 등 주력 부문에서의 호실적이 이 같은 성장세를 견인한 것으로 풀이된다.[74]

또한, 국내 제약·바이오 기업들 역시 연구개발에 자금 투자를 아끼지 않는 모습을 보이고 있다. 국내 '빅 5(Big 5)' 제약사인 대웅제약, 녹십자, 유한양행, 한미약품, 종근당 등 모두 2022년 3분기 만에 누적 연구개발비가 1000억 원을 넘어섰으며, 지속적인 증가세를 유지하고 있다. 연구개발 투자 확대를 발판으로 우리 제약 산업은 2022년 기준으로 총 36건의 국산 신약 개발에 성공했으며, 세계적인 수준의 임상시험 역량을 확보하며 글로벌 선진시장에 진출하는 등 가시적인 성과를 도출했다.[75]

최근 코로나19 팬데믹으로 제약바이오산업이 각광을 받으면서 자본력을 갖춘 대기업들의 진출이 잇따랐다. 팬데믹을 지나 엔데믹에 접어들었으나 산업 특성상 아직은 터를 다지는 초기 단계에 머물러 있는 것으로 나타났다.

제약바이오업계에 따르면 롯데바이오로직스, CJ바이오사이언스, 오리온바이오로직스 등은 지주사의 막강한 투자금을 기반으로 공장 착공·인수, 인력 확보 등 기반 다지기에 돌입했다.[76]

---

74) 팜뉴스 '주요 제약바이오사, 지난해 '눈부신 성장' 기록'
75) 세계일보 '제약·바이오 R&D 투자 1000억 시대…대웅제약, R&D 중심 신약 개발 기업으로 업계 선도'
76) MEDI:GATE NEWS '롯데·CJ·오리온·GS 등 대기업 바이오 진출 '러시'…아직은 밑그림 단계'

지주사	제약바이오 기업명	사업 추진 현황
롯데	롯데바이오로직스	바이오CDMO집중, 미국BMS공장인력 인수, 국내 송동공장 착공, 삼바 등 대규모 인력이동중
	롯데헬스케어	맞춤형 건강관리 솔루션 '캐즐/건기식 디스펜서 필키' 등 2023년 8월 출시
CJ	CJ바이오사이언스	마이크로바이옴 치료제 포커싱, 면역항암제 제 1/2상 IND 승인
오리온	오리온바이오로직스	치과질환 치료제 기업과 오리온바이오로직스 설립, 중국 합작법인 백신 제조 산둥루캉하오리요우 신설
OCI	부광약품(최대 주주 공동경영)	전통제약사에서 R&D확대로 글로벌 제약 바이오 회사로 성장 집중
현대중공업	암크(AMC)바이오	울산의대 서울아산병원과 산학연병 신약개발 추진
GS그룹	휴젤(최대 주주)	휴젤인수, 메디트 인수검토, 싱가포르 바이오기업 mRNA백신 개발 투자

[표 16] 국내 대기업 바이오 진출 현황

한편 2023년부터 국내 기업공개(IPO)가 난항을 겪는 등 제약바이오산업의 투자 성장세가 꺾이면서 기존과 다른 방식의 투자 확보 전략을 찾아나서는 기업이 늘고 있다. 현재 국내에서 해법으로 떠오르고 있는 것은 미국에서 활발하게 이뤄지고 있는 인수합병(M&A)이지만 기존의 IPO에 맞춰진 기업 성장 전략과 인식 등 현장에서 느끼는 간극을 좁히지 않는 다면 M&A 활성화까지는 시간이 소요될 것이라는 게 전문가들의 시각이다.

한국벤쳐캐피탈협회가 발표한 2022년 2분기 투자 현황을 살펴보면 전체 신규투자 비중에서 바이오 의료 분야는 2023년 상반기 16.9%를 차지했다. 이는 지난 2020년의 바이오의료 투자비용인 27.8%와 비교했을 때 큰 폭으로 감소한 수치로 지난 해 21.8%와 비교해도 약 5% 줄어든 상황이다.

비용적으로 봤을 때는 비중의 감소와 별개로 2020년 1조2970억 원 2021년 1조6770억 등으로 투자금액의 볼륨은 상승하고 있는 모습이지만 2023년 상반기 6758억원에 하반기도 같은 수준을 유지한다는 전제하 전체 투자비용은 2022년의 절반에도 못 미쳐 성장세가 꺾일 것으로 전망된다.

특히, 이러한 투자 감소기조와 맞물려 IPO 시장에서도 탈출구를 마련하지 못하는 점도 바이오기업들의 우려사항이다. 2022년 역대급으로 많은 바이오기업이 IPO시장의 문을 두드렸다는 점을 고려해야 된다는 게 전문가들의 시각이지만 바이오기업의 IPO 시도 자체가 줄지 않았다는 점을 봤을 때 시장문턱이 높아진 것도 사실이다.

2022년까지 많은 바이오분야에 많은 투자가 이뤄진 만큼 M&A를 위해 기업의 가치를 낮추는 부분에 시간과 투자자들의 동의가 필요해 실직적인 움직임으로 이어질지는 알 수 없다는 게 업계의 시각이다.

CAR-T 치료제를 개발 중인 바이오사 B대표는 "가장 중요한 이슈는 가격 문제가 될 수밖에 없고 시리즈 C까지 갔던 업체들은 M&A 가격을 맞추는 것도 쉽지 않다"며 "다른 시각에서는 창업자들이 연구를 통해서 창업을 이어졌기 때문에 아직까지 내 연구기반을 소위 시집보내는 게 쉽지 않다는 인식도 영향이 있어 보인다."고 밝혔다.

결국 M&A를 위해서는 복합적인 요소가 고려될 수밖에 없다는 것. 한국바이오협회 이승규 부회장은 현재 투자시장의 어려움이 긍정적인 요소와 부정적인 요소가 있을 것으로 예상했다.

이 부회장은 "기업가치와 관련된 부분을 냉정하게 볼 수 있는 시간이 왔다는 점에서는 긍정적인 요소라고 본다."며 "미국은 IPO가 줄고 M&A늘어나는 상황에 따라 생물처럼 움직이는데 국내도 케이스가 적지만 인식변화들이 이뤄지는 기회가 될 것"이라고 전했다.

이어 이 부회장은 "산업이 발전을 할 때는 여러 단계가 있고 국내는 기술이전 성과가 나오고 신약이 하나씩 나오는 단계에 와있다"며 "시간적, 경험적인 부분이 필요할 것으로 보고 각각의 플레이어들의 의식하고 끌고 가준다면 향후 선순환적인 시스템이 만들어질 수 잇을 것으로 본다."고 덧붙였다.[77]

---

77) MedicalTimes '바이오 기업 탈출구 떠오른 M&A,실전에선 허들 가득'

지씨셀	리바라(인도)	이뮨셀엘씨(면역항암제)	비공개
에이비엘바이오	사노피(프랑스)	ABL301(퇴행성뇌질환)	1조2720억 원 (10억6000만 달러)
종근당바이오	큐티아테라퓨틱스(중국)	Tyemvers(보툴리눔 톡신)	83억 원 (700만 달러)
이수앱지스	NPO페트로박스팜(러시아)	파바갈(파브리병)	비공개
노벨티노빌리티	발렌자바이오(미국)	NN2802(자가면역질환)	8778억 원 (7억3325만 달러)
제넥신	KGBIO(인도네시아)	GX-E4(지속형 빈혈)	159억 원 (1300만 달러)
코오롱생명과학	주니퍼바이오로직스(싱가포르)	TG-C(골관절염)	7234억 원 (5억8718만 달러)
SK바이오팜	유로파마(브라질)	세노바메이트(뇌전증)	810억 원 (6200만 달러)
티움바이오	한소제약(중국)	TU2670(자궁내막증)	2208억 원 (1만7000만 달러)
보로노이	메티스테라퓨틱스(미국)	고형암치료신약 후보물질	6680억 원 (4만8220만 달러)
동아에스티	뉴로보파마슈티컬(미국)	당뇨 및 NASH(DA-1241), 비만 및 NASH(DA-1726)	4715억 원 (3만3800만 달러)
올리패스	반다제약(미국)	OliPass PNA플랫폼 (희귀질환/면역항암제)	43억 원 (300만 달러)
동아에스티	폴리파마(튀르키예)	DA-3880(다베포이틴 알파) (빈혈치료제)	비공개
LG화학	이노벤트바이오로직스(중국)	티굴릭소스타트(통풍치료제)	1240억 원 (9550만 달러)
레고켐바이오	암젠(미국)	ADC플랫폼(5개 질환 타깃)	1조6050억 원 (12억4750만 달러)

[그림 129] 2022년 결산 제약 바이오 기술수출 건수

한국제약바이오협회에 따르면 2022년 제약바이오 기업 기술수출은 15건으로 지난 2021년 34건 대비 44.11%로 반 토막도 못 미치는 수준으로 나타났다. 기술거래 규모는 비공개를 제외하고 총 6조723억 원 규모로 집계됐다. 2021년 기술거래 규모는 비공개 제외, 13조3689억 원 규모로, 이 역시도 약 65% 감소한 수준이다.

2022년 기술거래 중 가장 큰 규모의 계약을 체결한 기업은 레고켐바이오로 나타났다. 레고켐바이오는 암젠과 1조6050억 원 규모의 ADC(항체약물접합체)플랫폼 기술이전 계약을 체결했다. 이를 통해
2022년에 1조 원 이상 빅딜은 2건이 됐다.
 ADC는 '항체(Antibody)'와 '세포독성 항암화학 약물(Cytotoxic Chemo Payload)', 이 둘을 접합하는 '링커(Linker)'까지 세 가지 물질을 하나로 결합시키는 기술을 말한다. ADC 기술을 이용하면 항체가 정상세포에 약물 작용을 나타내는 것을 저해해, 치료지수를 높일 수 있다. 즉, 강력한 항암효과를 내면서 정상세포 손상은 최소화할 수 있다.

 두 번째로 큰 규모 기술거래는 에이비엘바이오와 사노피의 계약으로, 양사는 퇴행성 뇌질환 항체치료제 'ABL301'에 대해 1조2720억 원 규모의 기술이전 계약을 체결했다. ABL301은 에이비엘바이오의 '그랩바디-B(Grabody-B)' 플랫폼 기술 적용으로 파

킨슨병의 발병 원인인 알파-시뉴클레인(alpha-synuclein)의 축적을 억제하는 항체를 뇌 안으로 효과적으로 전달해 치료 효과를 높인 이중항체 후보물질이다. 해당 파이프라인은 미국에서 글로벌 임상 1상을 준비하고 있다.

세 번째는 노벨티노빌리티와 발렌자바이오의 계약이었다. 노벨티노빌리티는 자가면역질환 치료제 'NN2802'에 대해 8778억 원 규모 계약을 체결했다. NN2802는 비만세포(mast cell)에 의해 유발된 자가면역 질환 치료에 사용될 수 있는 항-c-KIT 항체 기반의 best-in-class 치료제 후보물질이다.

이어 코오롱생명과학과 주니퍼바이오로직스의 7234억 원 규모 계약, 보로노이와 메티스테라퓨틱스의 6680억 원 규모 계약, 동아에스티와 뉴로보파마슈티컬의 4715억 원 규모 계약, 티움바이오와 한소제약의 2208억 원 규모 계약, LG화학과 이노벤트바이오로직스의 1243억 원 규모 계약 순으로 8건이 1000억 원 이상 계약으로 나타났다.

지난 2021년에는 1000억 원 규모 기술거래는 23건으로, 2022년 약 66%가량 감소했다. 2021년에 1조 원 이상 빅딜은 5건이었고, 2조 원 이상 거래도 1건 있었다.[78]

다) 최근이슈

최근 국내 상황은 글로벌 공급망의 확대에 따른 원료의약품의 해외 의존도 상승 추세에서 자유롭지 못한 것으로 나타났다. 원료의약품의 **국내 자급도는 2017년 35.4%에서 2019년 16.2%로 빠르게 감소**하여 2008년 관련 통계를 집계한 이후 가장 낮은 수치를 기록했다.
국내 완제의약품 생산 규모는 지속적으로 증가하고 있으나 완제의약품 제조에 필요한 원료의약품의 생산은 2017년 이후 감소세를 보이고 있으며, 원료의약품의 주요 수입대상국은 중국(36.7%), 일본(13.0%), 인도(10.2%) 순으로 나타나, 중국에 대한 수입의존도가 가장 높았다.

게다가 국내 제약기업 대부분은 시간과 비용이 많이 투입되는 신약개발보다는 제너릭(복제약) 위주의 사업구조를 가지고 있어 높은 수익창출이 어려운 구조적인 한계를 가지고 있다.

---

78) 약업신문 '[2022 결산] 제약바이오 기술수출 반토막'

2020년 우리나라의 의약품 수출액은 63억 달러로 세계 19위에 머물렀으며, 수출경쟁력 지표상으로도 아직은 주요국 대비 미흡한 수준을 보였다. 그렇지만 **코로나19 이후 의약품 시장의 확대와 글로벌 공급망의 재편**은 바이오의약품을 중심으로 제조 역량을 갖춘 우리나라에게 새로운 기회로 작용할 가능성이 높아지고 있다.

우리나라의 의약품 수출은 **코로나19가 확산된 2020년에 전년 대비 97.3% 증가**하면서 같은 기간 전 세계 의약품 수출증가율(11.2%)을 큰 폭으로 상회했고 수출 순위도 2019년 22위에서 세 계단 상승했다.

특히 바이오의약품의 수출은 전년 대비 139.1% 증가한 51억 달러를 기록하면서 세계 7위로 올라섰고 수출경쟁력 지표상으로 EU, 미국, 중국, 일본과 비교해도 높은 수준인 것으로 나타났다. 최근 글로벌 의약품 시장의 중심이 합성의약품에서 바이오의약품으로 이동하고 있는 가운데 우리나라는 바이오시밀러 분야의 개척자로서 글로벌 시장에서 선전하고 있으며, 세계 2위 규모의 바이오의약품 생산 능력을 갖추고 있어 백신 등 바이오의약품의 글로벌 생산기지로 부상할 것으로 기대되고 있다.

이처럼 국내 의약품 산업이 코로나19를 계기로 도약의 전기를 맞이하고 있는 상황에서 정부는 미국 및 주요 동맹국에 신뢰할 수 있는 글로벌 파트너로서 우리의 위상을 확고히 할 수 있는 전략적 협력 방안을 강구할 필요가 있다.

글로벌 차원의 공급망 리스크 관리를 위해 주요 동맹국 간 필수의약품 재고 물량에 대한 스와프 협정 체결, 우수 의약품 제조 및 품질관리 기준(GMP, Good Manufacturing Practice)의 상호 인정 등을 추진해 볼 수 있을 것이다.

또한 신약개발에 따른 리스크가 큰 제약산업의 특성을 감안하여 한정된 정부 R&D 예산을 전략적으로 배분하는 한편, 정부지원 강화가 민간 투자의 확대를 유도할 수 있는 선순환 구조를 구축해야 한다. 국내기업의 혁신신약 개발 및 출시역량 확보를 위해 해외기업 M&A 등 보다 과감하고 적극적인 오픈 이노베이션이 필요하며, 정부 규제 또한 의약품 전반에 대해 품질 향상을 유도하고 신속한 출시를 지원하는 방향으로 지속적으로 개선되어야 할 것이다.[79]

우리나라의 의약품 생산액은 2016년 이후 연평균 7.1%의 성장률을 기록하며 빠른 속도로 증가하고 있으나, 원료의약품의 생산액 및 생산업체 수는 정체 또는 감소세를 보이고 있다.

---

79) 『전 세계 의약품 공급망의 변화와 우리 수출의 경쟁력 분석』 2021년 24호 한국무역협회 국제무역통상연구원 1-2p

완제의약품 생산액은 2012년부터 지속적으로 상승하며 2019년 19.8조원을 기록한 반면, 원료의약품 생산금액은 '17년 이후 감소세를 보이며 2.5조원 수준에 머무르고 있다. 또한 생산업체 수 기준으로도 2014년까지는 원료의약품 생산업체 수가 더 많았으나, 2015년부터는 완제의약품 생산업체 수가 더 많아진 것으로 나타났다. 2019년 기준 국내 완제의약품 생산업체는 349개사, 원료의약품 생산업체는 263개사이다.

우리나라의 원료의약품 국내 자급도는 '17년 이후 빠르게 하락하고 있는 것으로 나타나 의약품 공급망의 안정성 확보를 위한 자급도 향상이 중요한 과제로 대두되고 있다.

원료의약품				완제의약품			
순위	국가	수입금액	비중	순위	국가	수입금액	비중
1	중국	796,961	36.7	1	미국	866,828	18.3
2	일본	281,062	13.0	2	영국	786,136	16.6
3	인도	221,143	10.2	3	독일	697,027	14.7
4	프랑스	141,092	6.5	4	스위스	533,039	11.3
5	이탈리아	129,694	6.0	5	일본	223,308	4.7

우리나라의 원료/완제의약품 수입 상위 5개국의 수입액 및 비중 (2019년 기준/천 달러, %) 자료 : 식품의약품안전처, 한국의약품수출입협회

원료의약품의 수입 대상국으로는 중국의 비중이 36.7%로 가장 높았고, 다음으로 일본(13.0%), 인도(10.2%) 순인 것으로 나타났다. 원료의약품과는 달리 완제의약품의 경우, 미국(18.3%)과 영국(16.6%), 독일(14.7%), 스위스(11.3%) 등 유럽 국가들에 대한 수입의존도가 높게 나타났다. 한편, 우리나라의 제약산업 기반은 글로벌 메이저 제약사를 보유한 미국, 유럽 등 선진국에 비해 매우 취약한 편이다. 2019년 의약품 산업의 매출액 대비 연구개발비 비중(6.2%)은 일반 제조업(4.5%)에 비해 높아 투자금 회수를 위해서는 일정수준 이상의 시장규모 확보가 필수적이나, 국내 내수시장 규모는 매우 협소한 상황이다.

국가	생산능력	비중	기업	파트너	계약일
미국	1,791,326	48.3	삼성바이오로직스	GSK	20.08.05
한국	338,850	9.1		일라이릴리	20.11.17
독일	268,850	7.2		모더나	21.05.22
싱가포르	193,200	5.2	SK바이오사이언스	아스트라제네카	20.07.21
아일랜드	190,000	5.1		노바백스	20.08.13
세계	3,708,561	100.0	녹십자	CEPI	20.10.22

2020년 바이오의약품 생산 규모(L,%) / 코로나19백신 치료제 CMO계약 현황 [80]

그러나 코로나19 이후 의약품 시장의 확대와 글로벌 공급망의 재편은 제조 기반을 갖춘 우리나라에게 새로운 기회로 작용할 가능성이 있다. 최근 글로벌 의약품 시장의 중심이 합성의약품에서 바이오의약품으로 이동하고 있는 가운데, 우리나라는 바이오 시밀러 분야의 퍼스트 무버(First mover)로서 글로벌 시장에서 선전 중이다. [81]

---

80) 대신증권 Research Center, 한국바이오의약품협회, 보건복지부, 각 사 홈페이지, 언론자료
81) 『전 세계 의약품 공급망의 변화와 우리 수출의 경쟁력 분석』 2021년 24호 한국무역협회 국제무역통상연구원 19-23p

2) 해외시장[82]
가) 규모 및 전망

글로벌 의약품 시장은 2026년까지 3~6%의 연평균 성장률(CAGR)을 보이며 총 시장 규모(송장 기준, 할인 및 리베이트 제외) 약 1조 8000억 달러(약 2150조 원)에 이를 것으로 전망되는 가운데, 미국은 0~3% 수준의 성장률로 역사상 가장 느린 성장을 보일 것이라는 분석이 나왔다.

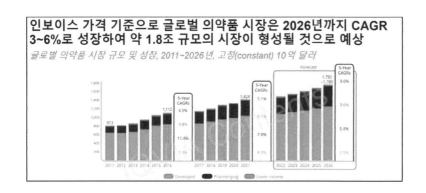

아이큐비아 데이터에 따르면, 글로벌 의약품 시장은 2026년까지 3~6% CAGR로 성장해 총 시장 규모가 약 1조 8000억 달러(약 2150조 원)에 이를 것으로 전망되며, 10개 선진국(미국, 독일, 일본, 프랑스, 영국, 이탈리아, 스페인, 캐나다, 한국, 호주)을 살펴볼 때, 2020년 시장 매출 경향은 다양한 형태로 나타났다. 독일과 호주를 제외하고는 2020년 팬데믹의 영향으로 의약품 시장 성장세가 하락세를 보였으나, 2021년을 기점으로 다시 성장세를 보일 것이라고 분석했다.

다만, 일본은 2020년 격년으로 진행된 약가 인하와 팬데믹의 영향이 동시에 큰 영향을 주면서 2026년까지 -2~1%의 성장률을 유지할 것으로 전망됐다

미국 의약품 시장은 지난 5년(2017년~2021년)간 3.5%의 성장률을 보였으나, 2022년부터 5년 간 CAGR 0~3%로 성장 둔화가 나타날 것으로 보인다. 미국의 건강보험 환경은 정부에 대한 법정 할인 및 리베이트, 처방의료비 보험관리업무를 대행하는 PBM(Pharmacy Benefit Managers) 및 보험사가 협상한 리베이트, 구매자가 협상한 할인 등 송장 가격(Invoice Price)외에 가격에 영향을 주는 다양한 이해관계자가 존재한다. 리베이트는 이해관계자 간 계약에 따른 할인 또는 환불금을 뜻한다.

이러한 미국의 건강보험 환경에 영향을 미치는 법률이 지속적으로 등장하고 있으며 새로운 치료법 채택, 제네릭 및 바이오시밀러 등장 등 추가 요인으로 역사상 가장 느린 성장률을 보일 것이라는 분석이다.

---

82) 세계 바이오의약품 산업 동향 및 전망, 한국수출입은행, 2019.07.22

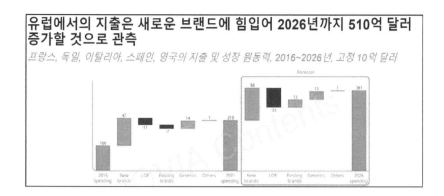

유럽에서의 지출은 새로운 브랜드에 힘입어 2026년까지 510억 달러 증가할 것으로 관측
프랑스, 독일, 이탈리아, 스페인, 영국의 지출 및 성장 원동력, 2016~2026년, 고정 10억 달러

반면, 상위 5개 유럽 시장(프랑스, 독일, 이탈리아, 스페인, 영국)의 의약품 매출은 과거 5년간 440억 달러(약 52조 5400억 원) 증가한 것에 비해, 향후 5년 간 510억 달러(60조 8900억 원)가 증가해 약 70억 달러 규모 추가 성장할 것으로 보인다.

이러한 성장 원동력은 과거와 큰 변화가 있을 것이라는 분석이다. 신약 출시가 과거 5년간 의약품 시장 규모 성장의 주요 원동력이었지만, 향후 5년간은 팬데믹으로 인해 마케팅 운영 및 약가 책정에 적지 않은 영향을 받아 경향이 바뀔 것이라는 것이다.

이에, 기존에 출시된 제품이 시장 가치를 더욱 입증하고 약가 협상을 통해 더욱 규모를 성장하는 경향이 나타날 것이라는 전망됐다.[83]

국내에서 국가생명공학정책연구센터가 최근 발간한 '글로벌 바이오제약산업 2022 프리뷰 및 2028 전망'보고서에 따르면, 글로벌 처방의약품 매출액은 2022년 1조 1390억 달러(약 1623조 원)에서 연평균 6%씩 성장해 2028년 1조 6120억 달러(약 2297조 원)에 달할 것으로 나타났다.

글로벌 바이오제약 기업들의 매출액 순위는 향후 블록버스터 특허만료 및 신약개발 허가 여부에 따라 변동될 것으로 예측되고 있다. 그 중 로슈는 2028년 처방의약품 매출이 가장 큰 바이오제약 기업이 될 것으로 예상됐다.

스위스 다국적제약사 로슈(Roche)가 알츠하이머 치료제 개발에 성공할 경우 오는 2028년 글로벌 처방의약품 매출 1위 기업이 될 것이라는 전망이 나왔기 때문이다. 인수 및 알츠하이머 치료제 간테네루맙(gantenerumab)의 임상 3상 결과에 따라 회사 전망은 크게 달라질 것으로 보인다.

---

83) HIT NEWS '미국 의약품 시장, 향후 5년간 가장 더딘 성장 예측'

로슈는 상위 10개 글로벌 제약사 중 연구개발(R&D)에 가장 많은 비용을 투자하고 있는 기업이다. 국가신약개발사업단에 따르면, 로슈는 2020년에 이어 2021년에도 제약 R&D에 가장 많은 비용을 투자했다. 2021년 R&D 비용으로만 2020년보다 14% 증가한 161억 달러(약 22조 9505억)를 투자했다.

또한 2021년에만 FDA 승인 6건과 중국, 유럽 및 일본 전역에서 27건의 주요 승인을 확보했으며 2022년 1월에는 습성 연령 관련 황반변성(nAMD)과 당뇨병성 황반부종(DME) 치료제인 바비스모(Vabysmo)의 FDA 승인을 획득하며 최근 몇 년간 이어지고 있는 적극적인 R&D투자에 대한 성과를 보이고 있다.

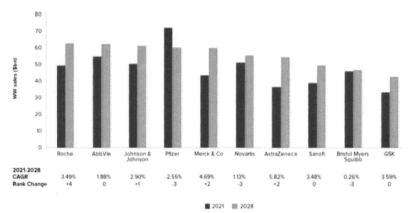

출처 : Evaluate Pharma, World Preview 2022 Outlook to 2028, 2022.10.8.

[그림 132] 2028년 전 세계 처방의약품 매출 상위 10대 기업 전망

미국 다국적제약사 애브비(Abbvie)는 2023년부터 자가 면역질환 치료제 블록버스터 휴미라(Humira)의 특허가 완료됨에도 불구하고 2028년 세계에서 두 번째로 매출이 높은 바이오 기업이 될 것으로 전망됐다.

류마티스 관절염 치료제로 승인된 린버크(Rinvoq)의 적응증 확대와 건선치료제 스카이리치(Skyrizi), 백혈병 치료제 벤클렉스타(Venclexta) 등 후속제품 출시로 매출 감소 상쇄가 예상되기 때문이다.

글로벌 10대 제약사 중 화이자(Pfizer)와 노바티스(Novartis), BMS(Bristol Myers Sqiubb)는 2028년까지 순위가 하락할 것으로 전망된다. 화이자 매출 감소는 코로나19 제품의 매출 감소에 따른 것이며 BMS는 자사 제품의 특허만료에 따라 매출 감소가 예상된다.

국가생명공학정책연구센터 김무웅 연구원은 "2028년 전 세계에서 가장 많이 팔릴 의약품은 MSD의 면역항암제 키트루다(Keytruda)로 매출액 300억 달러(약 42조

7650억 원)를 돌파할 것으로 전망된다."며 "이어 BMS의 항암제 옵디보(Opdivo)가 매출 2위로 전망되는 등 면역항암제가 매출 성장에 크게 기여할 것"이라고 예상했다.

이어 사노피의 아토피 치료제 듀피젠트(Dupixent), 존슨앤존슨의 다발성골수종 치료제 다잘렉스(Darzalex), 노보 노디스크의 제2형 당뇨병 치료제 오젬픽(Ozempic), 길리어드의 HIV 치료제 빅타비(Biktarvy), 애브비의 스카이리치(Skyrizi) 순으로 많이 팔릴 것으로 전망됐다.[84]

의약품은 제조방식에 따라 합성의약품과 바이오의약품으로 분류되는데, 최근 생명공학기술 발전에 힘입어 바이오의약품 시장이 급증하고 있다. 합성의약품은 화학합성에 의해 제조하는 의약품으로서 일반적으로 복용하는 고혈압약, 진통제 등의 약들이 합성의약품에 속한다.

바이오의약품은 생물공학 기술(유전자재조합 기술, 세포배양 기술 등)을 이용하여 사람이나 다른 생물체에서 유래된 것(단백질)을 원료 및 재료로 해서 만든 의약품으로, 바이오의약품은 합성의약품 대비 독성이 낮아 부작용이 적고, 표적 장기에 직접적 효능을 발휘하여 우수한 효과를 내고 있다.

최근 합성신약 성공빈도가 낮아져 R&D 투자 효율성이 낮아지고 있는 반면 바이오의약품은 생명공학기술 발전 등으로 성공확률이 높아 제약업체들의 바이오의약품 사업에 대한 관심이 증가하고 있지만 2022기준 미국 FDA 허가 신약은 37개로 6년 만에 최저치를 기록했다. 37개 허가 신약을 세분화해 보면 저분자신약이 21개, 바이오신약이 15개, 올리고뉴클레오타이드가 1개로 올리고뉴클레오타이드는 1개의 siRNA(small interfering RNA)치료제이다.

아울러 바이오신약은 6개의 단일클론항체(mAb), 4개의 이중특이항체(Bi-specific), 2개의 효소치료제, 1개의 항체-약물 접합체(ADC), 융합단백질 및 기타로 분류된 의약품 각각 1개 등 총 15개로 2018년 이후 가장 높은 수치를 기록했다.

재생의약품인 세포치료제와 유전자치료제는 3세대 바이오의약품으로 주목받고 있는 바 보다 근원적인 치료가 가능한 약제이며, 암, 신경퇴행성 질환, 유전질환 등 난치성 질환 치료 목적으로 개발 중에 있다.

세포치료제는 살아있는 자가, 동종, 이종 세포를 체외에서 배양·증식 하거나 선별하는 등 물리적·화학적·생물학적 방법으로 조작하여 제조하는 의약품으로 체세포치료제, 줄기세포치료제가 속한다.

---

84) 헬스코리아뉴스 '2028년 글로벌 처방약 1위 제약사는?바이오제약 기업 순위변동'

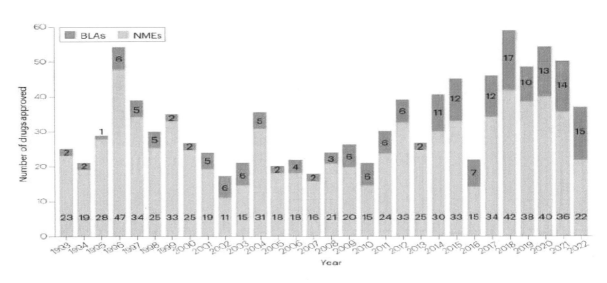

[그림 133] 연도별 FDA신약 허가 현황
*2022년에는 [신물질신약(NME) 22개, 바이오신약(BLA) 15개] 허가됨

바이오의약품 제제별로는 생물학적 제제, 유전자재조합의약품, 세포배양의약품, 세포치료제, 유전자치료제 등으로 구별된다. 생물학적제제란 생물체에서 유래된 물질이나 생물체를 이용하여 생성시킨 물질을 함유한 의약품으로서 각종 백신, 혈액제제 및 항독소 등을 의미하고, 유전자재조합의약품은 유전자 조작 등으로 개발한 미생물 배양을 통해 필요한 단백질을 생산해 만드는 단백질 치료제 일종으로 인슐린, 성장 호르몬, 인터페론 등이 주를 이루고 있다.

세포배양의약품은 세포주를 이용하여 인공 항체를 만들어내는 항체치료제가 이에 속하며, 현재 5대 바이오신약 중 3개가 항체의약품으로 세계 바이오의약품 시장에서 큰 비중을 차지하고 있다.

유전자치료제는 질병치료 등을 목적으로 '유전물질 발현에 영향을 주기 위하여 투여하는 유전물질' 또는 '유전물질이 변형되거나 도입된 세포' 중 어느 하나를 함유한 의약품이다.

세포치료제, 유전자치료제 개발 초기에 체내 주입에 따른 부작용, 체내에서의 효과 미흡, 생명윤리와 관련된 이슈들 등 상용화 과정에서 여러 어려움을 겪었으나 최근 세포 배양·조작기술, 유전자 분석·조작 기술 등의 발전으로 기술적 난제들이 해결되고 있으며, 미국 FDA나 유럽 EMA에서 일부 제품들이 허가되며 시장이 확대되고 있다.

다만 세포·유전자 치료제 가격이 매우 고가[85]여서 환자 접근성이 떨어져 건강보험

---

85) 2017년 12월 FDA 허가를 받은 Spark Therapeutics(스파크 테라퓨틱스)의 유전자 치료제Luxturna(유전적 망막

적용 시 추가적인 재정 부담에 대한 우려도 존재한다.

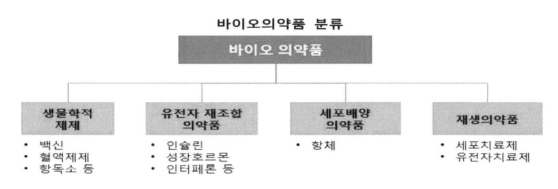

[그림 134] 바이오 의약품의 분류

최근 코로나19로 인하여 전 세계적으로 제약 산업은 매출 하락이라는 악재를 겪었고 수백 건의 임상시험이 보류되고 시험 판독이 지연되는가 하면, 국가 간의 이동에 제한이 생기며 M&A 협상이 중지되는 등 여러 문제가 발생하기도 했다.

코로나19 대유행으로 가장 큰 영향을 받는 분야는 병원 내 의사로부터 투여 받는 약물과 만성질환 치료제이다. 이러한 의약품은 제약사 매출의 3분의 2를 차지하고 있으며 사회적 거리두기와 봉쇄 조치 등으로 인해 환자들의 병원 접근이 어려워지면서 수술 횟수가 감소하는 등 영향을 크게 받을 수밖에 없었다.

실제로 2022년 화이자가 매출 127조원으로 글로벌 제약사 중 가장 많은 매출을 냈다. 노보노디스크, 화이자, MSD는 20% 이상 성장한 반면, 일부 제약사는 1%대 성장에 그치거나 매출이 하락해 뚜렷한 실적 양극화를 보였다.[86]
화이자는 코로나19 수혜를 제일 크게 받고 있는 제약사다. 코로나19 백신과 치료제를 모두 공급하는 회사는 화이자가 유일하다. 백신 '코미나티'와 치료제 '팍스로비드'의 2022년 연매출은 567억3900만 달러(71조6614억 원)에 달했다. 두 제품을 제외한 화이자의 2022년 매출 성장률은 2%에 그쳤다.

2022년 가장 높은 성장을 이룬 곳은 노보노디스크다. 특히 노보노디스크는 코로나19 수혜 기업이 아닌데도 26% 성장을 이끌어냈다. 노보노디스크의 2022년 연매출은 1769억5400만덴마크크로네(32조1702억 원)로 나타났다.

노보노디스크의 성장은 세마클루티드 성분의 GLP-1 유사체 시리즈 '리벨서스'와 '오젬픽', '위고비'가 이끌었다. 세마글루티드는 노보노디스크가 새로 개발한 장기지속형

변성 치료제)는 안구 1개당 42.5만 달러씩 책정한 바 있으며, 2019년 5월 Novartis(노바티스)의 척수성 근위축증 (Spinal Muscular Atrophy, SMA) 유전자치료제 Zolgensma(졸겐스마)는 210만 달러로 책정하여 현재 가장 비싼 치료제로 등극함

86) 데일리팜 '화이자·MSD·노보 글로벌 매출 껑충...혁신신약의 위력'

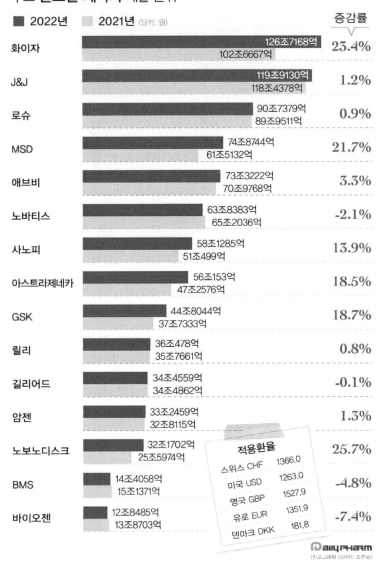

주요 **글로벌 제약사** 매출 순위

■ 2022년　■ 2021년 (단위: 원)　증감률

제약사	2022년	2021년	증감률
화이자	126조7168억	102조6667억	23.4%
J&J	119조9130억	118조4378억	1.2%
로슈	90조7379억	89조9511억	0.9%
MSD	74조8744억	61조5132억	21.7%
애브비	73조3222억	70조9768억	3.3%
노바티스	63조8383억	65조2036억	-2.1%
사노피	58조1285억	51조499억	13.9%
아스트라제네카	56조153억	47조2576억	18.5%
GSK	44조8044억	37조7333억	18.7%
릴리	36조478억	35조7661억	0.8%
길리어드	34조4559억	34조4862억	-0.1%
암젠	33조2459억	32조8115억	1.3%
노보노디스크	32조1702억	25조5974억	25.7%
BMS	14조4058억	15조1371억	-4.8%
바이오젠	12조8485억	13조8703억	-7.4%

적용환율

스위스 CHF	1366.0
미국 USD	1263.0
영국 GBP	1527.9
유로 EUR	1351.9
덴마크 DKK	181.8

DailyPHARM
(인포그래픽 디자인: 조진숙)

GLP-1 유사체 성분이다. 오젬픽은 주사제, 리벨서스는 경구제로 각각 개발됐다. 위고비는 세마글루티드 성분으로 만든 비만 치료제다.

세계 최초의 GLP-1 경구제 리벨서스는 2022년 134% 성장한 113억덴마크크로네(약 2조원)를 올렸다. 같은 기간 오젬픽은 77% 증가한 600억덴마크크로네(약 11조원)를 기록했다. 비만 치료를 목적으로 나온 위고비는 346% 상승한 62억덴마크크로네(약 1조원)를 올렸다. 주1회 맞는 위고비와 달리 매일 맞아야 하는 비만 치료제 '삭센다'(약 2조원)도 52% 증가하며 저력을 발휘했다.

한편 바이오의약품 대표격인 휴미라의 바이오시밀러가 2023년 1월 미국에서 정식 출시됐다. 본격적인 바이오시밀러 경쟁의 서막이 열린 것이다. 미국 바이오시밀러 시장은 2027년까지 61조원으로 전망되고 있어, 바이오시밀러의 격전지가 될 전망이다.

바이오시밀러는 특허가 만료된 바이오신약의 효능, 안전성, 품질 등 비슷한 특성을 가진 동등생물의약품으로, 바이오시밀러는 바이오신약에 비해 상대적으로 개발비용 및 개발기간을 절감할 수 있고, 제품 가격이 바이오신약의 약 70% 수준이며, 이미 검증된 제품을 생산하기 때문에 단기간에 성장이 가능하다는 장점을 보유하고 있다.

미국의 바이오의약품 시장은 품목별 결산액 기준, 지난 5년간 연평균 12.5% 성장해 케미컬의약품(비생물의약품) 연평균성장률 1.3%를 크게 앞지른 것으로 나타났다. 심지어 바이오의약품은 전체 의약품 지출액의 46%까지 차지하는 것으로 분석됐고, 특히 올해 바이오시밀러 시장은 최대 15% 더 성장할 것으로 예측됐다.

최근 오리지널 바이오의약품 중 일부 품목이 특허 만료 시일이 다가옴에 따라 바이오시밀러와 경쟁에 직면했으며, 이에 따라 바이오시밀러 시장은 더 가파르게 성장할 예정이라고 전망했다.

현재 오리지널에 대한 바이오시밀러 시장은 380억 달러(47조5000억 원)에 이를 것으로 예측되고 있으며, 개발 중이거나 승인이 진행 중인 바이오시밀러까지 합하면 최대 960억 달러(120조원) 규모의 오리지널 시장이 영향을 받을 것으로 예측됐다. 또 출시된 바이오시밀러는 오리지널의 약 24%를 대체할 것으로 분석됐고, 총 바이오시밀러 매출액(결산액 지출)의 약 11% 영향을 줄 것으로 나타났다.

바이오시밀러 효율성(DDDs)은 바이오시밀러가 승인 및 출시된 시장에서의 점유율을 바이오시밀러의 일일복용량(DDS) 기준으로 계산 한 값을 말한다. 즉, 바이오시밀러 효율성이 높을 수록 바이오시밀러가 출시되면 바이오시밀러가 효율적으로 사용될 가능성이 높다는 것을 의미한다. 2016년 4분기 바이오시밀러 효율성 수치의 큰 하락은 인슐린제제의 바이오시밀러가 출시된 시점이다.

실제 미국에서는 지난 2007년부터 12개 오리지널에 대한 30개 바이오시밀러가 출시됐다. 또 2023년 하반기까지 해당 품목들에 대한 바이오시밀러 10개가 추가로 출시될 예정이다. 이 외에도 오리지널 20개 품목에 대해서도 바이오시밀러가 임상 개발 후반 단계에 와있거나, 승인을 준비 중이다. 전 세계적으로 가장 높은 매출을 기록하고 있는 휴미라(아달리무맙)의 바이오시밀러 '암제비타'가 2023년 1월에 출시됐다. 암제비타는 글로벌 빅파마 애브비 제품이다.

특히 의료비 지출이 가장 높은 면역학, 당뇨병제, 종양학 질환군에서의 전체 바이오의약품 지출의 약 70%로 집계됐다. 해당 질환군에 대한 바이오의약품 성장률은 각각 18.4%, 12.3%, 14.8%로 나타났다. 특히 호흡기 질환군에서는 바이오의약품이 지난 2017년 이후 19.7%의 연평균성장률을 기록해 가장 높은 성장을 나타냈다.

바이오시밀러는 항암제, 인슐린, 면역학 분야에서 많은 출시와 높은 경쟁이 전망되고 있으며, 앞으로는 호흡기제제, 항혈전제, 다발성경화증 분야에서도 높은 성장이 예견된다. 여기에 성장 호르몬, 골다공증 치료제, 안과 질환 분야에서도 바이오시밀러 출시가 이어질 것으로 전망한다.[87]

글로벌 바이오시밀러 시장 성장 전망에 따라 기업 간 경쟁도 매우 심화될 전망이다. 바이오신약 개발사인 다국적 제약업체 뿐 아니라 합성의약품을 제조하는 대형업체(Pfizer, Merck 등), 제네릭 선두업체들(Teva, Sandoz 등)도 M&A 등을 통해 적극적으로 바이오시밀러 시장에 진입하고 있다.

국가 및 기업별 구분

화이자	7개
삼성바이오에피스	5개
암젠	5개
마일란	4개
산도스	4개
셀트리온	3개
...	6개
계	34개

바이오시밀러를 허가받은 기업별로 살펴보면 가장 많이 허가받은 기업은 미국의 화이자로 총 7개의 바이오시밀러를 허가받았으며, 그 다음으로 한국의 삼성바이오에피스와 미국의 암젠이 각각 5개를, 미국의 마일란과 스위스의 산도스가 각각 4개, 한국 셀트리온 3개 순으로 허가를 많이 받았다.

한국은 미국에 이은 2번째 바이오시밀러 강국이지만, 최근 인도 기업이 미국의 바이오시밀러 강자인 비아트리스(마일란)의 바이오시밀러 사업을 인수한다고 발표하면서 미국 내 각 나라 간 바이오시밀러의 경쟁 기류에 변화가 있을 것이라는 예측이 나오고 있다. 인도 Biocon Biologics는 2022년 2월 28일 마일란의 바이오시밀러 사업을 33억 달러에 인수하면서 기존 마일란이 미국에서 허가받은 4개의 바이오시밀러 보유 기업이 됐다.

---

87) 약업신문 '美 바이오시밀러 시장, 2027년까지 60조원 전망'

세계 최대 매출 의약품인 휴미라에 대해서는 현재 7개의 바이오시밀러가 허가를 받아 출시준비 중이며, 출시 예정인 2023년부터 치열한 시장 경쟁이 예상된다.

미국에서 바이오시밀러는 오리지널 의약품에 비해 약가가 15%에서 35% 저렴하다. 미국은 OECD 32개국에 비해 전문의약품 약가는 256% 높고, 브랜드 의약품의 경우 344% 높으며, 미국 매출 상위 60개 품목은 395%, 바이오의약품은 295% 높은 것으로 알려졌다. 반면 제네릭의약품(바이오 제외)의 경우에는 OECD 32개국 약가의 84% 수준이다.

미국 바이든 행정부가 미국의 높은 전문의약품 약가와의 전쟁을 선포했으며, 미국 보건부(HHS)는 환자에게 저가의 옵션을 제공할 수 있는 제네릭 및 바이오시밀러 지원을 강화하기로 한 만큼 미국 바이오시밀러 시장은 더욱 확대될 것으로 보인다. 여기에 미국 FDA의 연이은 인터체인저블 바이오시밀러 지정으로 미국 바이오시밀러 시장의 확대는 가속할 것으로 전망된다.[88]

나) M&A 동향

2013년 이후 글로벌 제약기업의 M&A는 거래건수와 규모 모두 크게 증가하였고, 라이센싱 거래의 경우 최근 건수는 감소하고 있으나, 거래규모는 과거 대비 증가하고 있는 추세이다. 이는 글로벌 제약기업들이 효율적인 R&D 지출을 위해 자체적인 R&D 투자를 통한 파이프라인 확대보다는 타사 파이프라인 인수에 비용지출을 증가한 결과라고 할 수 있다.

즉, 신약개발에 따른 비용 및 위험 증가로 인해 글로벌 제약기업들은 M&A, 라이센싱 인/아웃과 같은 오픈 이노베이션 전략을 선택하며 자본 효율성 제고를 추구하는 것이다.

특히 최근 M&A는 항암제, 희귀의약품 등 차세대 바이오의약품 파이프라인 확대, 디지털 기술을 접목한 유전체 분석, 정밀의료 부문을 중심으로 이루어지고 있다.

---

88) BIO TIMES '세계 2위 바이오시밀러 강국 '한국', 인도 공습에 위상 흔들리나'

M&A의 목적	
규모의 경제 확보/ 선택적 사업철수	규모의 경제, 시너지 모색 등을 위한 전략부문 인수 또는 핵심부문 주력을 위해 비핵심 부문 매각 등 사업 철수
신규 파이프라인 확보	기존보유 의약품의 특허만료 등으로 신규 파이프라인 확보 필요성 증가 시
바이오 등 신기술, 신사업 진출	기존사업이 아닌 신기술, 신사업 진출 필요 시
NRDO 전략추구	초기 아이템 검증 후 인수하여 후속개발을 통해 신약개발

[표 212] 제약기업들의 M&A 목적

지난 2022년도에 전 세계 제약바이오 기업들의 M&A가 거래 규모와 가치 측면 모두에서 크게 감소하며 수년 만에 최저치를 기록한 것으로 나타났다. 글로벌 경기 둔화에 대한 우려와 금리 상승에 따른 자본 비용 부담 증가 등으로 인해 기업들이 투자기조를 보수적이고 신중한 방향으로 선회한 까닭이다.

헬스케어 산업 빅데이터 분석기관 아이큐비아는 최근 '2022년 제약바이오 거래 (Pharma Deals) 분석'이라는 보고서를 발표하며 2022년 글로벌 제약바이오 섹터에서의 거래들이 여러 역풍(headwind)에 직면했다고 분석했다.

지난 2020년에 발생한 코로나19로 M&A 활동이 잠시 위축됐지만 이듬해인 2021년에는 유수의 제약바이오 기업들이 백신 및 치료제 개발에 반등에 성공했다.

하지만 2022년 들어서는 미 연준의 금리 인상 기조가 지속되면서 글로벌 거시 경제의 불안정성과 자본 시장의 불확실성, 점차 어려워지는 자금 조달 환경 등의 악재가 발생하며 전체 제약바이오 기업들의 M&A(인수합병), 라이선싱, 파트너십 거래 등이 크게 감소했다.
IQVIA Pharma Deals 데이터베이스에 따르면 단독 연구 보조금(standalone research grants)을 제외한 제약바이오 섹터의 2022년 계약 체결 건수는 전년(2021년) 대비 25% 감소하며 위축된 모습을 보였다.

특히 코로나19를 비롯한 바이러스와 관련된 거래 활동이 절반 이상 감소했으며 2022년에 체결된 거래 중에서 코로나19와 관련된 것은 전체의 10% 미만이었다. 월별 거래 체결 건수를 살펴보면 1월에 가장 거래량이 많았고 중반에 정체기를 거쳐 지속적으로 하락하다 12월에 최저 수준까지 떨어졌다.[89]

---

89) 팜뉴스 '지난해 글로벌 제약바이오 M&A, 근 5년간 역대 최저치 기록'

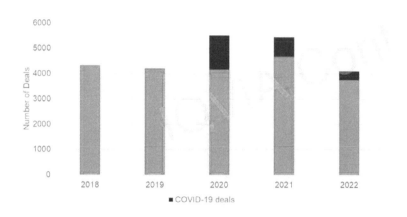

모든 딜의 건수(펀딩 어워드 제외), 2018-2022년

이뿐만이 아니라 제약바이오 거래 중에서도 M&A 영역에서의 둔화세가 두드러졌는데 M&A 규모는 2021년부터 2022년까지 30%가 감소했고 거래 총액과 건수 모두 최근 5년 동안 '역대 최저치'를 기록했다.

아이큐비아 데이터베이스에 따르면, 단독 연구 보조금(Standalone Research Grants)을 제외한 생명과학 분야의 계약 체결 건수는 2022년 전년 대비 25% 감소했다. 특히 바이러스와 관련된 활동은 절반 이상 감소했고 특히 코로나19와 관련된 거래는 전체 10% 미만으로 조사됐다.

2022년 M&A 거래 총 금액은 7억 5700만 달러로 전년 9억 4300억 달러 대비 20% 감소했다. 이는 2019년 코로나19라는 순풍을 얻고 급성장한 16억 200만 달러의 절반에도 미치지 못하는 수치다.

상위 10개 M&A 거래의 총액은 849억 달러 규모였다. 이 중 가장 높은 거래 금액은 암젠(Amgen)의 호라이즌 테라퓨틱스(Horizon Therapeutics) 갑상선 안질환 치료제 'Tepezza'를 포함한 희귀질환 치료제 포트폴리오 인수다.

이어 2~5위는 존슨앤존슨(Johnson & Johnson) 에이바이오메드(Abiomed)의 심장, 폐, 신장 보조 기술이 추가된 메드텍(Medtech) 포트폴리오의 다양화 및 확장 인수, 화이자(Pfizer) 바이오헤이븐 파마수티컬(Biohaven Pharmaceutical) 이중 작용 편두통 치료제 'Nurtec ODT'를 포함한 칼시토닌 유전자 관련 펩타이드(CGRP) 프로그램 인수, 다케다(Takeda)의 님부스 락쉬미(Nimbus Lakshmi) 경구 선택적 알로스테릭 'TYK2(티로신 키나아제2) 억제제' 인수, 화이자(Pfizer)의 글로벌 블러드 테라퓨틱스 (Global Blood Therapeutics) 겸상 적혈구 질환 치료제 포트폴리오 및 파이프라인

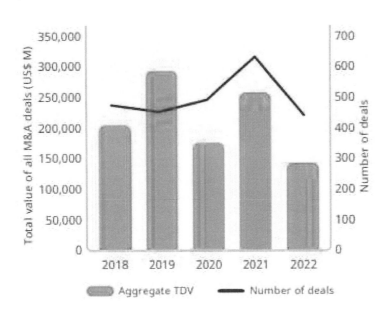

Source: IQVIA Pharma Deals

[그림 138] 2018-2022 글로벌 제약사 M&A 거래 총액

인수다.

상위 10건의 M&A 중 거래규모가 100억 달러 이상은 3건이었다. M&A 거래 금액이 50억~100억 달러 규모는 2022년에는 단 2건인 데 반해 2021년에는 6건이나 됐다.

가장 높은 거래 금액을 기록한 회사는 암젠이지만 가장 많은 양의 거래를 한 회사는 머크(Merck & Co.)다. 머크는 거래 규모가 전년에 비해 28% 감소했음에도 불구하고 2022년 총 55건의 거래를 성사시켰다. 로슈(Roche)가 49건으로 2번째로 많았고, 이어 노바티스(Norvatis), 일라이 릴리(Eli Lilly), 아스트라제네카(AstraZeneca), 화이자(Pfizer), 사노피(Sanofi), 존슨앤존슨(J&J), GSK, BMS 순이었다.

한편, M&A 거래 규모 상위 기업들은 종양학(Oncology)에 집중해 투자를 진행한 것으로 나타났다.

머크 거래의 50%는 면역치료제인 키트루다(Keytruda)와 타사 종양학 에셋을 결합한 임상시험 협력이었다.

로슈도 2022년 주요 종양학 에셋을 중심으로 한 임상시험 협력, 동반 진단, 바이오마커 및 분석 개발을 위한 다양한 공동 개발 계약, 신약 개발 및 라이선스 프로그램을 위한 협력 등의 거래를 진행했다.

2022년 M&A에 가장 지출을 많이 했던 암젠의 거래 내용도 호라이즌 테라퓨틱스 인수를 비롯, 키로센트릭스(ChemoCentryx), Generate Biomedicines, Plexium, LegoChem Biosciences와 같은 종양학에 중점을 둔 회사들과 Y&D 및 기술 협력이 주를 이뤘으며, 사노피도 종약학과 면역학(Immunology) 분야의 신 후보물질 발굴 단계 협력과 관련된 거래가 총 지출액 230억 달러의 대부분을 차지했다.

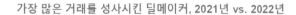

가장 많은 거래를 성사시킨 딜메이커, 2021년 vs. 2022년

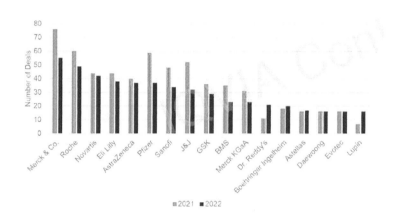

보고서는 "업계는 여전히 인플레이션, 높은 금리, 불안정한 자본 시장과 같은 경제적 불확실성에 직면해 있지만, 2023년 생명과학 분야의 거래 전망은 낙관적인 변화를 보일 것으로 예측한다."며 "특히 암젠의 호라이즌 테라퓨틱스의 인수는 2023년 M&A 시장 활성화의 전조로 작용할 수 있다"고 분석했다.

이어 "2023년에도 종양학 관련 거래량이 주를 이룰 것으로 예상되지만 염증, 면역학 및 희귀질환 분야에서도 주목할 만한 거래활동이 예상된다."며 "글로벌 빅 파마들이 핵심 치료 영역 내 서로 다른 접근 방식을 추구하는 모습을 보이고 있는 만큼, 공동 R&D 활동을 포함한 거래 활동은 코로나19 팬데믹 이전 수준을 유지할 것으로 예상된다."고 전했다.

다만, 글로벌 주식 시장이나 벤처 캐피탈로부터 자금을 조달하는 데 어려움을 겪을 가능성이 존재하는 만큼, 빅 파마의 우선순위가 낮은 자산의 라이센싱 아웃도 주요 추세로 남을 수 있다고 예측했다.[90]

90) 약업신문 '높아진 금리 속 '양'보단 '질'에 집중하는 글로벌 제약사'

라) 최근이슈

코로나19의 영향으로 세계 각지에서 의약품 공급 부족 사태가 발생하면서 필수 의약품의 안정적인 공급망 구축이 각국의 핵심적 정책 과제로 부상했다. 그동안 미국, EU 등은 글로벌 가치사슬(Value chain) 상에서 부가가치가 높은 연구개발, 임상시험 등에 특화하고 부가가치가 상대적으로 낮은 제조 부문을 등한시해왔다.

그러나 지난 2021년 2월 미국 바이든 대통령의 공급망 점검 행정명령에 따라 같은 해 6월 백악관이 발표한 보고서에서는 기존의 제한된 정부의 역할과 시장 논리에 따른 자원배분, 원가절감을 위한 분업화와 아웃소싱이 공급망 상의 특정 부분에서 중국 등 외부 의존도를 높이는 결과를 초래했으며, 이는 미·중간 전략적 경쟁 국면 속에서 국가안보의 위험 요소로 부상했다는 점을 문제점으로 지적하고 있다.

그동안 미국은 생산원가 절감과 환경규제 회피 등의 목적으로 원료의약품 제조설비의 대부분을 해외로 이전해 왔다. 2021년 3월 기준 원료의약품 제조설비의 73%가 미국 외부에 위치하고 있으며, 특히 제너릭(복제약) 원료의약품의 제조설비는 87%가 해외에 소재한 것으로 나타났다.

미국은 자국 내에서 소비되는 제너릭 완제의약품의 약 40%를 인도에서 수입하고 있는데, 인도는 이를 생산하기 위한 원료의약품의 약 70%를 중국에서 수입하고 있어 미국의 의약품 공급망에서 중국의 영향력은 수치로 드러난 것보다 더 큰 것으로 평가된다. 특히 미국은 제너릭 항생제, 해열진통제 등 국민 보건에 필수적인 의약품의 대부분을 중국에 의존하고 있다. 이에 따라 미국은 의약품 공급망의 안정성 강화를 위해 △자국 내 의약품 생산 확대를 위한 인센티브 제공, △핵심 의약품의 재고 확보 및 관리시스템 구축, △동맹국과의 협력 강화 등을 추진할 계획이다. 제약산업의 글로벌 강자인 유럽도 제너릭 원료의약품의 90%를 중국으로부터 수입하고 있는 것으로 보고되고 있으며, 이에 따라 지난해 말 EU 집행위원회는 <유럽 新제약산업 전략(Pharmaceutical Strategy for Europe)>을 발표(2020.11)하여 제약산업의 발전 방향을 제시하고 공급망의 위기대응 능력을 높일 것을 주문하고 있다.[91]

글로벌 바이오의약품 시장은 최근 7년('12~'19년)간 연평균 8.6% 성장했으며, 향후 6년('20~'26년)간 연평균 10.1% 성장하여 시장 규모가 더욱 확대될 전망이다.

---

91) 『전 세계 의약품 공급망의 변화와 우리 수출의 경쟁력 분석』 2021년 24호 한국무역협회 국제무역통상연구원 1-2p

∎ 글로벌 바이오의약품 시장규모 및 매출비중 (십억 달러, %)

자료 : Evaluate Pharma World Preview 2020, Outlook to 2026

　2019년 기준 글로벌 매출 상위 100대 의약품 중 바이오의약품 비중이 53%로 절반 이상을 차지하고 있으며, 전체의약품 시장에서 바이오의약품 매출 비중도 '19년 29%에서 '26년에는 35%로 증가할 것으로 전망된다.
　한편, 주요 오리지널 바이오의약품의 특허가 2020년 이후 대거 만료될 예정에 있어 향후 바이오시밀러 시장도 급속히 확대될 전망이다.

　바이오시밀러는 바이오신약에 비해 상대적으로 개발비용 및 소요기간을 단축할 수 있고, 최근 세계 각국이 의료비 재정부담을 축소하고 의약품에 대한 환자 접근성 개선 등을 위해 상대적으로 저렴한 바이오시밀러 사용을 장려하면서 시장이 빠르게 확대되는 추세다.

　신약개발은 후보물질 탐색부터 임상시험을 거쳐 품목허가를 받기까지 약 10~15년의 시간과 대규모 자금이 소요되므로, 최근 글로벌 제약기업들은 필요한 기술과 아이디어를 외부와의 협업을 통해 가져오거나 공유하는 개방형 혁신(Open Innovation)을 통해 신약개발의 효율성을 높이고 있다.

　자체 역량에 의존해 연구개발에서 사업화 단계까지 기밀을 유지하는 폐쇄형 혁신 모델에서 벗어나 외부의 지식, 기술, 경험을 적극적으로 받아들이는 개방형 혁신 전략이 대세로 부상하고 있는 추세다.

　제약산업의 개방형 혁신은 개방 범위와 단계에 따라 △아웃소싱 △라이선싱 △협업 △오픈소스형 등 4가지로 구분될 수 있다. 아웃소싱형(Pure Outsourcing)은 전임상 테스트, 임상시험 모니터링, 환자 모집 등 비핵심 분야에서 임상 대행기업(CRO) 등과 같은 외부 자원을 활용하는 단계다.[92]

---

92) 『전 세계 의약품 공급망의 변화와 우리 수출의 경쟁력 분석』 2021년 24호 한국무역협회 국제무역통상연구원 8-10p

3. 대표적인 바이오제약기업

가. 셀트리온
1) 업체 현황
가) 개요

소재지	인천광역시 연수구
설립일	1991.02.27
웹사이트	www.celltrion.com
매출액	22,839억 원 (2022년 기준)

셀트리온의 모체는 1991년 2월 세워진 (주)동양연구화학이다. 2001년 12월 (주)오알켐으로, 2008년 8월 (주)셀트리온으로 상호가 변경되었다. 셀트리온의 주력 사업은 바이오시밀러 사업, 항체 신약 개발 사업, 단백질 의약품 계약생산사업이다.

셀트리온은 항체 바이오시밀러 개발에 성공해 2012년 세계 최초로 제품허가를 획득한 이후 바이오베터, ADC, 독감 치료제 등 혁신적 신약 개발에 역량을 집중하고 있다.

셀트리온에서 개발된 램시마는 세계 최초의 항체 바이오시밀러이자 자가면역질환 치료제로, 2012년 7월 한국 식품의약품 안전처의 허가를 획득했으며, 2013년 유럽의약품청(EMA)과 미국 식품의약국(FDA)로부터 판매 허가를 획득했다.

이후 셀트리온은 휴미라의 바이오시밀러인 CT-P17, 아바스틴의 바이오시밀러인 CT-P16을 후속제품군으로 선보였으며, 유방암 치료용 항체 ADC(Antibody-Drug Conjugate) CT-P26 역시 임상 2a/b상까지 완료한 상황이다.

셀트리온의 주요 생산제품에는 바이오의약품(CT-P13 바이오시밀러), 케미컬의약품(고덱스, 램시마) 등이 있다. 계열회사로는 (주)셀트리온홀딩스, (주)셀트리온헬스케어, (주)셀트리온지에스씨, (주)셀트리온에스티, (주)셀트리온제약, (주)셀트리온화학연구소, 등이 있다.

주요 매출 구성은 바이오의약품 84.63%, 케미컬의약품 15.16%, 용역 0.21% 등으로 나타난다.

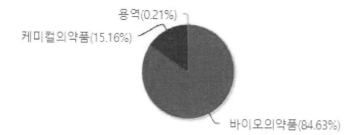

[그림 141] 셀트리온 주요 매출 구성(2023/03)

셀트리온은 2022년 연결 기준 매출액 2조2839억 원, 영업이익 6471억 원, 영업이익률 28.3%를 달성했다고 밝혔다. 전년 대비 매출액은 20.6%가 증가한 것으로 역대 최대 규모의 연간 매출을 기록했다.

2022년 4분기의 경우 매출액 5106억 원, 영업이익 1006억 원으로 코로나19 및 CMO 관련 매출이 감소했음에도 불구하고 바이오시밀러 사업 매출은 전년 동기 대비 50% 이상 성장하며 순항 중에 있다.

셀트리온은 본업인 바이오시밀러 사업의 성장에 힘입어 역대 최대 연간 매출을 달성했다. 특히, 램시마IV의 미국 점유율 증가와 신규 제품 출시로 매출이 증가했으며, 케미컬의약품 매출 역시 전년 대비 30% 이상 증가하며 매출 성장을 견인했다.

영업이익은 전년 대비 일부 감소했으나 상대적으로 수익성이 낮은 램시마IV의 매출 비중 증가 및 진단키트 관련 일시적 비용 발생에 의한 것으로, 진단키트 관련 일시적 비용을 제외하면 연간 30%대 영업이익률을 유지했다. 또한, 진단키트 평가손실은 지난 2022년 4분기까지 모두 처리 완료했으며 향후에는 관련 영향이 미미할 것이다.

셀트리온은 신규 바이오시밀러 제품 출시, 바이오시밀러 제형 및 디바이스 차별화, 바이오신약 개발 등 미래 신성장 동력 확보를 통해 2023년에도 성장을 지속한다는 계획이다.[93]

---

93) HIT NEWS '셀트리온, 매출 2조2839억... 역대 최대 매출'

나) 주요제품

셀트리온의 주요 생산제품에는 최초의 항체 바이오시밀러인 램시마(성분명: infliximab)가 있다. 레미케이드의 바이오시밀러인 램시마는 2012년 세계최초로 항체 바이오시밀러 제형으로 허가받아, 2013년 유럽의약품청(EMA)로부터 판매승인을 받았으며, 2016년에는 미 식품의약국(FDA)에도 승인을 받았다. 미국에서는 인플렉트라(inflectra)로 판매되고 있다.

또 다른 주요 제품에는 트룩시마(성분명 : Rituximab)와 허쥬마(성분명 : trastuzumab)가 있다. 리툭산의 바이오시밀러인 트룩시마는 2017년 2월 유럽의약청(EMA)으로부터 판매승인을 받았으며, 연간 약 8조원의 매출을 올리는 허셉틴의 바이오시밀러인 허쥬마는 2018년 2월 유럽의약품청(EMA)으로부터 판매허가를 획득했다.

	성분	인플릭시맵(infliximab)
	적응증	류마티스 관절염, 강직성 척추염, 궤양성 대장염, 성인 크론병, 소아 크론병, 건선, 건선성 관절염
	Protein Type	단일 클론 항체 (mAb)
	작용기작	류마티스 관절염 등 자가면역 질환의 원인이 되는 종양 괴사인자(TNF-α)에 대한 중화반응을 유도하여 질환의 진행을 완화

[표 214] 램시마

	성분	트라스투즈맙(trastuzumab)
	적응증	HER2 과발현된 전이성 유방암과 조기 유방암, 전이성 위암
	Protein Type	단일 클론 항체 (mAb)
	작용기작	유방암 세포 표면에서 특이적으로 과다하게 발생하는 특정항원 (HER2)에 결합하는 항체로써 유방암 세포의 증식 및 성장을 억제

[표 215] 허쥬마

	성분	리툭시맙(rituximab)
	적응증	림프종, 류마티스관절염, 만성 림프구성 백혈병, 베게너육아종증 및 현미경적 다발혈관염
	Protein Type	단일 클론 항체 (mAb)
	작용기작	악성 B세포에 발현되는 CD20항원을 표적으로 체내 면역체계가 표지된 B 세포를 용해함으로써 해당 적응증에 약리작용을 일으킴

[표 216] 트룩시마

다) R&D

셀트리온 연구소는 신약 후보물질 탐색, 유전자 재조합을 통한 세포주 개발 및 발현, 바이오의약품 대규모 생산 등 바이오 산업 전 과정에 걸쳐 축적한 연구 역량 및 기술을 보유하고 있다.

이러한 기술력을 바탕으로 셀트리온은 여러 질환을 치료하기 위한 차세대 의약품을 개발하고 있다. 특히 향후 각종 바이러스성 질환을 극복하는 데 큰 역할을 할 것으로 예상되는 항체 개발 기술과 차세대 바이오의약품 기술로 각광받고 있는 항체와 합성 의약품의 융합 기술 등 다양한 핵심 기반기술을 보유하고 있으며, 이러한 선도기술을 바탕으로 우리나라의 바이오 신약 개발을 이끌고 있다.

셀트리온의 주력 연구 분야는 새롭게 신약이 될 수 있는 후보 항체를 개발하는 것이다. 항체 스크리닝 및 Poc를 통한 후보항체 발굴, 타깃 질환 선정 및 표적물질 발굴, 표적 물질의 효용성 검증, 후보항체의 작용 기전 규명 등을 통하여 차세대 신약으로 각광받고 있는 항체 의약품을 연구·개발하고 있다.

또한 램시마, 허쥬마, 트룩시마 등 다양한 항체 의약품의 바이오시밀러 개발에도 주력하고 있으며, 바이오시밀러 뿐만 아니라 감염성질환 치료제, 바이오베터, 백신 등의 분야에서 자체 신약을 개발하고자 하는 연구에 많은 투자를 하고 있다.

셀트리온에서는 신약 개발 연구뿐만 아니라 생산공정도 개발하고 있다. 높은 항체 생산 능력을 갖춘 세포주[94])를 확립한 이후 이를 배양하고 정제시킬 수 있는 최적의 공정개발 방법을 수립하였다. 이 후, R&D 노하우를 생산단계까지 기술 접목시켜, 높은 생산률에도 기여하고 있다. 이러한 노력의 결과 효율적인 자체 설비를 갖추고 있으며, 글로벌 제약회사로부터 생산 공정 개발과 제품 생산을 의뢰받는 등의 성과를 거두었다.

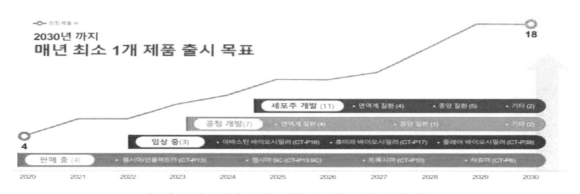

[그림 145] 중장기 바이오시밀러 파이프라인 개발 계획

---

94) 세포주: 유전자 재조합 기술을 활용해 특정 세포가 원하는 목표 단백질을 생산할 수 있도록 유전자를 변형한 무한증식세포로 바이오의약품 생산의 기초가 되는 물질.

라) 신규 사업 및 전망

국산 1호 코로나19 치료제 '렉키로나'

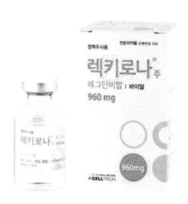

셀트리온의 코로나19 항체 치료제 '렉키로나'

셀트리온의 코로나19 항체 치료제 '렉키로나'는 동물 효능 시험에서 베타, 감마, 델타 변이에 대해 중화 능력이 있다는 결과를 확보했고, 유럽 EMA에 델타 변이 관련 동물 자료 또한 제출했다. 또한 2021년 7월 인도네시아 식품의약품감독청으로부터 긴급사용승인을 받았고, 8월엔 브라질 내 긴급사용승인을 획득한 바 있다.

셀트리온의 렉키로나가 2021년 하반기에 더욱 주목받는 이유는 변이 바이러스 출현에 따라, 코로나19가 '엔데믹(주기적 유행병)'으로 가고 있는 상황에서 효과 있는 치료제에 대한 연구와 관심이 계속되고 있기 때문이다. 이에 따라 셀트리온은 렉키로나의 변이 바이러스에 대한 효능과 폭넓은 환자군에서 부작용이 없음을 입증하는 게 관건이다.

셀트리온의 렉키로나는 정맥 주사제다. 생산이나 보급 등에 한계가 있을 수 있다. 이에 전문가들은 스프레이나 가루, 알약 형태의 백신과 치료제에도 주목하고 있다. 가격과 생산적 측면에서 지금보다 더 나아지고 아프리카, 동남아시아 등 백신 공급이 어려운 지역에도 원활한 공급이 예상되기 때문이다.

이에 따라 셀트리온은 흡입형 렉키로나를 개발 중이다. 셀트리온은 2021년 8월 4일 호주 식품의약품안전청(TGA)으로부터 코로나19 치료제 렉키로나 흡입제형의 개발을 위한 임상1상 시험계획서(IND)를 승인받았다. 셀트리온에 따르면 흡입형 렉키로나는 코로나19 바이러스에 감염된 기도 점막에 항체를 전달하는 방식이다. 폐에 약물을 전달하기 때문에 환자 편의성 증대 측면에서 감염자 정맥에 투여하는 항체치료제보다 접근성이 높을 것으로 보고 있다.

따라서 증권업계는 셀트리온과 셀트리온헬스케어가 2021년 하반기엔 실적 반등을 꾀할 수 있을 것으로 보고 있다. 기존 제품의 판매성과가 늘어날 뿐만 아니라 코로나19 치료제 렉키로나를 판매하는 국가가 늘어날 가능성이 커서다.

이에 대하여 증권업계 연구원은 "9~10월 렉키로나 유럽 승인을 받게 되면 공급 계약이 이어질 것으로 전망된다"며 "렉키로나는 신약이기 때문에 고마진으로 추정되며 계약 규모에 따라 실적 개선 폭이 커질 수 있다"고 설명했다. 그는 이어 "유럽 내 국가에서 레퍼런스 승인으로 면제 받는 국가들이 나타날 수 있으며, 관련 국가 비축물량 계약 확대로 이어질 것으로 예상된다"고 덧붙였다.[95]

한편, 브라질 식약위생감시국(ANVISA)으로부터 긴급사용승인을 받은 셀트리온의 렉키로나가 브라질에 도착했다는 소식이 전해졌다. 셀트리온헬스케어는 이미 민간 병원들을 상대로 치료제 사용데 대한 협상을 강화했다. 브라질 현지에서 평균 15일이 소요되는 반입절차를 거쳐 2021년 9월 말 이전에 약 1200명의 환자에게 제공될 것으로 예상된다. 아직 약가는 책정되지 않았다.

앞서 브라질 보건당국은 제출된 자료를 종합적으로 검토해 코로나19로 확진된 성인 고위험군 경증환자, 중등증 환자를 대상으로 렉키로나의 긴급사용을 승인했다. 이와 같은 렉키로나의 브라질 입성을 앞두고 현지 의료계에서도 기대가 높아지는 분위기다.

'국산 1호' 코로나19 치료제인 렉키로나는 브라질과 인도네시아에 이어 미국과 유럽 진출도 임박한 것으로 알려졌다. 미국 식품의약국(FDA)과 긴급사용승인 신청을 위한 사전 미팅을 수차례 진행했고, 조만간 FDA에 승인을 신청할 예정이다. 증권가에서는 코로나19 치료제들의 사례를 감안했을 때 신청 이후 약 1개월 후 승인이 이뤄질 것으로 기대되는 만큼 이르면 2021년도 4분기부터 미국 진출이 본격화될 것으로 내다본다.

특히 셀트리온은 렉키로나의 변이대응력을 높일 이른바 '칵테일 임상'에 돌입해 미국과 유럽 시장 진출에 탄력을 더한다는 계획이다.[96]

95) 셀트리온 실적 반등 키워드 '렉키로나'…글로벌시장 공략하나. 2021.8.24. 이코노미스트
96) 셀트리온 코로나19 치료제 '렉키로나', 내일 브라질 도착. 2021.9.2. The GURU

셀트리온이 일본 다케다제약으로부터 인수한 복합제 2종의 국내 임상시험에 속도를 내고 있다. 식품의약품안전처에 따르면 셀트리온의 CT-L08과 CT-L09가 2021년 7월, 임상 1상 시험계획승인을 받고 현재 환자 모집을 하고 있다는 소식이다. 두 후보물질은 모두 셀트리온이 일본 다케다제약으로부터 인수한 것이다.

둘 중 먼저 임상에 돌입한 CT-L08은 고혈압약 성분 '아질사르탄'과 고지혈증약 성분 '로수바스타틴'을 합친 2제 복합제로 파악되고 있다. 이 약의 임상 1상에선 총 36명의 건강한 성인이 목표 대상자다.

CT-L09는 '아질사르탄'과 '로수바스타틴'에 고지혈증약 성분 '에제티미브'를 추가한 3제 복합제로 알려졌다. 임상 1상에선 40명의 건강한 성인을 모집할 예정이다. 이 두 후보물질에 공통적으로 포함된 '아질사르탄'은 전 세계 연간 1조원대의 매출을 기록했던 '이달비정'의 주성분이다. 이달비정은 다케다제약이 셀트리온에 권리를 넘겼던 약물에 포함됐다.

국내 케미컬의약품 부문에서는 2021년도 2분기에만 172억원의 매출을 올린 간장용제 '고덱스캡슐'을 비롯한 기존 주력 제품과 당뇨병치료제인 '네시나', '엑토스', 고혈압치료제 '이달비'로 대표되는 신규 편입 제품이 안정적 매출을 올리며 성장을 견인했다.

셀트리온제약 관계자는 "자가면역질환 치료제 램시마SC는 물론 다케다 품목 인수로 신규로 편입된 당뇨병치료제와 고혈압치료제 등의 마케팅에 집중해 성장 속도를 올릴 것"이라고 말했다.[97]

---

97) 셀트리온, 다케다 인수 복합제 2종 임상 순항. 2021.9.3. CEOSCORE DAILY

2) 주식 정보

가) 개요

주식코드	068270
상장위치	코스피
업종	제약
WICS	제약

[표 217] 셀트리온 증권 정보 개요

시가총액	22조 4124억원
시가총액순위	코스피 13위
상장주식수	146,390,862
액면가/매매단위	1,000원 / 1주
외국인한도주식수(A)	146,390,862
외국인보유주식수(B)	29,210,912
외국인소진율(B/A)	19.95%

[표 218] 셀트리온 투자정보(2023.6.29.기준)

나) 종목분석 및 재무 현황

투자의견/목표주가	4.00매수 / 224,375
52Weeks 최고/최저	207,105 / 142,500
PER/EPS(2021.6)	38.34배 / 3,996원
추정 PER/EPS	35.24배 / 4,342원
PBR/BPS(2021.6)	5.26배 / 29,094원
배당수익률	N/A
동일업종 PER	85.21배
동일업종 등락률	+0.15%

[표 219] 셀트리온 투자정보(2023.6.29.기준)

별도손익계산서	2021/12	2022/12	2023/12(E)
매출액	18,934	22,840	25,721
영업이익	7,442	6,472	7,994
영업이익 (발표기준)	7,442	6,472	-
세전계속사업이익	7,386	6,262	7,923
당기순이익	5,958	5,426	6,442

[표 220] 셀트리온 손익계산서 표 (단위: 억원,%)

연결 제무상태표		2019/12	2020/12	2021/12	2022/12
자산	유동자산	16,107.3	22,942.0	26,997.8	25,805.3
	비유동자산	20,637.9	24,869.2	26,155.8	29,909.4
	자산총계	36,745.2	47,811.2	53,153.6	55,714.8
부채	유동부채	5,175.6	9,005.7	9,501.7	11,053.3
	비유동부채	2,862.9	4,592.6	3,653.8	2,961.9
	부채총계	8,038	13,598	13,155	14,015
자본	자본금	1,283	1,350	1,379	1,408
	자본잉여금	1,283.3	1,349.9	1,379.4	8,286.0
	기타자본	-1,272.1	-1,275.7	-1,454.1	-3,973.4
	기타포괄이익누계액	25.9	132.0	47.4	49.3
	이익잉여금	20,805.9	25,885.0	31,621.9	35,683.8

[표 147] 셀트리온 재무상태표(단위: 억원,%)

나. 신라젠

1) 업체 현황
가) 개요

소재지	부산광역시 북구 효열로 111, 부산지식산업센터 6층
설립일	2006년 3월
웹사이트	www.sillajen.com
매출액	50.1억 원 (2022년 기준)

신라젠은 항암 바이러스 면역치료제 (Oncolytic Virus Immunotheraphy)를 연구 및 개발할 목적으로 2006년 3월에 설립된 바이오 벤처기업으로, 암세포를 선택적으로 감염/사멸시키고, 면역세포가 암세포를 공격할 수 있도록 설계된 유전자 재조합 항암 바이러스에 기반한 차세대 항암치료제의 연구 및 개발 등을 주요사업으로 영위하고 있다.

연혁을 살펴보면 신라젠은 2010년 11월 기업부설연구소를 개소했고, 이듬해 12월에는 부산대기술지주와(주)와 공동으로 ㈜피엔유신라젠을 설립했다. 2012년 12월에는 미국의 바이오벤처 제네렉스(Jennerex)와 글로벌 임상시험수탁업체(CRO)Service&Royalty 협약을 체결했다.

2013년 5월 신라젠(주)과 양산부산대병원 임상시험센터(센터장 황태호)공동 연구팀은 토끼의 암(VX2)을 대상으로 바이러스 항암제 '펙사 벡'(Pexa-Vec·일명 JX-594)을 투여한 결과, 완치된 토끼의 혈청에서 항암 항체가 생성됨을 확인했고, 이 항체를 다른 토끼의 암에 투여한 결과 역시 암 치료 효과가 있음을 확인했다.

신라젠은 2013년 6월 ㈜피엔유신라젠을 흡수합병했으며, 10월에는 미국에 위치한 완전자회사 SillaJen USA, Inc.를 설립했다. 2014년 미국 제네렉스를 인수 완료한 뒤, 제네렉스의 사명을 SillaJen Biotherapeutics, Inc로 변경했다.

이후 2014년 11월 미국 소재의 자회사인 SillaJen Biotherapeutics, Inc.로부터 펙사벡에 대한 판권 미판매지역의 판권과 특허사용권을 부여받는 배타적 라이선스 계약을 체결하기도 하였다. 2015년 4월에는 펙사벡(Pexa-Vex)에 대해 미국 FDA로부터 전 세계 약 20여 개국 600여 명의 간암 환자를 대상으로 하는 글로벌 임상 3상 시험의 허가를 받았다.

신라젠은 2015년 4월 자회사인 SillaJen Bio와 자산양수계약을 체결함으로써 신라젠(주)은 한국, 중국(홍콩, 마카오 포함)지역에서 펙사벡의 라이선스를 부여한 주체가 되었으며, 중국 및 한국지역에서 펙사벡 관련 판권을 보유하고 있는 Lee's Pharmaceutical 및 (주)녹십자로부터 펙사벡 관련 임상비용과 펙사벡 판매에 따른 일정비율의 로얄티를 직접 받을 수 있는 권리를 보유하게 되었다. 같은 해 10월 미래창조과학부 및 보건복지부 공동주관 글로벌첨단바이오의약품 기술개발사업의 주관 연구기관으로 선정되었다.

최근 신라젠은 항암바이러스 펙사벡과 미국 리제네론의 면역관문억제제 세미플리맙의 신장암 대상 병용 후기 임상1상 중간 분석 결과를 미국암연구학회(AACR)에서 발표했다.

학회에 공개된 자료를 분석해 보면 정맥투여 환자군 16명 중에서 12명의 환자가 종양 크기가 감소하였고 그 중 9명의 환자가 30%이상의 종양 크기 감소를 보인 것으로 나타났다. 다만 이들 중 3명은 새로운 병변 발생 등의 이유로 PD와 SD로 구분됐다. 3등급 이상의 부작용은 5.7%에 불과하며 약물 투여 직후의 발열, 일시적 혈압 상승 등의 경미한 부작용이 대부분이었다.[98]

또한, 신라젠은 캐나다에서 항체 생성 여부를 확인할 목적으로 코로나19 백신 후보물질의 동물실험을 시작했다. 신라젠이 예상하는 동물실험 소요 기간은 6주로, 백신 후보물질인 2종의 유전자 재조합 바이러스 외에 후속으로 도출 예정인 백신 후보물질들도 순차적으로 실험을 진행할 계획이다.[99]

신라젠은 바이러스를 이용한 항암제 신약후보물질을 개발중인 회사로 제품이나 상품의 판매에 의한 매출은 없고, 상품 외 100%, 라이선스수익 0%, 마일스톤수익 0%, 공동연구개발수익 0% 등으로 매출을 구성하고 있다.

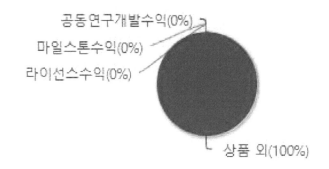

[그림 32] 신라젠 주요 매출 구성(2023/03)

100)

---

98) 신라젠, 펙사벡 신장암 1상 중간 결과 발표, 우영탁, 서울경제, 2020.04.28
99) 신라젠, 코로나19 백신 동물실험 시작, 정민하, 조선비즈, 2020.04.27
100) 신라젠, 임상시험 결과에 울고 웃고… 경영실적은?, 김대성, 조세일보, 2020.01.08

나) 주요제품 및 R&D

신라젠은 현재 제품이나 상품 판매는 하지는 않지만 파이프라인, 즉 발명 특허는 있으나 아직 시험이 필요해 제품화 과정이 오래 걸리는 발명품들은 보유하고 있다.

신라젠이 항암바이러스 치료제 '펙사벡'의 간암 환자를 대상으로 한 PHOCUS 임상3상을 조기종료하고, 앞으로는 펙사벡과 면역항암제 병용투여 임상에 집중하기로 했다.[101]

이는 독립적 데이터 모니터링위원회의 임상중단 권고를 받아들인 것으로, PHOCUS 임상3상에 대한 DMC의 중간분석결과, 간암 1차 치료제로 펙사벡과 표적치료제 넥사바를 순차적으로 투여하는 것은 넥사바 단독투여 대비 생존기간을 향상시키지 못했다.

이후 신라젠은 펙사벡의 가치를 입증하기 위해 간암이 아닌 신장암에 주력할 계획이다. 신라젠은 간암을 제외하고 신장암, 유방암, 소화기암 등 다수 암종을 타깃으로 면역항암제와 병용요법을 통해 약물 개발에 나섰다. 신장암은 미국과 한국, 호주에서 임상1상을 진행하고 있으며, 대장암은 미국에서 연구자 주도 임상1/2상이 진행 중이다.[102]

최근 신라젠과 미국 바이오기업 리제네론 파마슈티컬스(Regeneron Pharmaceuticals)와 공동연구를 진행하는 신장암 대상 펙사벡과 PD-1 항체 'REGN2810' 병용투여 임상1b상에서 임상 대상을 확대한다고 밝혔다. 이는 면역관문억제제 불응 환자(ICI refractory)에게 펙사벡을 정맥투여(i.v.)하는 디자인이다. 신라젠에 따르면 확대된 임상은 환자 모집 및 스크리닝이 시작됐으며, 적합성기준을 만족하면 1분기 내 첫 환자 등록이 가능할 것으로 예상한다.[103]

다) 신규 사업 및 전망

신라젠이 현재 주식거래 재개를 목표로 경영정상화에 속도를 내고 있다는 소식이 전해졌다. 신라젠은 경영정상화를 위한 중장기적 플랜을 제시하며, 신약 후보물질 2개를 추가해 파이프라인도 확대할 것이라고 밝혔다.

신라젠은 면역항암제 '펙사벡'을 앞세워 한때 시가총액이 10조원을 넘어 한국 바이오벤처 성공 신화를 썼지만 전 경영진의 배임 등의 혐의로 주식 거래가 정지되는 등

101) 신라젠, 펙사벡 임상3상 조기종료.."IO 병용에 집중", 김성민, 바이오스펙테이터, 2019.08.04
102) 위기의 신라젠… 탈출구 있나?, 1boon
103) 신라젠, '펙사벡+PD-1' 美임상 "PD-(L)1 불응 신장암 추가", 김성민, 바이오스펙테이터, 2020.03.05

존폐 기로에 몰렸었다.

 하지만, 철강 제품 제조업체 엠투엔이 구원 투수로 등판하면서 신라젠은 부활의 날개를 달았다. 신라젠은 최근 엠투엔 출신의 김 대표의 대표 선임을 비롯한 경영진 전면 교체 등으로 경영정상화에 고삐를 죄고 있다.

 김 대표는 엠투엔의 신라젠 인수에 나선 것에 대해 "엠투엔은 미국 GFB(Greenfire Bio)와 파트너십을 맺고 바이오 사업 진행중이다. GFB에서 항암바이러스 파이프라인 검토를 했었고, 마침 신라젠이 개발중인 후보물질이 GFB가 보고있던 항암바이러스와 같기 때문에 같이 해보자고 해서 인수를 결정하게 됐다"면서 "엠투엔은 자본, GFB는 기술을 주고, 신라젠을 키워 과거의 영광 되찾을 계획"이라고 강조했다.

 신라젠은 경영정상화를 위한 파이프라인 확대에도 드라이브를 걸고 있다. 이를 위해 연구개발 인력도 예년 수준으로 충원할 계획이다.

 신약 파이프라인의 확대는 조만간 확정될 예정이다. 현재 신라젠은 후보물질과 플랫폼 형태의 물질을 확보한 상태다. 그는 "신라젠의 단점은 파이프라인에 펙사벡 하나밖에 없다는 것"이라면서 "정맥투여 효율을 크게 향상하기 위해 개발한 신라젠의 차세대 파이프라인인 'SJ-600'이 있지만 추가적인 파이프라인 확보가 필요하다"고 설명했다. 그는 "펙사벡과 SJ-600 사이에 물질(추가 파이프라인)을 넣어 실적을 일으킬 것"이라고 강조했다.

 신라젠은 경영정상화가 이뤄지면 신약 후보물질의 기술수출을 통해 수익 확보에 나설 계획이다. 김 대표는 "장기적으로는 항암바이러스로 세계적인 기업으로 도약하는 게 목표"라고 덧붙였다.[104]

 바이오기업 신라젠이 파이프라인(신약후보물질) 다각화를 통해 기업가치 높이기에 나섰다. 관련업계에 따르면 신라젠은 미국 유수 기관에서 연구 중인 항암 바이러스 (OV·Oncolytic Virus) 물질 도입을 검토하고 있다. 경영 정상화를 추진 중인 신라젠이 기술도입 비용 부담이 적잖은 선진국 연구기관의 연구 물질 도입을 추진한다는 점에서 눈길을 끈다.

 현재 미국 연구 기관과 해당 파이프라인 도입을 위한 협상이 마무리 단계에 접어든 것으로 파악된다. 이에 따라 2021년도 안에 신라젠의 정식 파이프라인으로 등재될 가능성이 높다. 단일 물질이 아닌 복수 물질 도입이 유력하다.

---

104) 신라젠 경영 정상화 속도 "11월까지 주식거래 재개". 2021.8.31. 파이낸셜뉴스

신라젠은 추가적인 항암 바이러스를 확보하고 후속 연구를 거쳐 기술수출을 꾀할 것으로 예상된다. 항암 바이러스는 초기 단계에서 비교적 높은 금액으로 기술수출이 이뤄지는 편이다. 동물 시험 데이터로 1000만달러(약 117억원) 이상의 라이선스 계약을 맺기도 한다.

신라젠은 다른 신약보다 상대적으로 이른 단계에 라이선스 아웃(기술수출)을 시도할 수 있는 항암 바이러스를 추가로 확보해 단일 파이프라인에 의존한다는 지적에서 벗어나겠단 전략이다.

특히 해당 항암 바이러스 후보 물질 도입은 신라젠의 과학자문위원회(SAB·Scientific Advisory Board)가 주도한 것으로 알려져 관심이 높다. 또 산지브 문시(Sanjeev Munshi) 신라젠 미국 법인 대표도 해당 물질 도입을 지원하고 있다.

신라젠 관계자는 "아직 구체적으로 밝힐 수 없지만 미국 유수 기관이 연구 중인 항암 바이러스 파이프라인 도입을 검토하고 있다"며 "신라젠을 돕는 세계적인 연구자와 전문가가 선정한 물질인 만큼 향후 신라젠의 가치 향상에 기여할 것으로 기대한다"고 말했다.[105]

---

105) 정상화 속도 내는 신라젠…美 항암제 파이프라인 도입.2021.8.30.머니투데이

2) 주식정보

가) 개요

주식코드	215600
상장위치	코스닥
업종	제약
WICS	생물공학

[표 222] 신라젠 증권 정보 개요

시가총액	5,123억원
시가총액순위	코스닥 137위
상장주식수	102,867,125
액면가/매매단위	500원/1주
외국인한도주식수(A)	102,867,125
외국인보유주식수(B)	1,495,837
외국인소진율(B/A)	1.45%

[표 223] 신라젠 투자정보(2023.6.29.기준)

나) 종목분석 및 재무 현황

투자의견/목표주가	N/A / N/A
52Weeks 최고/최저	16,550 / 4,905
PER/EPS(2023.3)	N/A / -223원
추정 PER/EPS	N/A / N/A
PBR/BPS(2023.3)	6.81배 / 730원
배당수익률	N/A
동일업종 PER	-31.39배
동일업종 등락률	+0.12%

[표 224] 신라젠 투자정보(2023.6.29.기준)

별도손익계산서	2020/12	2021/12	2022/12
매출액	17	3	50
영업이익	-342	-204	-245
영업이익 (발표기준)	-342	-204	-245
세전계속사업이익	-478	-221	-239
당기순이익	-478	-153	-253

[표 225] 신라젠 손익계산서 표 (단위: 억원,%)

연결 재무상태표	2019/12	2020/12	2021/12	2022/12
자산총계	651	458	1334	1020
부채총계	97	249	279	269
자본총계	553	208	1054	751

[표 149] 신라젠 재무상태표(단위: 억원,%)

다. 한미약품

1) 업체 현황
가) 개요

소재지	경기도 화성시 팔탄면 무하로 214
설립일	2010/07/05
웹사이트	http://www.hanmi.co.kr
매출액	13,315억 원(2022년 기준)

한미약품은 의약품 제조 및 판매를 주 목적사업으로 하고 있으며, 주요 제품으로는 복합고혈압치료제 '아모잘탄', 복합고지혈증치료제 '로수젯', 고혈압치료제 '아모디핀', 역류성식도염치료제 '에소메졸' 등이 있다.

사업부문은 의약품, 원료의약품, 해외의약품 부문으로 한미약품(주), 한미정밀화학(주), 북경한미약품유한공사 각 기업을 하나의 영업부문으로 구분한다. 주요 종속회사인 한미정밀화학은 원료의약품 전문 회사로, 국내는 물론 미국, 영국, 독일 등 선진국 시장에서도 세팔로스포린계 항생제 분야의 품질력을 인정받고 있다. 현재 40여개국에 원료의약품을 수출한다.

북경한미약품유한공사는 의약품 연구개발에서부터 생산, 영업 등 전 분야를 수행할 수 있는 독자적인 제약회사로, 어린이용 제품인 정장제 마미아이와 감기약 이탄징이며, 성인용정장제 매창안 등 총 20여 품목을 현지 시판하고 있다.

회사 연혁을 살펴보면 1973년 한미약품공업(주)으로 설립되어 2003년 상호명을 한미약품(주)로 변경한 후, 12월 '암로디핀' 제조방법을 개발한 공로로 특허청으로부터 충무공상을 수상한 바 있으며, 2004년 고혈압치료제 '아모디핀'이 미국 특허를 획득했다.

또한, 2006년 12월 세계 최초로 유소아용 해열시럽제 개량신약인 '맥시부펜'을 출시했으며, 2008년에는 한미약품이 개발한 주사용 항생제 세프트리악손이 미국 식품의약국(FDA)으로부터 승인을 받았다. 2009년에는 고혈압치료 복합 개량신약 '아모잘탄'을 출시했다.

이후 2010년 7월 인적분할을 통해 존속법인으로 한미홀딩스(현, 한미사이언스)를, 신설법인으로 한미약품을 세웠다. 한미약품의 투자사업 부문은 지주회사인 한미홀딩스로 넘어갔고, 의약품 제조 판매 부문은 한미약품이 그대로 승계했다.

2013년 12월 역류성식도염치료제 '에소메졸'이 미국 식품의약국(FDA)으로부터 승인을 받고, 미국 시장에 진출했다. 또 프랑스의 사노피(Sanofi)사와 국내 첫 ARB+스타틴 복합신약인 '로벨리토'를 공동개발해 발매하기 시작했다. 2014년 7월 수출 파트너사인 악타비스와 손잡고 주사용 관절염치료제 '히알루마주'를 미국시장에 수출했다. 2014년 9월 상장 제약회사 중 최초로 연구개발(R&D) 투자금액이 1,000억 원을 돌파했다.

현재 종속회사는 원료의약품 제조 및 판매업을 영위하는 한미정밀화학(주), 북경한미약품유한공사 2개 회사로 구성된다. 주요 종속회사인 한미정밀화학은 원료의약품 전문회사로, 국내는 물론 미국, 유럽 등 선진국 시장에서도 세팔로스포린계 항생제 분야의 품질력을 인정받았다. 현재 30여개국에 원료 의약품을 수출하고 있다.

북경한미약품유한공사는 의약품 연구개발에서부터 생산, 영업 등 전 분야를 수행할 수 있는 독자적인 제약회사로, 어린이용 제품인 정장제 마미아이와 감기약 이탄징이며, 성인용정장제 매창안 등 총 20여 품목을 현지에 시판하고 있다.

주요 매출 구성은 의약품 95.88%, 수출 10%, 기타 1.36% 등으로 나타난다.

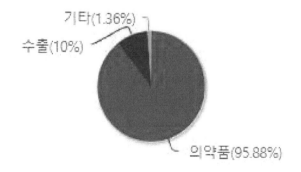

[그림 127] 셀트리온 주요 매출 구성(2023/03)

나) 주요제품

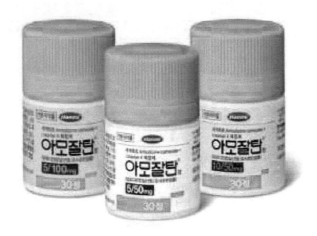

명칭	아모잘탄
유효성분	암로디핀캄실산염(별규),로사르탄칼륨(USP)
효능효과	1. 암로디핀 또는 로사르탄 단독요법으로 혈압이 적절하게 조절되지 않는 본태성 고혈압 2. 제2기 고혈압 환자에서 치료 목표 혈압에 도달하기 위해 복합제 투여가 필요한 환자의 초기요법
작용기작	류마티스 관절염 등 자가면역 질환의 원인이 되는 종양 괴사인자(TNF-α)에 대한 중화반응을 유도하여 질환의 진행을 완화

[표 227] 아모잘탄정

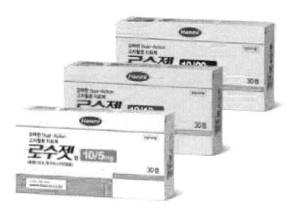

명칭	로수젯
유효성분	에제티미브 (별규) 10.0mg, 로수바스타틴칼슘 (EP) 각각 5.2mg, 10.4mg, 20.8mg (로수바스타틴으로서 각각 5mg, 10mg, 20mg)
효능효과	원발성 고콜레스테롤혈증(이형접합 가족형 및 비가족형) 또는 혼합형 이상지질혈증 환자의 상승된 총 콜레스테롤(total-C), LDL-콜레스테롤(LDL-C), 아포 B 단백(Apo B), 트리글리세라이드(TG) 및 non-HDL-콜레스테롤을 감소시키고, HDL-콜레스테롤(HDL-C)을 증가시키기 위한 식이요법의 보조제로서 이 약을 투여한다. 고콜레스테롤혈증에 기인한 동맥경화성 혈관 질환의 위험성이 증가한 환자에게 지질조절약물을 투여할 때에는 많은 위험 인자를 고려해야 한다. 지질조절약물은 적절한 식이요법(포화지방 및 콜레스테롤 제한을 포함)과 함께 사용하고, 식이요법 및 다른 비약물학적 조치에 대한 반응이 불충분한 경우에 사용해야 한다.

[표 228] 로수젯

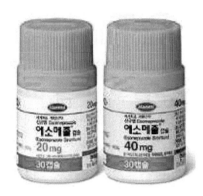

명칭	에소메졸
유효 성분	에스오메프라졸스트론튬사수화물(별규)
효능 효과	1.위식도 역류질환(GERD) -미란성 역류식도염의 치료 -식도염 환자의 재발방지를 위한 장기간 유지요법 -식도염이 없는 위식도 역류질환의 증상치료요법 2.헬리코박터필로리 박멸일 위한 항생제 병용요법 - 헬리코박터필로리 양성인 십이지장궤양의 치료 - 헬리코박터필로리 양성인 소화성궤양 환자의 재발방지 3.비스테로이드소염진통제(COX-2 비선택성, 선택성) 투여와 관련된 상부 위장 관 증상(통증, 불편감, 작열감) 치료의 단기요법 4.지속적인 비스테로이드소염진통제 투여가 필요한 환자 - 비스테로이드소염진통제 투여와 관련된 위궤양의 치료 - 비스테로이드소염진통제 투여와 관련된 위궤양 및 십이지장궤양의 예방 5. 졸링거-엘리슨 증후군의 치료 6. 정맥주사로 위궤양 또는 십이지장궤양에 의한 재출혈 예방 유도 이후의 유 지 요법

[표 229] 에소메졸

다) R&D

R&D로 유명한 한미약품은 최근 10여년간 신약개발 연구 및 바이오, 합성신약 등 제품 상용화에 필수적인 생산시설에 투자한 금액만 2조 7,422억원에 달한다. 한미약품은 2011년 이후 글로벌 제약사와 총 11건의 신약 기술수출 계약을 맺었고 호중구감소증 치료제 '롤론티스', pan-HER2 저해제 '포지오티닙', 당뇨·비만치료제 '에페글레나타이트' 등을 개발 중이다.

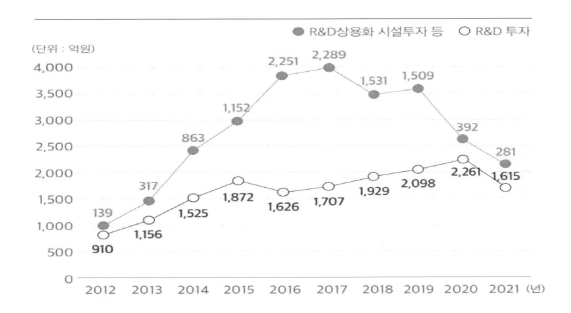

[그림 154] 한미약품 R&D 투자 현황 (단위: 억원)

라) 신규사업 및 전망

한미약품이 자체 개발한 플랫폼 기술로 R&D 활동을 활발히 전개해 나가고 있다.

17일 한미약품과 관련 업계 등에 따르면 회사가 보유한 독자 플랫폼 기술로는 랩스커버리와 팬텀바디, 오라스커버리 등이 있다.

이 중 랩스커버리는 지난해 미국 식품의약국(FDA)의 문턱을 넘은 한미약품의 바이오신약 '롤베돈(미국 제품명, 한국 제품명: 롤론티스)'에 적용된 기술로 상용화 가능성이 입증됐다. 호중구감소증 치료 신약인 롤베돈은 한미약품이 개발한 신약 중 최초로 FDA 허가를 받았으며, 출시 3개월 만인 지난해 12월 말 기준 1011만4000만 달러의 실적을 달성했다.

랩스커버리는 단백질 의약품의 반감기를 늘려주는 혁신적 플랫폼 기술이다. 단백질 의약품의 경우 인체에 투여됐을 때 반감기가 짧아 자주 투여를 해야 하는 불편함이 있는데, 랩스커버리는 투여 횟수 감소로 환자의 삶의 질을 높이고, 투여량을 감소시킴으로써 부작용을 줄이는 한편 효능을 개선한다.

랩스커버리 기술이 적용된 파이프라인 중 한미약품이 개발에 전력을 다하고 있는 물질로는 비알코올성 지방간염(NASH) 신약 'LAPSGLP/GCG agonist'(HM12525A·에피노페그듀타이드)와 'LAPS-Triple agonist'(HM15211·에포시페그트루타이드), 차세대 인터루킨-2(IL-2) 면역항암제 'LAPS-IL-2 analog'(HM16390) 등이 있다.

이 가운데 'HM16390'은 지난해 국가신약개발사업 지원대상으로 선정된 물질이다. 수용체 결합력을 기반으로 항암 효능을 극대화했다는 점에서 기존 제제와 차별점을 가진다.

현재 승인된 재조합 인간 IL-2제제는 안전성 개선에 초점을 맞춰 개발돼 왔지만 고용량 투여시 나타나는 부작용으로 인해 사용이 제한됐다. 그러나 'HM16390'은 IL-2 변이체를 새롭게 개발하고 베타 수용체를 활성화시켜 암세포 사멸 효과를 증대시키는 한편 부작용은 줄였다.

현재 'HM16390'은 임상1상 진입을 위한 독성 연구 단계에 있으며, 항암 주기당 1회 피하 투여가 가능한 지속형으로 개발 중이다. 회사는 지난 14일부터 미국 플로리다주 올랜도에서 열리고 있는 미국암연구학회(AACR 2023)에서 'HM16390'의 항종양 효능 연구결과를 발표할 예정이다.

실제 연구결과, 'HM16390'은 면역원성이 높은 암종뿐만 아니라 낮은 암종까지 광범위한 범위의 종양미세환경을 나타내는 동물 모델들에서 우수한 항종양 효능을 확인했으며, 치료 효능도 장기간 지속됐다는 게 회사 측 설명이다.

'HM15211'은 글루카곤 수용체, GIP 수용체 및 GLP-1 수용체를 모두 활성화하는 삼중작용 바이오 혁신신약이다. FDA는 지난 2020년 이 물질을 패스트트랙 개발 의약품으로 지정한 바 있다. 해당 물질은 FDA와 유럽의약품청(EMA)으로부터 원발 담즙성 담관염, 원발 경화성 담관염, 특발성 폐 섬유증 등 적응증으로 총 6건의 희귀의약품 지정을 받아, 국내 제약사가 개발한 신약 중 가장 많은 희귀의약품 지정 기록을 갖고 있기도 하다.

특히 'HM15211'은 지난해 9월 유럽당뇨학회에서 우수한 항염증 및 항섬유화 효능을 확인한 연구결과가 발표되기도 했다. 현존하는 대부분의 간 염증 및 간 섬유화 모델에서 유의미한 치료 효능이 확인돼 향후 NASH 혁신치료제로 개발 가능성이 입증됐다는 평가를 받고 있다. 현재 임상 2b상 중이며, 2분기 내에 IDMC(독립적 데이터 모니터링 위원회)에 진행사항을 전달하고 중간평가 결과를 받을 것으로 예상된다.

'HM12525AS'는 올해 임상 2a상 결과 발표를 앞두고 있다. 해당 물질은 지난 2020년 8월 미국 머크(MSD)에 기술이전 된 신약으로, 지난해 12월 머크가 임상 2a상을 완료했다.

이 밖에도 한미약품은 북경한미약품이 주도적으로 개발하고 있는 이중항체 플랫폼 '펜탐바디', 주사용 항암제를 경구용 제제로 바꾸는 기술인 '오라스커버리' 등을 적용해 신약개발을 지속하고 있다.

펜탐바디는 하나의 항체가 서로 다른 2개 표적에 동시 결합할 수 있는 이중항체 플랫폼으로, 면역원성과 안정성 등이 우수하며 생산 효율이 높다는 장점이 있다. 펜탐바디 기반의 'PD-L1/4-1BB BsAb'(BH3120)는 단독 사용시 우수한 항암효과와 용량 의존성을 나타내며, PD-1 저해항체와 병용 시 암조직이 모두 사라지는 강력한 시너지 효과를 보여준다.

또 간독성 및 기타 전신 부작용을 최소화할 것으로 예상돼 안전성과 항암효과의 균형이 잡힌 프로파일이 기대된다. 한미약품과 북경한미약품은 그간 축적된 연구결과를 바탕으로 이달 중 FDA에 임상시험계획(IND)을 신청한다는 방침이다.

오라스커버리는 정맥주사용 항암제를 경구용 제제로 바꾸는 기술이다. 항암제의 경구 투여시 P-당단백의 약물 배출펌프 작용에 의해 흡수가 제대로 이루어지지 않는 경우가 많은데, 오라스커버리는 이러한 특성을 갖는 약물의 경구 흡수률을 획기적으로 향상시켰다. 오라스커버리 기반의 신약 '오락솔'은 2011년 미국 아테넥스에 기술 수출됐으며, FDA 신약허가 취득을 계속 시도 중이다.[106]

한미약품이 국내 희귀의약품 1위 제약사로 발돋움하고 있다. 한국은 물론 미국과 유럽에서 총 17건이 희귀의약품으로 지정됐다. 자체 개발한 의약품을 통해 4년 연속 원외처방 1위를 달성하며 벌어들인 매출의 20% 가량을 구준히 연구개발(R&D)에 투입한 결과다.

제약업계에 따르면 한미약품이 미국 식품의약국(FDA)과 유럽 의약품청(EMA), 한국 식품의약품안전처에서 지정받은 희귀의약품은 6개 파이프라인(신약후보물질), 10개 적응증(약품을 통해 치료효과가 기대된 증상)으로 총 17건인 것으로 확인됐다.

국가별로 미국에서 9건을 인정받아 가장 많았다. 특히 미국의 '희귀의약품 지정(Orphan Drug Designation)'은 희귀·난치성 질병 또는 생명을 위협하는 질병의 치료제 개발 및 허가가 원활히 이뤄질 수 있도록 지원하는 제도다. 세금 감면, 허가신청 비용 면제, 동일계열 제품 중 처음으로 시판허가 승인 시 7년간 독점권 등 다양한 혜택이 부여된다. 유럽과 한국에서는 각각 5건과 3건이 희귀의약품으로 인정됐다.

한미약품의 독자 플랫폼기술 랩스커버리가 적용된 'HM15912'는 단장증후군 치료제로 미국과 유럽, 한국에서 모두 희귀의약품으로 지정됐다. 단장증후군은 선천적 또는 후천적으로 전체 소장의 60% 이상이 소실돼 흡수 장애와 영양실조를 일으키는 희귀 질환이다. 'HM15912'는 개선된 체내 지속성 및 우수한 융모세포 성장 촉진 효과로 환자들의 삶의 질을 획기적으로 개선할 수 있을 것으로 기대된다.

'HM15211'도 업계에서 주목받는 희귀질환 신약이다. 미국에서 '특발성 폐섬유증'과 '원발 담즙성 담관염', '원발 경화성 담관염' 등 하나의 신약후보물질에서 3개의 적응증으로 희귀의약품 지정을 받았다. 이 가운데 특발성 폐섬유증은 'HM15211'가 미국에서 가장 최근에 희귀의약품 지정을 받은 적응증으로 원인을 알 수 없는 폐 염증 과정에서 섬유세포가 과증식해 폐 기능이 급격히 저하고 심하면 사망에 이르는 희귀 질환이다.

한미약품의 신약이 각국에서 희귀의약품으로 지정되기 시작한 것은 4년 전인 2018년 부터다. 국내 원외처방 시장 1위 행진이 시작된 시점이기도 하다. 아모잘탄, 로수젯, 에소메졸 등 자체 개발한 국산약품을 앞세워 3년 연속 원외처방 시장 1위를 기록했고, 2021년도 상반기에도 1위 자리를 차지한 것으로 알려졌다.[107]

---

106) 뉴스웨이, FDA 뚫은 한미약품…'독자 기술' 넘친다. 2023.04.17

2) 주식 정보

가) 개요

주식코드	128940
상장위치	코스피
업종	제약
WICS	생물공학

[표 230] 한미약품 증권 정보 개요

시가총액	3조 8,754억원
시가총액순위	코스피 86위
상장주식수	12,562,158
액면가/매매단위	2,500원/1주
외국인한도주식수(A)	12,562,158
외국인보유주식수(B)	2,157,386
외국인소진율(B/A)	17.17%

[표 231] 한미약품 투자정보 (2023.6.29.기준)

---

107) "미국·유럽 다 뚫었다"…한미약품, '희귀의약품' 1위 제약사 도약. 2021.9.1. 머니투데이

나) 종목분석 및 재무 현황

투자의견/목표주가	4.00매수 / 392,316
52Weeks 최고/최저	339,500 / 219,495
PER/EPS(2021.6)	36.47배 / 8,472원
추정 PER/EPS	30.91배 / 9,996원
PBR/BPS(2021.6)	4.17배 / 73,927원
배당수익률	0.16%
동일업종 PER	85.23배
동일업종 등락률	+0.11%

[표 232] 한미약품 투자정보(2023.6.29.기준)

별도손익계산서	2021/12	2022/12	2023/12(E)
매출액	12,032	13,315	14,831
영업이익	1,254	1,581	2,065
영업이익 (발표기준)	1,254	1,581	-
세전계속사업이익	1,037	1,210	1,837
당기순이익	815	1,016	1,507

[표 233] 한미약품 손익계산서 표 (단위: 억원,%)

연결 제무상태표		2019/12	2020/12	2021/12	2022/12
자산	유동자산	4,165.3	3,512.3	3,483.3	3,064.6
	비유동자산	11,280.7	11,511.6	11,99.1	10,928.3
	자산총계	15,446.1	15,023.9	14,582.4	13,992.9
부채	유동부채	4,055.0	4.635.2	5,690.1	5,967.3
	비유동부채	5,936.5	2,167.3	3,424.7	4,972.8
	부채총계	9,991.6	9,606.3	9,114.8	8,134.7
자본	자본금	290.3	296.0	301.9	307.9
	이익잉여금	1,39.4	1,554.5	1,759.7	1,978.9
	기타자본항목	-92.7	-113.8	-220.2	-10.6
	기타포괄 손익누계액	-12.2	-66.2	-181.6	-192.3
	자본총계	5,454.4	5,417.6	5,467.6	5,858.2

[표 155] 한미약품 재무상태표(단위: 억원,%)

라. 메디톡스

1) 업체 현황
가) 개요

소재지	충북 청원군 오창읍 각리1길 78
설립일	2000/05/02 (상장일: 2009/01/16)
웹사이트	http://www.medy-tox.co.kr
매출액	1,951억 원 (2022년 기준)

메디톡스는 2000년 5월에 (주)앤디소스로 설립한 뒤, 2000년 7월에 (주)메디톡스로 상호를 변경하였다. 메디톡스의 매출은 100%가 보톡스 의약품에서 나온다. 메디톡스는 클로스트리디움 보툴리눔 A형독소 및 보툴리눔 독소를 이용한 바이오 의약품의 연구·개발 및 제조·판매를 주요 사업 분야로 삼고 있다.

메디톡스는 국내에서 메디톡신이라는 브랜드로 판매하며 판매권은 태평양제약이 독점적으로 가지고 있다. 해외의 경우 Neuronox라는 브랜드명으로 직접 수출하고 있다. 종속회사로 판매법인 (주)메디톡스코리아가 있다.

메디톡스는 2002년 7월 보건복지부로주터 신약(보툼리눔 독소 B형 생물학적제제)개발 사업자로 선정되고 12월에 오창공장을 준공하였다. 2004년 오창공장의 KGMP(한국우수의약품 제조관리기준) 적격업체 승인과 메디톡신 제품의 수출허가를 획득하였으며, 2006년 12월 산업자원부의 세계일류상품으로 선정되었다.

이후, 2007년 2월 2월 서울사무소를 개설하고 8월에 오창 신공장을 준공하였으며, 2008년 8월 수출유망중소기업으로 지정되었다. 2009년 1월 코스닥에 상장하였고, 2011년 우수기술연구센터(ATC)로 선정되었다.

이후 메디톡스는 2011년 부설 미생물독소연구소를 설립하였으며 2012년에는 서울지점을 개설하고 혁신형 제약기업으로 선정되었고, 2013년 3월 ㈜메디톡스 코리아를 설립하였다.

주력 제품인 보툴리눔 A형 독소 의약품 메디톡신주®(Neuronox®)는 메디톡스가 세계 4번째 독자적인 원천기술로 개발한 제품이다. 메디톡스는 국내 바이오 벤처회사 최초로 생물학적제제인 단백질 의약품의 연구개발·제조·임상시험·품목허가의 전 상업화 개발과정에서 성공경험을 보유하고 있으며, 기존의 메디톡신과 함께 미용시장에서 경쟁력을 가질 수 있는 HA필러를 개발했다.

주요 매출 구성은 보툴리눔톡신 필러가 85.92%, 용역매출이 10.87%, 의료기기등이 3.21%로 구성된다.

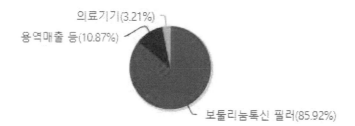

[그림 156] 메디톡스 주요 매출 구성(2023/03)

나) 주요제품

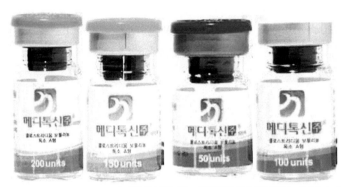

제품명	메디톡신®주
주성분	클로스트리디움 보툴리눔 독소 A형 (Hall 균주)
효능 및 효과	18세 이상 성인에 있어서 양성 본태성 눈꺼풀경련 2세 이상의 소아뇌성마비 환자에 있어서 강직에 의한 첨족기형의 치료 20세 이상 65세 이하의 성인에 있어서 눈썹주름근(Corrugator muscle) 그리고 / 또는 눈살근(Procerus muscle) 활동과 관련된 중등증 내지 중증의 심한 미간주름의 일시적 개선 근육강직 : 20세 이상 성인의 뇌졸증과 관련된 상지 국소 근육 경직

[표 235] 메디톡신

제품명	이노톡스®주/코어톡스®주
주성분	클로스트리디움 보툴리눔 독소 A형 (Hall 균주)
효능 및 효과	20세 이상 65세 이하의 성인에 있어서 눈썹주름근(Corrugator muscle)그리고 / 또는 눈살근(Procerus muscle)활동과 관련된 중등증 내지 중증의 심한 미간주름의 일시적 개선

[표 236] 이노톡스/코어톡스

다) R&D

메디톡스의 R&D성과로는 세계 유일 각각의 특장점을 갖춘 3종류의 보툴리눔 톡신 제제 자체 개발, 독자적인 기술로 다양한 히알루론산 필러 개발, 미국 엘러간사와 신제형 보툴리눔 톡신 A형 제제에 대한 기술이전 계약 체결 등을 꼽을 수 있다.

또한 보툴리눔 톡신 의약품 개발 성공 이후, 미용시장의 또 하나의 메인 제품인 피부 충진제를 개발하기도 하였다. 가장 생체진화적인 히알루론산을 이용한 필러개발에 성공하여 생산 공정 및 분석법 개발과 GMP생산시설 건설을 완료하였다.

더 나아가 보툴리눔 톡신 의약품 개발에서 정착된 바이오 의약품 개발 역량과 인프라를 활용하고 창출된 이익을 혁신 바이오 의약품 개발에 재투자하고 있다. 향후 가까운 시일 내에 새로운 바이오 의약품 개발 성공을 목표로 하고, 외부 연구/개발 그룹과의 협력을 진행 중이다.

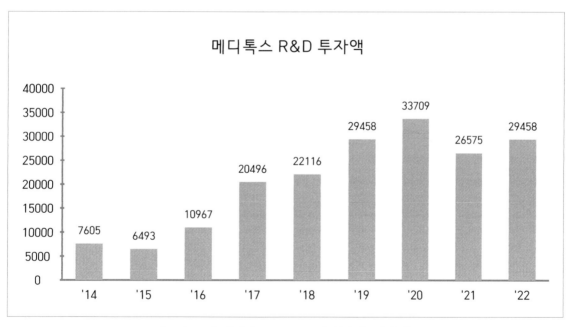

[그림 161] 메디톡스 R&D 투자액(단위: 백만원)

'14	'15	'16	'17	'18	'19	'20	'21	'22
10%	7%	14%	14%	11%	14%	24%	14%	20%

[표 237] 매출대비 R&D 투자비율

라) 신규 사업 및 전망

2022년도 4분기만 보면 매출 523억원, 영업이익 163억원을 달성해, 지난 3분기 11분기만에 달성한 매출 500억원 경신을 두 분기 연속 달성했으며, 영업이익률도 2019년 1분기 이후 처음으로 30%를 넘는 31%를 기록했다.

이 같은 호실적은 톡신과 필러 등 주력 사업의 높은 성장세가 견인했다. 전년대비 톡신 제제 매출은 해외와 국내 각각 99%, 26% 성장했으며, 필러 분야도 해외와 국내 각각 29%, 24% 성장했다. 특히, 작년 대량생산에 돌입한 코어톡스는 국내 점유율 확대에 기여하며 메디톡스의 새로운 주력 제품으로 자리매김했다.

메디톡스는 2022년의 매출 안정화 기조를 바탕으로 2023년의 주력 사업인 톡신 분야의 글로벌 경쟁력을 강화하고, 신사업 확장을 통해 신규 성장동력을 발굴, 사상 최대 매출 달성에 도전할 방침이다.

메디톡스 주희석 부사장은 "글로벌 톡신 시장에서의 압도적 경쟁력을 바탕으로 메디톡스는 올해 사상 최대 매출에 도전할 것"이라며 "이를 달성하기 위해 기존 주력 사업의 성장은 물론이고 더마코스메틱과 건강기능식품 등 신사업 분야에서도 성과를 창출하는데 주력할 방침"이라고 말했다.[108]

---

108) medifonews '메디톡스, 2022년 매출 1,951억, 영업이익 467억 달성…올해 최대 매출 도전', 2023.03.08

2) 주식 정보
가) 개요

주식코드	086900
상장위치	코스닥
업종	제약
WICS	생물공학

[표 238] 메디톡스 증권 정보 개요

시가총액	1조 7,261억원
시가총액순위	코스닥 24위
상장주식수	7,298,468
액면가/매매단위	500원/1주
외국인한도주식수(A)	7,298,468
외국인보유주식수(B)	637,422
외국인소진율(B/A)	8.73%

[표 239] 메디톡스 투자정보 (2023.6.29.기준)

나) 종목분석 및 재무 현황

투자의견/목표주가	4.00매수 / 410,000
52Weeks 최고/최저	281,000 / 95,413
PER/EPS(2021.6)	46.64배 / 5,028원
추정 PER/EPS	N/A / N/A
PBR/BPS(2021.6)	2.72배 / 65,472원
배당수익률	0.41%
동일업종 PER	-31.39배
동일업종 등락률	+1.37%

[표 240] 메디톡스 투자정보 (2023.6.29.기준)

별도손익계산서	2021/12	2022/12	2023/12(E)
매출액	1,849	1,951	2,186
영업이익	345	467	359
영업이익 (발표기준)	345	467	-
세전계속사업이익	1283	495	310
당기순이익	933	366	250

[표 241] 메디톡스 손익계산서 표 (단위: 억원,%)

연결 제무상태표	2019/12	2020/12	2021/12	2022/12
자산 유동자산	933.7	1,072.5	1,365.7	1,295.0
비유동자산	2,952.7	3,242.5	4,105.1	4,318.5
자산총계	3,886.5	4,315.0	5,470.9	5,613.5
부채 유동부채	1,292.1	1,062.5	953.8	1,204.6
비유동부채	198.5	1,027.1	633.6	262.9
부채총계	1,490.6	2,089.7	1,587.4	1,467.5
자본 자본금	2,90	3,05	3,40	3,57
이익잉여금	2,838.9	2,489.3	3,580.0	3,906.7
기타포괄손익누계액	-2,22	-2,22	-5,79	-1,79
기타자본항목	-687.7	-759.2	-557.7	-957.2
자본총계	2,395.8	2,225.3	3,883.4	4,146.0

[표 162] 메디톡스 재무상태표(단위: 억원,%)

마. 휴젤

1) 업체 현황
가) 개요

소재지	강원도 춘천시 신북읍 신북로 61-20
설립일	2001/11/22 (상장일: 2015/12/24)
웹사이트	http://www.hugel.co.kr
매출액	2,817억 원 (2022년 기준)

휴젤은 2001년 11월 설립되어 성형관련 제제의 개발, 제조, 판매 무역업, 생물의학 관련 제품의 개발, 제조, 판매, 무역업 등을 영위하고 있다.

휴젤은 2002년 11월 폴리아크릴아마이드 젤(PAAG)을 개발한 뒤, 2003년 9월에는 형 보툴리눔 톡신의 단백질 정제에 성공했다. 이후, 2006년 7월 A형 보툴리눔 톡신 단백질 비임상시험을 완료하고, 2009년 보툴렉스(Botulax®)제품이 한국식품의약품안 전청(KFDA)으로부터 수출용 품목허가를 승인받았다. 같은해 판매 자회사 '휴젤파마' 를 설립했다.

2010년 3월에는 생물학적 제제 클로스트리디움 보툴리눔 독소 타입A인 '보툴렉스' 를 식약처로부터 시판허가를 받아 시판하기 시작했다.

2014년에는 HA필러 '더채움 Volus 20'제품이 한국식품의약품안전처(MFDS)로부터 품목허가를 획득하고 5월부터 판매를 개시했다. 2015년 4월 ㈜휴템을 인수하고, 12 월 코스닥 시장에 주식을 상장했다.

2016년 11월 보툴렉스(Botulax)제품이 러시아 시판허가를, 2017년 2월에는 브라질 과 몽골로부터 시판 허가를 획득했다. 또한 빠르면 2020년 6월 경 중국 정부로부터 보톡스 허가를 받을 전망이다. 중국 정부가 까다로운 의약품 인허가 절차를 해외기업 들에 대한 진입장벽으로 활용하고 있는 상황에서, 휴젤이 이번에 허가를 받게 되면 다른 국내 제약사들에게도 벤처마킹을 할수 있는 좋은 사례가 될 것으로 보인다.

휴젤의 자회사로는 휴젤파마(주), (주)아크로스, 휴젤메디텍(주), (주)에이비바이오, WEIHAI HUGELPHARMA Co., Ltd., HUGEL PHARMA(VIETNAM) Co., Ltd. 등 6 개사가 있다. (주)아크로스는 HA필러(Hyaluronic Acid based dermal filler)를 연구

개발, 제조를 중심 사업으로 영위하는 기업이며, 휴젤파마(주)는 판매법인으로 보툴렉스(보툴리눔 톡신), 더채움(HA필러) 등의 바이오의약품 판매 사업을 영위하고 있다.

주요 제품으로 보툴리눔 톡신(보툴렉스), 더채움, 코스메틱(웰라쥬) 제품이 있다. 주요 매출 구성은 바이오의약품이 97.75%, 의료기기 판매가 2.25% 등으로 구성된다.

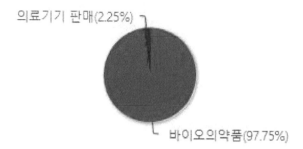

[그림 163] 휴젤 주요 매출 구성(2023/03)

나) 주요제품

주성분	클로스트리디움 보툴리눔 독소 A형
구분	전문의약품
효능/ 효과	1.18세 이상 성인에 있어서 양성 본태성 눈꺼풀경련 2.18 세 이상 65 세 이하의 성인에 있어서 눈썹주름근(corrugator muscle) 그리고/또는 눈살근(procerus muscle) 활동과 관련된 중등도 내지 중증의 심한 미간 주름의 일시적 개선 3.근육경직 :20세 이상 성인의 뇌졸중과 관련된 상지 경직 4.2세 이상의 소아뇌성마비 환자에 있어서 경직에 의한 첨족기형(dynamic equinus foot deformity)의 치료

[표 243] 휴젤 제품 보틀렉스

구분	더채움 프리미엄 모이스트	더채움 프리미엄 NO.1	더채움 프리미엄 NO.2/3/4

주성분	가교 히알루론산
구분	의료기기
사용 목적	안면부 주름의 일시적인 개선

[표 244] 휴젤 제품 필러

구분	BlueRose® FORTE 18.5cm	BlueRose® FORTE 41cm
주성분	Polydioxanone	
사용목적	약물투여가 아닌 치료 목적	

[표 245] 휴젤 제품 Thread

보툴리눔 톡신은 근육 이완작용을 이용해 눈가의 근육이 떨리는 눈꺼풀경련을 치료하다가 지금은 주름치료제로 쓰이고 있다. 보툴리눔 톡신은 고단위 제형인 200unit에 대한 허가를 보유하고 있고 7년 이상의 임상적용 경험이 있으며, 웰라쥬 제품군은 피부논란 유해성분 9가지를 기본적으로 배제하여 제품안정성을 갖추고 있다.

HA필러는 주사제로서 피부의 꺼진 부위를 메우거나 도톰하게 채워주며, 상실된 볼륨감을 되찾아 줌으로써 주름을 펴주는 보충제 역할을 한다.

보툴리눔 톡신 및 필러 제품구성은 각 부문별로 경쟁회사 대비 높은 품질 및 경제적인 판매가격으로 높은 제품 효율성을 가지고 있다.

바이오 화장품 브랜드인 웰라쥬는 진피치밀도 개선, 멜라닌 감소, 붉은기 완화 등 제품 특성에 맞는 인체 임상을 통해 객관적인 DB를 구축하였으며, 2014년 11월부터 웰라쥬 출시 전 제품이 FDA OTC Drug 승인되기도 하였다.

다) R&D 및 정부과제 현황

휴젤은 현재 기존 보툴리눔 톡신을 개선시킨 신제형과 신기능의 차세대 보툴리눔 톡신 개발을 위한 연구를 진행하고 있다. 현재 국내외 판매중인 보툴리눔 톡신은 눈꺼풀 경련 및 미간 주름 적응증의 기능을 가지고 있다. 더 나아가 소아뇌성마비, 뇌졸중 후 상지 근육 경직 등의 임상을 진행하고 다양한 적응증 확대와 신기술을 접목하여 보툴리눔 톡신의 치료효과를 극대화하는 것을 목표로 하고 있다.

히알루론산 필러 분야 역시 현재 제품화된 필러의 효과를 극대화하기 위해 다양한 기능을 개발하고 있다. 뿐만아니라 마이크로니들 및 세포투과 전달체 시스템 등으 개발을 통해 보다 효과적으로 약물을 피부 내에 침투시킬 수 있는 기술을 연구개발하고 있다.

난치성 비대 흉터 예방 및 억제하는 신약을 개발하기 위해 현재 자가전달 RMAi(RNA interference)유전자 조절 기술 기반의 신약후보물질을 도입하여 임상시험 진행중이며 신약개발 성공 시 국내 최초 RNAi기반 치료제가 탄생한다.

구분	과제명	지원기관	주관참여
바이오소재	피부질환용 생분해성 마이크로니들 의약소재 개발	산업통상자원부	주관
바이오신약	자가전달 RNAi 유전자 조절 기술을 이용한 난치성 비대 흉터 억제 신약의 전임상 시험 및 IND신청/승인	범부처신약개발사업단	참여
의료기기	소형, 경량 회전체를 이용한 고점도 고탄성 피부 약물주입기 개발	중소기업청(한국산업단지공단)	주관
바이오신약	신경시냅스 기능조절 단백질 응용개발 연구	교육 과학 기술부	참여
바이오소재	히알루론산의 가교화 점탄성 조절기술을 기반으로 무통조직수복, 재생 및 유착방지 생체재료의 상업화	산업통상자원부 (강원광역경제권선도산업지원단)	주관

[표 246] 휴젤 정부과제 현황

라) 신규 사업 및 전망

휴젤은 태국에서 의료용 봉합사 '리셀비' 론칭 세미나를 성료하며 해외 진출 범위를 넓혔다. '리셀비'는 휴젤의 폴리다이옥사논(PDO) 봉합사 '블루로즈 포르테'로, 수술할 때 봉합하는 실을 의미한다. 글로벌 봉합사 수요가 충분한 만큼 해외 진출을 통해 시장을 넓히는 셈이다. 휴젤에 따르면 전세계 미용용 봉합사 시장 규모는 약 5000억원으로, 국내보다 25배 큰 규모다. 봉합사로 유명한 삼양바이오팜이나 메타바이오메드도 봉합사 전체 매출의 약 80~90%를 수출로 벌어들인다.

휴젤은 이번 태국 진출이 성공적이라고 자평한다. 태국 봉합사 시장은 현지 식약청의 허가 심사 과정이 엄격해 신규 기업 및 브랜드가 진입하기 어렵기 때문이다. 게다가 휴젤의 보툴리눔 톡신 '레티보(Letybo)'가 시장 점유율 50%를 차지하고 있는 만큼 봉합사 판매에 유리하다. 휴젤의 봉합사 업력은 다른 제품에 비해 짧지만 타깃은 분명하다. 휴젤은 미용의료 사업영역을 봉합사까지 늘리면서 시너지를 기대하고 있다. 보툴리눔 톡신은 근육의 이완과 축소, HA 필러는 볼륨감 개선, 리프팅 실은 피부 처짐을 개선하는 데 사용되기 때문이다.

휴젤은 지난 2016년 '블루로즈' 상표권을 출시한 후 봉합사 '블루로즈 포르테'를 판매하기 시작하면서 미용성형 시장에서 입지를 다졌다. 2020년 흡수성 봉합사 제조업체인 제이월드 지분을 인수하면서부터는 국내는 물론이고 일본, 인도네시아에서 리프팅실 입지를 강화했다.

휴젤은 올해 봉합사 사업에 보다 집중할 것으로 보인다. 지난 3월 열린 '2023 휴젤 포커스 그룹 세미나'에서 정재윤 미엘르의원 원장이 '블루로즈' 라인업을 활용해 현장 시술을 진행한 바 있다. 또한 지난해 6월 신제품 '블루 로즈 클레어'를 출시한 것에 이어 올해 '블루로즈' 라인업을 추가할 예정이다.

다만 매출은 아직 미미하다. 지난해 사업보고서에 따르면 봉합사는 휴젤 제품 매출 전체에서 약 1%를 차지한다. 게다가 휴젤의 자회사 제이월드의 지난해 매출액은 34억9800만원, 영업이익은 12억3800만원이다. 2021년 매출액 34억200만원, 영업이익 14억4300만원에서 크게 늘지 않은 상황이다.

경쟁자들의 활약도 눈여겨볼 필요가 있다. 수술용 봉합사 시장을 과점하는 삼양바이오팜과 메타바이오메드가 최근 미용 시장에 눈독을 들이고 있기 때문이다. 삼양바이오팜은 지난 2019년 미용성형용 실 '크로키'를 런칭했고, 메타바이오메드는 지난 2018년 화이트 PDO 봉합사 '다올'을 출시했다.

앞으로의 계획에 대해서 휴젤 관계자는 "봉합사가 보툴리눔 톡신에 비해서 매출은 낮지만 계속해서 키워나갈 계획"이라며 "토탈 메디컬 에스테틱 기업 성장을 목표로 하고 있기 때문에 포트폴리오 강화에 주력하고 있다"고 말했다.[109]

우리나라 보툴리눔 톡신(일명 보톡스) 1위 기업인 휴젤이 사실상 중국계 사모펀드(PEF)에 매각되는 것 아니냐는 목소리가 나오고 있다. 휴젤이 GS그룹에 인수되긴 했지만 인수 주체에 중국 자본이 포함돼 있기 때문이다.

휴젤 최대 주주인 'LIDAC(Leguh Issuer Designated Activity Company)'는 GS그룹과 국내 사모펀드 IMM인베스트먼트가 공동 출자한 해외법인 SPC, 중국계 투자회사 CBC그룹, 중동 국부펀드 무바달라 등으로 구성된 컨소시엄과 주식양수도계약(SPA)을 체결했다며 해당 컨소시엄이 회사의 최대 주주로 변경된다고 밝혔다.

구체적으로 살펴보면, GS와 IMM인베스트먼트는 해외 SPC를 설립해 각각 1억5,000만달러(약 1,700억원)를 출자했다. 이렇게 모아진 총 3억달러(약 3,400억원)가 CBC가 7월 케이맨제도에 설립한 SPC(아프로디테SPC)로 들어갔다. 아프로디테SPC에서 GS와 IMM인베스트먼트의 지분율은 총 27.3%다. 나머지 72.7%는 CBC 몫이다.

이런 이유로 휴젤에 실질적인 영향력을 행사할 수 있는 주체는 CBC라는 해석이 나온다. 아프로디테SPC를 관리하는 GP(운용역) 업무도 CBC 측이 담당한다. GS 역시 출자 금액이 총 인수 금액의 10% 수준인 점을 고려해 컨소시엄 참여를 통한 '소수 지분 투자'라고 밝혔다.

현재 휴젤은 국내 보툴리눔 톡신 시장 1위 업체다. 필러 등 단순 미용 제품뿐 아니라 보툴리눔 톡신을 활용한 바이오 의약품, 소아 뇌성마비 및 뇌졸중 치료제 제조 기술도 보유하고 있다. 중국계 사모펀드에 최종 매각된다면 국내 핵심 기술 유출이 심각하게 우려되는 이유다.

물론 아직 단정하긴 이르다. 정부가 보툴리눔 독소를 생산하는 균주를 포함한 보툴리눔 독소 제제 생산 기술을 국가핵심기술로 지정하고 국내 생산기업의 해외 매각 승인(거부) 시 산업통상자원부의 승인을 받도록 하고 있기 때문이다. 이에 이번 인수합병 절차를 끝내기 위해서는 산자부의 승인 문턱을 넘어야 한다.[110]

---

109) 휴젤, '수술용 실' 사업 8년차…글로벌로 외연 확장, 2023.06.21
110) 국내 1위 보툴리눔 톡신 기업 '휴젤', 중국 기업으로?. 2021.9.3. 매일안전신문

업계 등에 따르면 GS그룹은 싱가포르펀드 CBC그룹 등과 컨소시엄을 구성해 휴젤 지분 46.9%(전환사채 포함)를 1조7240억원에 인수했다. 이에 따라 휴젤은 국내 보툴리눔 톡신 시장 점유율 1위를 더욱 공고히 하는 것은 물론 향후 글로벌 시장 확대에도 탄력을 받을 전망이다.

휴젤은 현재 세계 28개 국가의 보툴리눔 톡신 시장에 진출해 있으며 3년 이내에 59개국까지 진출할 계획이다. 업계에서는 휴젤이 최대주주인 GS그룹의 글로벌 네트워크를 활용해 수출 지역을 대폭 확대하게 될 것으로 기대하고 있다.[111]

업계는 휴젤의 글로벌 성장 가능성에 대해 긍정적으로 점치고 있다. 글로벌 보툴리눔 톡신 시장에서 1~3위를 차지하고 있는 미국, 유럽, 중국에서 경쟁력을 갖추고 있단 평가가 나온다.

휴젤은 국내 보툴리눔 톡신 기업 중 최초로 중국 시장에 진출했다. 2017년에는 미국 엘러간의 보툴리눔 톡신 '보톡스'와 비교임상을 진행해 비열등성을 입증했다.

한편, 휴젤은 10월 중국 국가약품감독관리국(NMPA)에서 '레티보(수출명)'에 대한 판매 허가를 획득했다. 이에 따라 휴젤은 중국 보툴리눔 톡신 시장에서 점유율 10%, 2023년까지 30%를 달성해 시장 1위를 차지한다는 계획이다.

이밖에 휴젤은 히알루론산 필러('더채움') 해외 진출을 확대하고, 보툴리눔 톡신 적응증을 확대하기 위한 노력을 지속할 계획이다. 현재 휴젤은 과민성 방광, 경부 근긴장 이상 임상 1상을 진행 중이다. 양성교근비대증에 대한 임상 2상을 마친 뒤 3상 돌입을 준비 중이다.

이에 대하여 관련업계 전문가는 "국내에선 태국, 대만 등 주요 아시아지역에서 점유율이 꾸준히 상승하고 있고, 중국에서도 연간 200억~250억원의 매출은 무난하게 달성할 것으로 보인다"며 "올해 말 보툴리눔 톡신, 필러 수요가 높은 유럽에서 판매를 시작한다면 높은 수익률을 기대할 수 있을 것"이라고 말했다.[112]

111) 'GS 휴젤 인수' 등 보톡스 시장 거센 변화 바람. 2021.09.07. EBN
112) 몸값 '1조7239억'의 배경. 2021.8.26. PAXnetnews

2) 주식 정보

가) 개요

주식코드	145020
상장위치	코스닥
업종	제약
WICS	생물공학

[표 247] 휴젤 증권 정보 개요

시가총액	1조 3,624억원
시가총액순위	코스닥 39위
상장주식수	12,385,455
액면가/매매단위	500원 / 1주
외국인한도주식수(A)	12,385,455
외국인보유주식수(B)	7,235,288
외국인소진율(B/A)	58.42%

[표 248] 휴젤 투자정보(2023.7.3기준)

나) 종목분석 및 재무 현황

투자의견/목표주가	4.00매수 / 145,000
52Weeks 최고/최저	166,500 / 99,700
PER/EPS(2021.6)	23.34배 / 4,742원
추정 PER/EPS	N/A / N/A
PBR/BPS(2021.6)	2.96배 / 66,754원
배당수익률	N/A
동일업종 PER	-31.96배
동일업종 등락률	+0.24%

[표 249] 투자정보(2023.7.3.기준)

별도손익계산서	2021/12	2022/12	2023/12(E)
매출액	2,319	2,817	3,274
영업이익	956	1,014	1,015
영업이익 (발표기준)	956	1,014	-
세전계속사업이익	874	731	1,037
당기순이익	604	607	737

[표 250] 손익계산서 표 (단위: 억원,%)

연결 재무상태표		2019/12	2020/12	2021/12	2022/12
자산	유동자산	5,482.0	5,525.9	4,577.9	4,042.8
	비유동자산	2,998.2	3,114.3	3,911.7	4,222.7
	자산총계	8,480.2	8,640.2	8,489.6	8,265.6
부채	유동부채	534.9	628.4	725.0	1,660.2
	비유동부채	1,546.0	1,281.8	961.6	4.4
	부채총계	2,080.9	1,910.2	1,686.6	1,664.7
자본	자본금	22.0	63.8	62.9	62.9
	이익잉여금	6,457.0	6,705.8	6,889.2	7,173.8
	기타자본항목	-3,748.3	-3,777.3	-3,862.7	-4,293.7
	기타포괄 손익누계액	-64.3	47.1	22.1	-33.5
	자본총계	6,399.2	6,729.9	6,802.9	6,600.8

[표 170] 재무상태표(단위: 억원,%)

바. 녹십자

1) 업체 현황
가) 개요

소재지	경기도 용인시 기흥구 이현로30번길 107
설립일	1969/11/01 (상장일: 1989/08/01)
웹사이트	http://www.greencross.com
매출액	17,113억 원 (2022년 기준)

녹십자는 (주)녹십자홀딩스를 지주회사로 하는 녹십자그룹의 주력 기업으로서 주요 사업은 특수의약품과 전문의약품, 일반의약품의 제조 및 판매이다. 1967년 수도미생물약품판매(주)로 출범 후, 1969년 극동제약(주), 1971년에 녹십자(주)로 상호를 변경하였다.

녹십자는 특수의약품과 전문의약품, 일반의약품의 제조 및 판매를 주력 사업으로 삼고 있다. 녹십자는 B형 간염백신, AIDS 진단용 시약, 유행성출혈열 백신, 수두백신, 결핵항원 진단시약, 유전자재조합 혈우병치료제, 천연물신약 골관절염치료제, 헌터증후군 치료제 등 만들기 힘들지만 꼭 있어야 하는 특수의약품에 주력하여 다른 제약기업과 차별화를 꾀하였다. 또한 1971년 국내 최초로 알부민을 생산한 기업이기도 하다.

현재 녹십자는 핵심 사업으로서 혈액체제, Recombinant제제, 백신제제의 대형 수출품목 육성과 신규시장 개척을 목표로 하고 있다.

지주회사인 (주)녹십자홀딩스를 중심으로 크게 제약, 건강, 재단, 해외의 4개 부문으로 16개의 계열사가 있다. 계열사로는 (주)녹십자엠에스, (주)지씨제이비피, (주)지씨에이치앤피, (주)녹십자백신, 농업회사법인 인백팜(주), Green Cross America,Inc. 등이 있다.

주요 매출 구성은 의약품 제조 및 판매 88.26%, 검체 등 진단 및 분석 13.65%, 기타 1.94%로 구성된다.

[그림 171] 녹십자 주요 매출구성(2023/03)

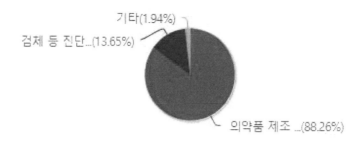

나) 주요제품[113]

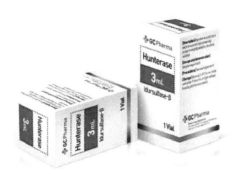

주성분	이두설파제-베타 6mg/3ml
구분	전문의약품기타>대사질환용제
효능/효과	헌터증후군(뮤코다당증Ⅱ형,MPSⅡ)환자에게 효소대체요법으로 사용합니다

[표 252] 녹십자 주요제품

---

113) GC녹십자 공식 홈페이지 http://gcbiopharma.com/kor/product/list.do

주성분	베록토코그알파(혈액응고인자Ⅷ, 유전자재조합)
구분	전문의약품>기타의 혈액 및 체액용약
효능/효과	혈우병 A 환자의 출혈 증상의 조절과 지혈 및 일상 생활 또는 수술 시 출혈 예방, 이 약은 von Willebrand 인자 결핍증 환자에게는 사용하지 않는다.

[표 253] 녹십자 주요제품

주성분	디프테리아톡소이드, 파상풍톡소이드
구분	전문의약품>백신제제
효능/효과	디프테리아, 파상풍의 예방

[표 254] 녹십자 주요제품

다) R&D

GC녹십자는 국내 업계최고 수준으로 R&D에 투자해 왔다. GC녹십자는 2019년 매출액이 전년대비 2.6% 오른 1조 3697억 972만원에 달했으나 영업이익은 19.7% 감소한 4025억 454만원, 당기순이익은 -112억 8740만원으로 적자 전환했다.

그럼에도 녹십자는 지난해 전년대비 3.26% 증가한 1506억 7700만원의 R&D비용을 투입했다. 매출 대비 R&D 투입 비중은 11.0%다.

GC녹십자가 개발한 그린진 에프는 세계에서 세 번째로 개발에 성공한 3세대 유전자 재조합 A형 혈우병치료제로 GC녹십자의 우수한 기술력과 노하우가 집약된 제품이다. 현재 임상 3상 시험 승인을 받아 잠재적 성장 가능성이 매우 높은 중국에서 임상을 진행하고 있으며, 향후 약효의 지속기간을 늘린 차세대 장기 지속형 혈우병 치료제 개발을 통해 미국·유럽 등 선진 시장을 적극적으로 공략하여 글로벌 시장 점유율을 더 확대해 나갈 것으로 전망된다.

GC녹십자의 면역글로불린제제인 IVIG-SN은 전 세계 15개국에서 제품허가를 취득하고 남미 등을 중심으로 활발히 수출되고 있으며, 현재 미국 시장에서의 임상 3상을 성공적으로 완료하고 허가를 준비하고 있다.

GC녹십자는 만들기 어렵지만 꼭 필요한 의약품, 희귀질환 치료제 개발에도 매진하고 있다.

GC녹십자는 '2형 뮤코다당증'으로 불리는 선천성 대사이상질환 헌터증후군 치료제인 헌터라제 개발에 2012년 성공했다. 헌터라제는 세계에서 두 번째로 개발된 헌터증후군 치료제로서, 고가의 수입 의약품을 대체하여 희귀질환으로 고통받는 환우들의 경제적 부담을 덜어주게 되었고, 환자의 삶의 질 향상에도 기여했다.

헌터라제는 전 세계 헌터증후군 환자군을 타깃으로 해외 진출을 확장하기 위해 현재 중남미와 북아프리카 8개국에 발매하였고 그 외 여러 국가에서는 임상을 추진하고 있다.

라) 신규 사업 및 전망

현재 상용화된 백신은 유정란 방식과 세포 배양 방식 두 가지다. 국내에서는 SK바사를 제외한 대부분의 업체가 유정란 방식을 채택하고 있다. GC녹십자도 대표적인 유정란 방식의 독감 백신 개발 기업이다.

유정란 방식은 계란에 바이러스를 넣어 균주를 키운 뒤 단백질을 뽑아내는 형태로 독감 백신을 개발한다. 신선한 계란을 확보하고 균주를 키우는 데 시간이 소요돼 상대적으로 생산 기간이 길다. 또 계란 공급 불안정성도 약점이다.

조류 인플루엔자 유행 등 유정란 공급 불안정을 부추기는 이슈가 매년 반복되는데, 이때마다 원료 수급을 고민해야 하는 상황이다. 계란 알레르기가 있는 경우에도 유정란 방식 독감 백신은 사용이 불가하다.

강점으로 꼽히는 '신뢰도'도 흔들리고 있다. 최근 해외에서 유정란 방식보다 세포 배양 방식을 우선시하는 분위기가 감지되기 때문. 영국의 백신 접종 및 면역 공동위원회(JCVI)는 '2023-2024절기 독감 백신 연령별 가이드'를 발표했는데, 접종 대상에게 4가 인플루엔자 세포 배양 백신 접종을 우선 권고한다고 밝혔다. 특히 65세 이상인 경우 유정란 방식을 차순위(If the preferred vaccine is not available) 항목에서도 제외했다. 세포 배양 방식은 무균실에서 세포를 키워 균주를 삽입하는 형태다. 바이러스 변이를 피할 수 있어 선호도가 높다. 또 알레르기로 인한 사용 제한이 없고 생산 기간이 짧다는 게 장점이다.

GC녹십자도 뒤늦게나마 분위기 변화를 감지한 모습이다. 최근 메신저리보핵산(mRNA) 독감 백신 개발에 착수한 배경이다. mRNA는 독감 백신 시장의 새로운 트렌드로 떠오르고 있다. mRNA 기반의 백신은 항원 유전자를 리보핵산(RNA) 형태로 체내에 주입, 면역력을 유도한다. 기존 백신과 달리 바이러스를 배양하는 절차를 거치지 않아도 된다. GC녹십자의 1차 목표는 2024년 중 mRNA 기반 독감 백신 임상 1상 진입이다.[114]

GC녹십자가 코로나19(COVID-19) 글로벌 '백신허브' 기대주로 부상한지 곧 1년째다. 아시아 최대 백신 생산체제를 구축하고 국제 민간기구 전염병대비혁신연합(CEPI)으로부터 5억회 규모 코로나19 백신 위탁생산 계약을 체결한 것이 2020년 10월이었고, 그로부터 1년간 전 세계적 백신 접종이 시작됐지만 실제 5억회 물량 생산은 물론 추가 위탁생산 계약도 없었다.

---

114) SK바사에 밀리고 저가 업체에 치인 녹십자 | '독감 백신' 독주 끝... mRNA로 '돌파구'.2023.06.30. 매일경제

백신업계에 따르면 G20(주요 20개국)은 이탈리아 로마에서 보건장관회의를 열고 저개발국 코로나19 백신 배분에 속도를 낸다는 '로마협정'을 채택했다.

지역별, 국가별 백신 공급 불평등이 심각해 저개발국으로의 공급에 힘쓰지 않을 경우 또 다른 변이 출현은 물론 세계 경제 충격도 불가피하다는 공감대가 형성된 것이 이번 협정 채택의 배경이다. 저개발국과 개도국 백신 배분에 속도를 내야 한다는 주장은 최근 재계에서도 나온다. 동남아시아 등 글로벌 생산 기지가 자리잡은 지역의 감염병 확산을 막지 못하면 생산과 물류 차질이 지금보다도 심화될 수 있기 때문이다.

관련 소식이 전해지자 백신업계 시선이 GC녹십자로 쏠렸다. 자국 힘으로 백신 조달이 힘든 아프리카와 동남아시아 등의 지원 물량을 위해 CEPI가 GC녹십자에 배정한 물량 5억회분 때문이다.

GC녹십자는 CEPI와 2020년 10월 이와 관련한 계약을 체결했다. GC녹십자는 백신을 바이알(주사용 유리 용기)이나 주사기에 충전하는 완제 공정을 맡기로 했는데 이 같은 계약은 GC녹십자가 갖춘 아시아 최대 백신 생산공장이 있었기에 가능했다.

하지만, 정작 전 세계적 백신 접종 국면이 시작되자 GC녹십자를 통한 CEPI 물량의 실제 생산은 감감무소식이었다. 미국과 영국 등 백신 개발국은 물론 자금력을 갖춘 선진국을 중심으로 물량 우선확보가 진행된 가운데 CEPI가 확보한 물량 부족사태가 빚어져 녹십자의 실제 생산도 진행되지 못했다.

이에 대하여 한 업계 관계자는 "물론, 선진국 부스터샷(추가 접종)에 따른 추가물량 확보 가능성 등으로 CEPI 물량이 단시간에 GC녹십자에 배정될지 장담하기는 아직 어렵다"며 "하지만 접종률 제고와 위드코로나 국면으로 물량 상황이 연초와 확연히 달라진 것은 사실"이라고 언급했다.[115]

GC녹십자셀은 면역항암제 '이뮨셀엘씨 주'의 췌장암 3상 임상시험의 첫 환자가 등록됐다고 밝혔다. 이에 따라 녹십자셀은 식품의약품안전처에서 승인된 임상시험 계획에 따라 서울대병원 등 임상기관에서 췌장암 환자 408명을 대상으로 3상을 진행할 예정이라고 덧붙였다.

근치적 절제술을 받은 췌관선암 환자를 대상으로 표준치료인 '젬시타빈'(화학항암제)

---

115) '만년 기대주' 꼬리표 떼나…녹십자, 개도국 백신 공급으로 반전 노린다. 2021.9.8. 머니투데이

단독 치료군과 '이뮨셀엘씨+젬시타빈' 병용 치료군으로 나눠 유효성과 안전성을 평가하게 된다. 병용치료군은 젬시타빈 표준치료와 함께 이뮨셀엘씨주 16회를 추가로 투여받는다.

이뮨셀엘씨주는 이미 2007년 간암에 대한 항암제로 품목허가를 획득했다. 지난 달 첨단재생바이오법에 따라 첨단바이오의약품으로 승인받았다.

GC녹십자셀 대표는 "췌장암 치료제 개발은 다국적 제약사도 실패 사례가 많은 어려운 분야다"며 "하지만 2014년 논문 발표한 말기 췌장암 환자 대상의 연구자 주도 임상시험(IIT)에서 충분한 가능성을 보여 이번 췌장암 3상 임상에서도 좋은 결과가 기대된다"고 말했다.[116]

---

116) GC녹십자셀, 면역항암제 췌장암 3상 본격 돌입. 2021.9.7. 뉴시스20

2) 주식 정보

가) 개요

주식코드	006280
상장위치	코스피
업종	의약품
WICS	제약

[표 255] 녹십자 증권 정보 개요

시가총액	1조 3,919억원
시가총액순위	코스피 181위
상장주식수	11,686,538
액면가/매매단위	5,000원 / 1주
외국인한도주식수(A)	11,686,538
외국인보유주식수(B)	2,287,513
외국인소진율(B/A)	19.57%

[표 256] 녹십자 투자정보(2023.7.3.기준)

나) 종목분석 및 재무 현황

투자의견/목표주가	3.90매수 / 156,400
52Weeks 최고/최저	189,500 / 106,100
PER/EPS(2021.6)	37.79배 / 3,133원
추정 PER/EPS	32.73배 / 3,661원
PBR/BPS(2021.6)	1.05배 / 113,094원
배당수익률	1.48%
동일업종 PER	85.41배
동일업종 등락률	-0.18%

[표 257] 투자정보(2023.7.3.기준)

별도손익계산서	2021/12	2022/12	2023/12(E)
매출액	15,378	17,113	17,443
영업이익	737	813	543
영업이익 (발표기준)	737	813	-
세전계속사업이익	1,726	857	590
당기순이익	1,370	694	452

[표 258] 손익계산서 표 (단위: 억원,%)

연결 제무상태표		201912	2020/12	2021/12	2022/12
자산	유동자산	7,971.4	9,523.5	8,269.8	7,587.5
	비유동자산	9,452.3	9,102.0	10,986.4	11,844.0
	자산총계	17,423.7	18,625.5	19,256.2	18,625.5
부채	유동부채	3,412.5	5,062.0	3,689.7	3,572.6
	비유동부채	3,518.2	2,561.7	3,311.9	3,355.1
	부채총계	6,930.7	7,623.7	7,001.7	6,927.7
자본	자본금	584.3	584.3	584.3	584.3
	이익잉여금	7,048.8	7,552.9	8,817.2	9,055.7
	기타자본항목	-357.0	-357.0	-357.0	-357.0
	기타포괄 손익누계액	-9.4	1.6	-10.0	0.8
	자본총계	10,492.9	11,001.8	12,254.5	12,503.8

[표 175] 재무상태표(단위: 억원,%)

서. 제넥신

Genexine

[그림 176] 코윈테크 로고

1) 기업 소개

제넥신은 1999년 설립된 글로벌 바이오테크기업으로 의약품 개발 및 연구 사업을 영위하고 있다. 특히 당사는 hyFc 융합 단백질 신약 개발을 위해 세포주 개발, 세포 배양 및 정제 공정 개발부터 안전성 평가까지 자체 개발 시스템을 진행하고 있다.

2022년 6월 제넥신의 면역항암제 GX-17은 펨브롤리주맙과 병용한 요법으로 임상 2 상안전성과 내약성이 확인되어 재발전이성 삼중음성유방암 환자에게 유의미한 항암 효능을 보여주었다. 당사는 현재 미국 네오이뮨텍, 중국 아이맵 바이오파마와 암 종 공동 개발을 진행 중에 있으며, 혁신적인 면역치료제 개발을 위해 적극적으로 연구에 힘쓰고 있다.

2) 주식 정보

상장일	2009.09.15		
시가총액	3,923억원		
시가총액순위	코스닥 187위		
외국인 지분율	4.90%		
액면가	500원		
거래량	64,867주		
최고 주가 (52주)	16,840	최저 주가 (52주)	7,250

(2024. 01. 16 기준)

[표 259] 제넥신 증권정보

가) 분기별 Financial Summary
(1) Key Ratio (단위: 억 원, 배, %)

	2020/12	2021/12	2022/12
EPS	825	-1,376	-1,610
PER	109.38	N/A	N/A
BPS	15,580	14,861	7,890
PBR	5.79	2.85	1.83
EV/EBITDA	-85.28	-92.30	-22.24

[표 260] 제넥신 Key Ratio

(2) 재무상태 요약 (단위: 억 원)

	2020/12	2021/12	2022/12
유동자산	191	503	426
자산총계	5,969	6,369	3,888
유동부채	401	593	784
부채총계	604	1,136	1,079
자본금	123	125	126
자본총계	5,365	5,233	2,809

[표 261] 제넥신 재무상태 요약

(3) 손익 계산서 요약 (단위: 억 원)

	2020/12	2021/12	2022/12
당기순이익	275	-486	-571
매출액	185	368	161
영업이익	-392	-194	-337
영업이익률	-211.18	-52.60	-208.68
순이익률	148.49	-131.86	-354.00

[표 262] 제넥신 손익 계산서 요약

(4) 현금 흐름표 요약 (단위: 억 원)

	2020/12	2021/12	2022/12
영업활동	-227	-127	-398
투자활동	-644	-77	-19
재무활동	734	431	316
CAPEX	222	564	317

[표 263] 제넥신 현금 흐름표 요약

(5) 기타지표 (단위: 억 원, %)

	2020/12	2021/12	2022/12
ROE	-	-9.06	-14.18
ROA	-	-7.87	-11.14
자본유보율	3,216.22	3,183.88	2,653.07
부채비율	11.25	21.71	38.40

[표 264] 제넥신 기타지표

어. 차바이오텍

[그림 177] 차바이오텍 로고

1) 기업 소개

차바이오텍은 병원의 의료서비스와 MSO(병원경영지원), 제대혈보관 등의 바이오 사업을 영위하는 종합 의료업체로, 줄기세포 연구소는 2000년 9월 설립된 후 다년간 축적된 생명의학 기술력을 바탕으로 각종 난치병 및 퇴행성 질환 치료제 개발 및 줄기세포 관련 핵심기술을 보유 중이며 현재 200여명에 달하는 석박사급 연구진이 연구하고 있다.

불임센터(CRMG)의 경우 경쟁상대가 없는 관계로 불임클리닉 관리서비스 제공에 있어 독보적인 위치를 차지하고 있는 가운데 심장수술 및 관상동맥 중재시술에 대해 라이선스를 가지고 있다.

차바이오텍은 2011년 최초 배아줄기 세포유래 스타가르트병 치료제 1상 임상시험승인, 2012년 국내 최초 배아줄기 세포유래 진행된 위축성 나이관련 황반변성증 1/2a상 임상시험승인, 2013년 태반중간엽유사세포(PLX-PAD) 간헐성 파행증 치료제 글로벌 2상시험승인, 2014년 국내 최초 탯줄유래줄기세포(eCASs) 급성뇌졸증 치료제 1/2a상 임상시험승인, 2015년 태반유래줄기세포(ePACs) 알츠하이머병 치료제 임상 1/2a상 승인, 탯줄 퇴행성 디스크 질환 치료제 임상 1/2a상 승인, 간암이나 난소암 등 항암 면역세포치료 전임상단계 등 국내 줄기세포 및 면역세포 치료분야에서 가장 두각을 나타내고 있다.

차바이오텍은 2016년 급성뇌졸중 치료제의 총 18명에 대한 환자투여를 성공적으로 완료했고, 퇴행성디스크질환과 무릎관절연골결손 치료제에 대한 임상승인을 획득하였다. 간헐성파행증 글로벌 임상은 2017년 1월 성공적으로 완료하는 성과를 거두기도 하였다.

2) 주식 정보

상장일	2005.12.27
시가총액	9,968억원
시가총액순위	코스닥 59위
외국인 지분율	9.19%
액면가	500원
거래량	115,002주
최고 주가 (52주)	23,100	최저 주가 (52주)	11,790

(2024. 01. 16 기준)

[표 265] 차바이오텍 증권정보

가) 분기별 Financial Summary
(1) Key Ratio (단위: 억 원, 배, %)

	2020/12	2021/12	2022/12
EPS	-355	-256	-845
PER	N/A	N/A	N/A
BPS	6,757	8,106	5,185
PBR	2.97	2.46	2.51
EV/EBITDA	44.26	31.48	-65.71

[표 266] 차바이오텍 Key Ratio

(2) 재무상태 요약 (단위: 억 원)

	2020/12	2021/12	2022/12
유동자산	1,220	961	956
자산총계	13,137	15,351	16,070
유동부채	391	404	654
부채총계	6,768	7,420	9,551
자본금	263	281	281
자본총계	6,369	7,931	6,519

[표 267] 차바이오텍 재무상태 요약

(3) 손익 계산서 요약 (단위: 억 원)

	2020/12	2021/12	2022/12
당기순이익	-342	-218	-697
매출액	6,647	7,275	8,446
영업이익	-24	77	-471
영업이익률	-0.37	1.06	-5.57
순이익률	-5.14	-3.00	-8.25

[표 268] 차바이오텍 손익 계산서 요약

(4) 현금 흐름표 요약 (단위: 억 원)

	2020/12	2021/12	2022/12
영업활동	469	222	-206
투자활동	-1,734	-1,103	-956
재무활동	1,345	801	727
CAPEX	1,262	1,126	1,204

[표 269] 차바이오텍 현금 흐름표 요약

(5) 기타지표 (단위: 억 원, %)

	2020/12	2021/12	2022/12
ROE	-5.10	-3.44	-12.72
ROA	-2.76	-1.53	-4.43
자본유보율	1,414.24	1,578.28	1,421.07
부채비율	106.27	93.56	146.50

[표 270] 차바이오텍 기타지표

저. 메디포스트

[그림 178] 메디포스트 로고

1) 기업 소개

2000년에 설립된 바이오 전문기업인 메디포스트는 제대혈 보관, 건강기능식품판매, 줄기세포치료제 개발 및 판매, 건강기능식품과 화장품 판매사업을 영위하고 있으며, 2005년 코스닥 시장에 상장되었다.

메디포스트는 2007년 건강기능 식품 브랜드 '모비타'를 출시했고, 2008년 국내 최초로 이식용 제대혈을 해외에 공급했다. 이후, 2010년 국내 최초로 뇌성마비 제대혈 치료 임상시험을 수행했으며, 2011년 제대혈 유래 줄기세포 '카티스템®'이 미국 FDA로부터 임상시험 승인을 받았고, 이듬해에는 카티스템® 제품을 출시했다.

그리고 2013년에는 기관지폐이형성증 치료제 뉴모스템®이 미국 FDA로부터 '희귀의약품'으로 지정되었고, '제1회 대한민국 신약대상' 최우수상(식약처장상)을 수상했다.

또 이 해에 모엣 헤네시 가문의 명품화장품 개발 및 판매사인 미국 페보니아(Pevonia International LLC)사의 화장품 일체에 대한 국내 독점 판매권을 체결했다.

2014년에는 관절연골재생치료제 '카티스템'과 발달성폐질환치료제 '뉴모스템'과 관련하여 특정지역(USA, 캐나다, UK 등 주요 북미 및 EU국가, MEXICO 등 중남미국가)에 개발권, 실시권 및 독점판매권을 미국 현지법인에 부여하고 그 대가로 SUB-LICENSE 및 매출과 연동한 로열티를 수령하는 계약을 체결하기도 하였다.

이후 2015년에는 기관지폐이형성증 치료제 뉴모스템®의 제2상 임상시험을 종료했으며, 뉴모스템®이 유럽 EMA로부터 '희귀의약품'으로 지정되었다. 이 해에 국내 최초로 제대혈 보관량이 20만 Unit을 돌파했고, 중국에 합작회사(JVC) '산동원생제약유한공사'를 설립했다. 또 줄기세포 배양액 화장품 '셀피움'을 출시했다.

현재 건강식품 분야에서 임신기 및 수유기에 맞는 제품 구성으로 국내 제품 중 최다 제품 및 최우수 제품을 보유하고 있으며, 임산부 전문 시기별 맞춤 영양보충제의 개념을 국내 최초로 도입하여 소비자들에게 브랜드 인지도가 높다. 화장품 분야는 수입 화장품 브랜드 '페보니아'와 제대혈 줄기세포배양액 기반의 화장품 '셀피움'을 통해 사업을 전개하고 있다.

또한 아시아시장 진출을 위해 2015년 1월 중국 현지 법인과 공동기업을 설립하였으며, 2016년 10월 태국 지역대상 현지 파트너사와 제대혈은행 설립 및 운영 계약체결 및 일본 현지 법인과 공동기업을 설립했다.

2) 주식 정보

상장일	2005.12.27
시가총액	2,830억원
시가총액순위	코스닥 290위
외국인 지분율	6.58%
액면가	500원
거래량	40,281주
최고 주가 (52주) 15,903	최저 주가 (52주) 6,750

(2024. 01. 16 기준)

[표 271] 메디포스트 증권정보

가) 분기별 Financial Summary

(1) Key Ratio (단위: 억 원, 배, %)

	2020/12	2021/12	2022/12
EPS	-101	-35	143
PER	N/A	N/A	91.92
BPS	6,247	8,207	7,766
PBR	4.87	2.30	1.69
EV/EBITDA	194.92	-1,025.69	-19.90

[표 272] 메디포스트 Key Ratio

(2) 재무상태 요약 (단위: 억 원)

	2020/12	2021/12	2022/12
유동자산	803	725	1,411
자산총계	2,198	2,541	3,978
유동부채	831	413	1,534
부채총계	1,029	919	2,152
자본금	78	81	81
자본총계	1,169	1,622	1,826

[표 273] 메디포스트 재무상태 요약

(3) 손익 계산서 요약 (단위: 억 원)

	2020/12	2021/12	2022/12
당기순이익	-19	-10	21
매출액	486	549	642
영업이익	-24	-52	-174
영업이익률	-4.96	-9.50	-27.13
순이익률	-3.90	-1.76	3.28

[표 274] 메디포스트 손익 계산서 요약

(4) 현금 흐름표 요약 (단위: 억 원)

	2020/12	2021/12	2022/12
영업활동	18	41	-62
투자활동	-32	-82	-1,079
재무활동	-11	57	1,185
CAPEX	78	102	32

[표 275] 메디포스트 현금 흐름표 요약

(5) 기타지표 (단위: 억 원, %)

	2020/12	2021/12	2022/12
ROE	-1.66	-0.50	1.81
ROA	-0.87	-0.41	0.65
자본유보율	1,044.35	1,359.28	1,433.47
부채비율	88.01	56.66	117.88

[표 276] 메디포스트 기타지표

처. 서린바이오

[그림 179] 서린바이오 로고

1) 기업 소개

서린바이오는 바이오 인프라 전문기업으로 세계적인 바이오 기업들의 바이오 연국 및 생산 관련 제품들을 국내 대학교, 연구소, 병원, 국가기관, 기업체 등 바이오 연구 및 생산 관련 기관들에게 공급하고 있다. 서린바이오사이언스의 전신은 1984년 세워진 서린과학으로 1994년 회사 형태를 주식회사로 바꿨다. 2000년 회사이름을 지금의 ㈜서린바이오사이언스로 바꾸고 2005년 주식을 코스닥시장에 등록했다.

주 사업분야인 바이오 관련 연구용품은 크게 게놈 연구, 단백질 분석연구, 세포분자 생물학연구, 발생학연구, 면역학연구 및 생물정보학연구 등으로 구분된다.

서린메디케어는 메디컬에스테틱분야의 핵심기술인 고주파, 초음파, 공압 등 다양한 솔루션에 대한 원천기술을 보유하고 있다. 주력 제품은 미용 및 의료기기로서 주로 피부과 등 중소형 의료기관과 에스테텍 등에 판매하고 있다.

서린바이오사이언스가 안티에이징 사업 다각화를 위해 진출한 코스메틱 자회사 ㈜제노자임에서는 미생물을 발효시켜 만든 발효액을 전 제품에 60%이상 최대 90%까지 함유하도록 하고 화장품의 기능성을 강화하여 고품질의 프리미엄 제품을 출시했다.

서린바이오는 안정적인 바이오인프라 영역을 기반으로 제조 및 생산 중심의 제품화·국산화·글로벌화를 실현하기 위해 제조 및 연구에 과감한 투자를 진행 중이다.

2) 주식 정보

상장일	2005.10.25		
시가총액	785억원		
시가총액순위	코스닥 1,031위		
외국인 지분율	1.48%		
액면가	500원		
거래량	6,472주		
최고 주가 (52주)	13,194	최저 주가 (52주)	7,213

(2024. 01. 16 기준)

[표 277] 서린바이오 증권정보

가) 분기별 Financial Summary

(1) Key Ratio (단위: 억 원, 배, %)

	2020/12	2021/12	2022/12
EPS	550	1,751	1,072
PER	22.93	11.67	10.62
BPS	6,974	8,720	9,773
PBR	1.85	2.40	1.19
EV/EBITDA	14.34	12.99	6.66

[표 278] 서린바이오 Key Ratio

(2) 재무상태 요약 (단위: 억 원)

	2020/12	2021/12	2022/12
유동자산	383	1,020	845
자산총계	782	1,366	1,349
유동부채	122	565	452
부채총계	169	601	467
자본금	40	42	42
자본총계	614	765	882

[표 279] 서린바이오 재무상태 요약

(3) 손익 계산서 요약 (단위: 억 원)

	2020/12	2021/12	2022/12
당기순이익	48	158	100
매출액	651	805	1,024
영업이익	45	75	86
영업이익률	6.87	9.25	8.38
순이익률	7.38	19.58	9.74

[표 280] 서린바이오 손익 계산서 요약

(4) 현금 흐름표 요약 (단위: 억 원)

	2020/12	2021/12	2022/12
영업활동	37	89	-44
투자활동	7	-315	-27
재무활동	-4	290	11
CAPEX	4	10	5

[표 281] 서린바이오 현금 흐름표 요약

(5) 기타지표 (단위: 억 원, %)

	2020/12	2021/12	2022/12
ROE	8.18	23.13	12.03
ROA	6.04	14.68	7.35
자본유보율	1,562.72	1,862.38	2,031.56
부채비율	27.47	78.51	52.97

[표 282] 서린바이오 기타지표

커. 디엔에이링크

[그림 180] 디엔에이링크 로고

1) 기업 소개

(주)디엔에이링크는 2000년 3월 15일에 설립되어 바이오산업 및 유전체분석산업 분야에서 연구개발에 주력하여 지난 10여 년간 축적된 연구결과물과 노하우를 바탕으로 융합분석체계를 구축하여 유전체분석 서비스를 상용화한 유전체기반 생명공학 전문기업이다.

디엔에이링크는 바이오기업으로서 유전체 다량 분석기술을 적용하여 유전체 바이오마커(bio-marker)를 발굴하고 이를 이용하여 개인별 질병 예측 및 약물 부작용 예측을 가능하게 하는 '맞춤 의학용 개인 유전체 분석 서비스'를 제공하며, 유전체 분야에서 세계적인 권위가 있는 해외업체의 엄격한 품질기준을 통과하고 CSP로 선정됨으로써 동사의 유전체 대량분석 기술의 신뢰성을 인증 받았다.

이외에 '분자진단' 제품 개발, 암 맞춤 치료를 위한 '마우스 아바타'사업, '바이오뱅크' 사업, SNP(단일 염기 다형성)마커 기반 '개인식별 칩'사업 등을 영위하고 있다.

'마우스 아바타'란 면역성이 낮은 실험쥐에 암세포를 이식한 뒤 각종 항암치료를 받게 해 효과를 실험하는 암치료 기법이다. '바이오뱅크(인체지원)'란 사람에서 유래한 혈액, 소변, 체액, 조직, 유전자 및 수진자의 임상정보를 모두 포함하는 바이오저장소를 의미한다.

2) 주식 정보

상장일	2011.12.26		
시가총액	599억원		
시가총액순위	코스닥 1224위		
외국인 지분율	0.60%		
액면가	500원		
거래량	33,549주		
최고 주가 (52주)	4,510	최저 주가 (52주)	2,855

(2024. 01. 16 기준)

[표 283] 디엔에이링크 증권정보

가) 분기별 Financial Summary
(1) Key Ratio (단위: 억 원, 배, %)

	2020/12	2021/12	2022/12
EPS	-935	-311	-462
PER	N/A	N/A	N/A
BPS	2,361	1,999	1,632
PBR	4.06	2.36	2.31
EV/EBITDA	-20.73	-16.04	-18.33

[표 284] 디엔에이링크 Key Ratio

(2) 재무상태 요약 (단위: 억 원)

	2020/12	2021/12	2022/12
유동자산	446	306	161
자산총계	525	410	435
유동부채	142	89	99
부채총계	151	107	156
자본금	82	82	85
자본총계	375	304	279

[표 285] 디엔에이링크 재무상태 요약

(3) 손익 계산서 요약 (단위: 억 원)

	2020/12	2021/12	2022/12
당기순이익	-138	-62	-81
매출액	153	230	170
영업이익	-81	-52	-51
영업이익률	-52.72	-22.41	-30.31
순이익률	-90.10	-26.93	-47.57

[표 286] 디엔에이링크 손익 계산서 요약

(4) 현금 흐름표 요약 (단위: 억 원)

	2020/12	2021/12	2022/12
영업활동	8	-64	9
투자활동	16	-231	-27
재무활동	282	-17	66
CAPEX	11	40	-49

[표 287] 디엔에이링크 현금 흐름표 요약

(5) 기타지표 (단위: 억 원, %)

	2020/12	2021/12	2022/12
ROE	-54.03	-14.27	-25.66
ROA	-35.12	-13.23	-19.11
자본유보율	366.30	296.04	221.88
부채비율	40.18	35.10	55.99

[표 288] 디엔에이링크 기타지표

초판 1쇄 인쇄 2024년 01월 06일
초판 1쇄 발행 2024년 01월 29일

저자 비티타임즈 편집부
펴낸곳 비티타임즈
발행자번호 959406
주소 전북 전주시 서신동 780-2 3층
대표전화 063 277 3557
팩스 063 277 3558
이메일 bpj3558@naver.com
ISBN 979-11-6345-497-7(13320)

이 도서의 국립중앙도서관 출판예정도서목록(CIP)은 서지정보유통지원시스템홈페이지
(http://seoji.nl.go.kr)와국가자료공동목록시스템 (http://www.nl.go.kr/kolisnet)에
서 이용하실 수 있습니다.